Burger/Seidenspinner
Töchter und Mütter

Unseren Töchtern
Utta und Sonja Seidenspinner
und
Kathi Burger

Angelika Burger
Gerlinde Seidenspinner

Töchter und Mütter

Ablösung als Konflikt und Chance

Leske + Budrich Opladen 1988

CIP-Kurztitelaufnahme der Deutschen Bibliothek

Burger, Angelika:
Töchter und Mütter : Ablösung als Konflikt
u. Chance / Angelika Burger : Gerlinde
Seidenspinner. - Opladen : Leske und Budrich
1988.

ISBN: 3-8100-0655-6

NE: Seidenspinner, Gerlinde:

Satz: Leske + Budrich, Opladen
Druck und Verarbeitung: Druckhaus Beltz, Hemsbach
Printed in Germany

Vorbemerkung

Was interessiert uns als Jugendforscherinnen an der Beziehung zwischen Müttern und Töchtern? Warum setzt unsere Forschung über die junge Frauengeneration gerade an dieser scheinbar so selbstverständlichen Beziehung an? Was läßt sich erwarten von diesem Thema außer Alltagsweisheiten, einer Vielfalt von Geschichten und Geschichtchen, die Mütter und Töchter erzählen, unendliche Variationen eines immer gleichen Themas? Sind wir nicht schon übersättigt von der Flut kommentierender, rechtfertigender oder auch rührseliger Literatur, in der Frauen ihre Mütterbeziehungen aufarbeiten?

Unsere berufliche Neugier und unser Interesse an diesem Thema wuchsen langsam und in Etappen. Es begann mit einer Untersuchung über Jugendliche in der Ausbildung. Unser Auftrag war es damals nicht, die unterschiedliche Situation von Jungen und Mädchen zu erforschen — aber es war nicht zu übersehen: Mädchen müssen sich ganz anders als Jungen bereits in der Phase der Berufsausbildung mit grundsätzlichen Fragen ihrer Lebensplanung auseinandersetzen: Welchen Platz hat der Beruf in meinem Leben? Will ich eine Familie? Wie kann ich beides miteinander verbinden oder muß ich zumindest zeitweise das eine für das andere aufgeben? Auch unser nächstes Projekt zum Thema Jugendarbeitslosigkeit sollten wir allgemein auf ‚Jugend‘ bezogen bearbeiten, und wiederum stießen wir auf die grundsätzlich unterschiedliche Bedeutung von Erwerbsarbeit für Jungen und Mädchen. Gleichzeitig nahmen wir mit wachsendem Ärger auch all die interessanten und aufwendigen Jugendforschungen zur Kenntnis, die ausnahmslos auf dem „Geschlechts-Auge“ blind waren — für uns der letzte Anstoß, ein eigenes Forschungsprojekt über die Lebenslage von Mädchen zu beginnen. Unseren Schwerpunkt legten wir auf die Übergangssituation von Mädchen zwischen Schulabschluß und Eintritt in die Arbeitswelt. Wir interviewten in Einzel- und Gruppengesprächen Hauptschülerinnen, Auszubildende, arbeitslose und berufstätige Mädchen im Alter zwischen 15 und 19 Jahren. Die in den gleichen Zeitraum fallende Anfrage der Frauenzeitschrift Brigitte, eine Repräsentativ-Untersuchung über die Lebenssituation junger Mädchen durchzuführen, kam uns da sehr gelegen. Wir hatten damit die Chance, erstmals im Bundesgebiet die für Mädchen spezifischen Situationen und Lebensperspektiven auf Umfragebasis zu erforschen und in der Öffentlichkeit etwas mehr bewußt zu machen.

Bei unseren Gesprächen mit jungen Mädchen begegneten wir oft deren Müttern, die uns interessiert nach unserem Anliegen fragten; andere Mütter wiesen uns schon am Telefon ab, so daß wir mit den Mädchen selbst gar nicht sprechen konnten. Uns wurde schnell die Bedeutung der Mütter für Mädchen gerade in dieser Altersstufe klar, und daß wir mehr von dieser Mädchengeneration begreifen können, wenn wir auch mit deren Müttern über ihre Lebenserfahrungen, ihre Art zu leben, ihre Vorstellungen über ihre Töchter sprechen. So beschlossen wir, auch mit den Müttern Gespräche zu führen, und die meisten waren dazu gerne bereit. Aus den Gesprächen mit Mädchen und deren Müttern und aus den Ergebnissen der zuvor erwähnten Repräsentativbefragung über Mädchen entwickelten sich Einsichten und Erkenntnisse über Töchter und deren Mütter heute, die wir in diesem Buch vorstellen.

Inhalt

1 Ausgangssituation: Veränderungen im Leben von Frauen

Unsere grundsätzliche These ist, daß die Beziehung zwischen Müttern und Töchtern in einem Wandlungsprozeß begriffen ist. Dieser Wandlungsprozeß ist sensibler Ausdruck eines tiefgreifenden Strukturwandels im Leben von Frauen; denn die Bedeutung der Familienarbeit im weiblichen Lebenslauf hat sich verändert. Die sog. Familienphase der Frau, in der sie Kinder bekommt und sich deren Erziehung widmet, ist auf vergleichsweise wenige Lebensjahre geschrumpft. Während um 1900 herum nur 18 % aller Frauen die Pubertät ihres jüngsten Kindes erlebten, sind dies heute fast alle Mütter *(Livi-Bacci* 1979). Früher erstreckte sich der Zeitraum, in dem eine Frau ihre Kinder bekam, auf über 20 Jahre, während heute die Kinder im Durchschnitt in den ersten fünf bis acht Jahren nach der Eheschließung geboren werden. Außerdem ist die Lebenserwartung größer geworden *(Imhof* 1983). Auf diese Weise hat sich das zeitliche Verhältnis von Kinderbetreuungsphase und Lebenserwartung der Frauen wesentlich verschoben.

Damit verringern sich die familiären Anforderungen an Frauen im Laufe ihres Lebens, so daß andere Lebensinhalte, wie eine berufliche Tätigkeit oder zusätzliche Qualifikation, einen größeren Spielraum bekommen können und auch müssen, denn die Familienrolle ist keine lebenslange Basis mehr — weder für die weibliche Identität noch für die materielle Existenz von Frauen. Damit zusammenhängend entstand eine neue Dimension weiblicher Persönlichkeit, die sich nicht mehr nur am Leitbild der Mutter- und Hausfrauenrolle fixiert.

Im übrigen ist die klassische Rollenverteilung, daß der Mann hinaus ins feindliche Leben geht und die Frau das Heim für Mann und Kind gestaltet, immer brüchig gewesen. Während der beiden Weltkriege haben Generationen von Frauen zu der Familienarbeit noch die Ernährerrolle für ihre Angehörigen übernehmen müssen. Dasselbe gilt für Unterschicht- und Landfrauen, die immer für den Unterhalt der Familie mit aufkamen. Es ist also gar nicht so neu, wenn heute im Falle einer Scheidung die Erwerbsarbeit für Frauen zur zwingenden Notwendigkeit wird. Vor diesem Hintergrund ist der umfassende Bedeutungswandel der Erwerbstätigkeit junger Frauen zu sehen. Erwerbstätigkeit und berufliche Qualifikation sind heute mehr als in allen Generationen zuvor fester Bestandteil weiblicher Lebensplanung und weiblicher Lebenssituation. Am deutlichsten wird dies an der Tatsache, daß immer mehr Mütter mit kleinen Kindern erwerbstätig sind.

Solche Veränderungsprozesse können nicht ohne eine geänderte Einstellung der Männer zu ihren Familien vor sich gehen. Eine neue Rollenverteilung bahnt sich an, die einem eher partnerschaftlichen Modell entspricht, d.h. zunächst einmal: Hausarbeit und Kindererziehung sind nicht mehr ausschließlich Aufgaben der Frauen. So geht auch das neue Eherecht von diesem partnerschaftlichen Modell aus und gesteht den Frauen im Prinzip die gleichen Rechte und Pflichten zu wie den Männern. Auch wenn die Wirklichkeit weit von dem Idealfall entfernt ist, daß Mann und Frau sich die Familienarbeit und die Erwerbsarbeit teilen, so gibt es heute doch viele Zwischenformen, Experimente und auch Kämpfe in Familien, bedingt durch die Tatsache, daß ein Frauenleben nicht mehr nur in der Familienarbeit aufgehen kann.

Zu Beginn bis Ende der sechziger Jahre erlebten wir die sog. sexuelle Revolution, welche die bis dahin gültigen moralischen Prinzipien und sexuellen Wertvorstellungen in Frage stellte. Zwar verlief diese Entwicklung zeitlich parallel mit der Einführung der Pille als relativ sicherem Empfängnisverhütungsmittel, jedoch erklärt dies nicht allein die Lockerung und moralische Aufweichung althergebrachter Standards wie Jungfräulichkeit bis zur Ehe usw. Die Zeit war reif für eine Trennung von Sexualität und Mutterschaft, und diese Veränderung sexueller Normen ist auch ein Ausdruck des gewandelten Lebensverlaufes der Frauen, in dem nicht nur Mutterschaft ausschließlich sinnstiftend sein kann. Dieser Wandlungsprozeß fand zwar sowohl in der Großstadt als auch auf dem Lande statt, jedoch mit unterschiedlichem Tempo, unterschiedlichen Ausformungen, und deutlich unterschiedlichen Akzentuierungen; das Gleiche gilt für die soziale Schicht und den Bildungsgrad.

Die Frage für uns war nun, wie sich diese Veränderungen im Lebensverlauf von Frauen auf das Mütter-Töchter-Verhältnis auswirken. Einer Müttergeneration, deren Normalbiographie sich dadurch auszeichnete, daß der Weggang vom Elternhaus erst zum Zeitpunkt der Heirat erfolgte, steht eine junge Frauengeneration gegenüber, die zwischen Herkunftsfamilie und Gründung einer eigenen Familie Zwischenformen des Zusammenlebens erprobt und gestaltet. Im Gegensatz zu einer wenig ausgebildeten, in der Regel nur bis zur Eheschließung oder allenfalls bis zum ersten Kind berufstätigen Müttergeneration haben wir eine schulisch besser qualifizierte und beruflich hoch motivierte Töchtergeneration vor uns, die Beruf und Erwerbsarbeit als feste Bestandteile ihrer Lebensplanung sieht und sehen muß. Aber der verengte Arbeitsmarkt gibt den beruflich qualifizierten jungen Frauen heute oft weniger Arbeitschancen als zu der Zeit, in der die heutige Müttergeneration jung war.

Die Vereinbarkeit von Beruf und Familie ist für Frauen ein Drahtseilakt. Das klassische Frauenbild, das manche Familienpolitiker heute immer noch oder wieder in der Öffentlichkeit pflegen, beschränkt sich auf das Hausfrau- und Muttersein. Beide Aspekte haben ihren Stellenwert, aber sie werden der Breite der weiblichen Lebensrealität heute nicht mehr gerecht. Selbst wenn Frauen lange Jahre ihres Lebens ausschließlich in diesen beiden Bereichen leben, haben doch die meisten eine Zeit davor und danach, in der anderes Vorrang hat wie beispielsweise Erwerbsarbeit, Konzentration auf eine Partnerbeziehung ohne Kinder, Übernahme öffentlicher und caritativer Aufgaben etc. Viele Frauen meistern heutzutage mehrere dieser Aspekte gleichzeitig oder versuchen es zumindest, und dieses ,,Alles-unter-einen-Hut-bringen-Müssen" ist prägender Bestandteil des heutigen weiblichen Lebensalltags.

Im 19. Jahrhundert wurde dem Mann die Ernährerfunktion für die Familie zugeschrieben und damit die Festlegung der Frau auf die Hausfrauenrolle und eine weitreichende Abhängigkeit vom Ehemann besiegelt. Ungeachtet der Tatsache, daß diese Ernährerfunktion des Mannes real immer brüchig war, ist sie dennoch Grundelement und bestimmender Faktor des Denkens und Handelns auch im 20. Jahrhundert.

Die Frauenbewegung hat die widersprüchliche Situation von Frauen öffentlich bewußt gemacht: daß Frauen einerseits in Familie, Schule, Erwerbsleben und Öffentlichkeit weitgehend auf die Familienrolle festgelegt bzw. auf die Ausschließlichkeit von Familienrolle und Erwerbsarbeit verwiesen werden, daß aber andererseits die Familienrolle nicht mehr ausreicht für eine lebenslange Existenzgrundlage und Identifikationsbasis von Frauen.

Die Widersprüchlichkeiten im weiblichen Lebenslauf — so unsere Ausgangsthese — lassen die Beziehung zwischen Müttern und Töchtern nicht unberührt. Sie sind Ursache gesellschaftlich bedingter Verständigungsbarrieren, aber auch von Gemeinsamkeiten zwischen Müttern und Töchtern.

Jugendforscher, die sich mit Generationsproblemen befassen, stellen die These auf, daß gesellschaftlicher Wandel von jeweils neuen Generationen getragen wird. Wir fragen uns, ob diese junge Frauengeneration tatsächlich Trägerin des Wandels für die notwendig gewordenen neuen Lebensperspektiven von Frauen sein kann, wie es hier und da in der Frauenbewegung als Hoffnung laut geworden ist.

Wenn die jüngere Generation etwas anders macht bzw. machen will als die ältere — so eine andere These in der Jugendforschung — dann kommt es zum Konflikt, zum Generationenkonflikt. Für uns war in diesem Zusammenhang von Interesse, ob zwischen Müttern und Töchtern ein solcher Konflikt erkennbar ist und wenn ja, mit welchem Inhalt. Ist die Sexualität der Inhalt oder die Erwerbsrolle, die Mutterrolle oder der gesamte Lebensentwurf als Frau?

Margaret Mead spricht von drei für das Zusammenleben von Jungen und Alten idealtypischen Konstellationen (*Mead* 1971), die sich aus einem unterschiedlich schnellen sozialen Wandel ergeben. In Gesellschaften mit langsamem sozialem Wandel sind die Erfahrungen der Alten und deren Wissen für die Jungen überlebensnotwendig (postfigurative Kultur). In sog. kofigurativen Kulturen sind die Erfahrungen der jüngeren Generation bereits andere als die der älteren. Die Jungen müssen aufgrund ihrer anderen Erfahrungen zwar neue Lebensstile entwickeln, doch die Führungsposition der älteren Generation steht nicht grundsätzlich in Frage. In sog. präfigurativen Kulturen sind die Generationenbeziehungen dadurch bestimmt, daß sich — bedingt durch die schnellen Veränderungen der Normen und Werte und der neuen Technologien — die Jungen nicht mehr an den Älteren orientieren können.

Diese Überlegungen aus der Sicht einer Kulturforscherin führen uns zu der Frage nach dem Generationenverhältnis zwischen Müttern und Töchtern heute. Inwieweit sind die Vorerfahrungen der Mütter übertragbar auf das Leben der Töchter; in welchem Ausmaß und in welchen Bereichen hat die Vorbildfunktion der Mütter für die Töchter heute noch Gültigkeit? Bringen es die Veränderungen im weiblichen Lebensverlauf automatisch mit sich, daß die Töchter alles über Bord werfen, was die Mütter ihnen vorleben, daß sie sich nicht an ihnen orientieren, nicht orientieren können? Stimmt es, daß die Töchter alles ganz anders machen? Uns interessiert das Zusammenspiel von Identifikation und Abgrenzung zwischen Müttern und Töchtern heute in bezug auf Hausfrauendasein, Mutterrolle und Partnerschaft mit dem Mann, sowie auf Erwerbstätigkeit als Mutter.

Der Ausschnitt der Mütter-Töchter-Beziehung, dem wir uns hauptsächlich zuwenden, ist die Zeit, in der die Töchter erwachsen werden. Die Wandlungsprozesse im Lebensverlauf von Frauen haben — so unsere These — unmittelbare Auswirkungen auf die Ablösungsprozesse. Ablösung ist dabei nicht nur äußerlich als Verlassen des Elternhauses zu verstehen, sie muß auch innerlich vollzogen werden, und das heißt: Junge Frauen müssen eigene Wege finden, da die alten Lebensentwürfe so nicht mehr gelten.

2 Mütter und Töchter: Forschungsthemen

Bei der Literatursichtung zu Beginn unserer Arbeit ist schnell klargeworden, daß es keine sozialwissenschaftlichen Forschungen über Mütter-Töchtergenerationen gibt. Bis vor zehn Jahren hat sich dafür kaum jemand interessiert, erst die Frauenforschung hat dieses Thema aufgegriffen — allerdings fast ausschließlich aus der Tochterperspektive.

Eine Fülle von Material über die Beziehung zwischen Müttern und Töchtern findet sich in Märchen und Mythen. Die grundsätzlichen und brisanten Themen dieser Beziehung sind dort bereits in eindrucksvoller Weise aufgegriffen: zum einen der Zusammenhang zwischen Ablösung und Sexualität der Tochter und zum anderen der Loyalitätskonflikt der Tochter zwischen Vater und Mutter.

Unser Interesse gilt dem Mutter-Tochter-Verhältnis in einer Lebensphase, in der das junge Mädchen seine Pubertät und Jugendzeit durchlebt und langsam erwachsen wird. Auf der Suche nach entsprechenden Aussagen über die Beziehung zwischen Mutter und Tochter in der Ablösungsphase mußten wir zunächst feststellen, daß dieses Thema in der sozialwissenschaftlichen Forschung bisher nicht untersucht worden ist. Sozialisationsforschung bezieht sich meist auf Institutionen wie Familie, Kindergarten oder Schule. Die Familiensoziologie beispielsweise spricht vom geschlechtslosen Neutrum ‚Kind', von ‚Mutter-Kind-Beziehungen' und von ‚Sozialisation in der Familie'. Die Jugendsoziologie hat Themen wie ‚Generationenkonflikt', ‚Subkultur', ‚Jugendprotest', ‚Berufsnot der Jugend' etc. zum Gegenstand. Mädchen sind dann entweder so etwas wie eine Spielart von Jungen, oder sie sind eine besonders zu berücksichtigende — ‚defizitäre' — Gruppe. Mütter tauchen auf als ‚Erwachsene' oder als ‚Eltern'. In der soziologischen Forschung fehlt eine Auseinandersetzung mit der Mutter-Tochter-Problematik weitgehend, und das entspricht dem theoretischen Stand dieser Forschung, die geschlechtsunspezifisch denkt. Ausnahmen sind einige wenige Untersuchungen in Amerika, die sich mit der Mutter-Tochter-Beziehung befassen zu dem Zeitpunkt, wenn die Tochter selbst Mutter wird. Fündiger waren wir in der Frauenforschung und in der psychoanalytischen Literatur. Beide Bereiche haben die Bedeutung der Mutter für die Entwicklung der Tochter in unterschiedlicher Weise erkannt.

Im Rahmen der Frauenforschung sieht beispielsweise Signe Hammer die Beziehung Mutter-Tochter als das Fundament aller Beziehungen, die im Leben einer Frau vorkommen (*Hammer* 1979, S. 17). Die Autorin begreift die Mutter-Tochter-Beziehung als einen Lernprozeß zwischen den Frauengenerationen, der gleichzeitig ein Wachstumsprozeß ist. Die Frauenforscherinnen stimmen überein in der Erkenntnis, daß die Mutter-Tochter-Beziehung ein Balanceakt ist zwischen Abgrenzung und Identifikation, zwischen widersprüchlichen Bedürfnissen nach Nähe und Distanz. Diese Beziehung wird als ein lebenslanger Prozeß angesehen, der in Phasen abläuft und vom jeweiligen Entwicklungsstand der Mutter und der Tochter abhängig ist.

In der Frauenforschung stehen die Schwierigkeiten und Probleme der Beziehung zwischen Mutter und Tochter im Mittelpunkt. Schon der Titel des Buches von Signe Hammer ‚Töchter und Mütter — über die Schwierigkeiten einer Beziehung' signalisiert dies. ,,Es gibt noch keine Muster, an denen sich Frauen orientieren können, diese Beziehung zu leben", meint beispielsweise Birgit Cramon-Daiber (*Cramon-Daiber* 1984, S. 121).

Die Frauenforscherinnen schreiben fast alle vom Töchterstandpunkt aus; Thema ist der Unwille der Töchter über das Vereinnahmtwerden oder das Nichtloslassenkönnen der Mütter — und dies durchaus über alle Lebensphasen hinweg — wie beispielsweise Signe Hammer nachweist, die sowohl Großmütter, Mütter als auch Töchter interviewt hat. In dem Buch von Barbara Franck ‚Ich schaue in den Spiegel und sehe meine Mutter' (*Franck* 1980) sprechen Frauen über sich selbst, und zwar meist als Töchter, nur selten als Mütter, und dies bei fast allen in einem Lebensalter, in dem man davon ausgehen müßte, daß die Ablösung von der Mutter längst abgeschlossen ist. Daß dies nicht der Fall ist oder nur schwer gelingt, dafür ist die Veröffentlichung von B. Franck ein sehr beredtes Zeugnis. Bis heute jedoch fehlt ein Bericht der Mutter, die aus ihrer Sicht die Ablösungsschwierigkeiten von der Tochter schildert.

Die Mutter-Tochter-Beziehung erscheint auch deshalb so kompliziert, weil alle Mütter Töchter sind und weil die Beziehung zur eigenen Mutter stets auch auf das Verhältnis zur Tochter ihre Auswirkungen hat. ,,Für mich besteht das Besondere dieser Beziehung in dem scheinbaren Paradox, daß jede Mutter gleichzeitig Tochter ist und im unbewußten Erleben in ihrer Tochter der eigenen Mutter begegnet" (*Moeller-Gambaroff,* Stichwort ‚Mütter-Töchter' in ‚Frauenhandlexikon', 1983, S. 194). Nancy Friday (*Friday* 1984, S. 86) hat diese Beziehung als einen Kampf der Tochter um die Selbstbehauptung gegenüber der Mutter dargestellt. Wie schwer dieser Prozeß ist, verdeutlicht sie an ihrer eigenen Person. Sie selbst hat ihr ganzes bisheriges Leben gebraucht, um sich von ihrer Mutter abzugrenzen. Eine Lösung des Problems sieht sie darin, daß die Tochter die Mutter als eine Frau mit eigener Geschichte und eigener Persönlichkeit zu verstehen lernt, und nicht nur in ihrer Funktion als Mutter.

Die Abgrenzung von der Mutter fällt der Tochter schwer, denn das erste Erleben ist — anders als beim Sohn — das der Gleichheit. ,,In der Gleichheit die Andersartigkeit zu gewinnen sowie zuzugestehen, scheint... die fundamentale

Aufgabe von Töchtern wie Müttern" (*Moeller-Gambaroff* 1983, S. 195). Moeller-Gambaroff sieht in der Erfahrung der eigenen Sexualität die Chance der Tochter, ihre eigene weibliche Persönlichkeit zu finden.

In sozialisationstheoretischem Zusammenhang weisen mehrere Autorinnen auf die seit dem frühesten Kindesalter bestehende Spannung zwischen Mutter und Tochter hin. Die Mutter kann der Tochter gegenüber viel Macht und Kontrolle ausüben, aber in ihrer Frauenrolle vermittelt sie Ohnmacht und Hilflosigkeit. Das Spannungsverhältnis zwischen Mutter und Tochter wird begründet mit der ambivalenten Haltung der Mutter gegenüber der väterlichen Gewalt. Diese Analyse ist eine Weiterentwicklung der Freud'schen Theorie, die ebenfalls die Beziehung zwischen Mutter und Tochter als konflikthaft beschreibt. Mit der Entdeckung, daß ihr genauso wie der Mutter (*Freud* 1969) der Penis fehlt, wendet sich die Tochter von der Mutter ab. Sie wendet sich dem Vater zu, den sie fortan idealisiert. Der Mutter gegenüber empfindet sie unbewußten oder bewußten Haß, weil sie ihren ‚Mangel' der Mutter anlastet.

Zwar haben sich die Frauenforscherinnen gegen diese biologische Interpretation weiblicher Entwicklung gewandt. Aber die dieser Theorie zugrundeliegende Grundkonstellation zwischen Mutter und Tochter wird übernommen. Der ‚Penisneid' wird umdefiniert als nicht gelöster Konflikt im Kampf des Mädchens um Autonomie. In der Familie erlebt demnach das kleine Mädchen bereits die Machtlosigkeit der Mutter einerseits, andererseits aber die mütterliche Kontrolle über die Tochter auch in sexueller Hinsicht (vgl. *Prokop* 1976, S. 134). Eine vielbeachtete Untersuchung (*Mahler* u.a. 1980) zeigt bei kleinen Kindern, daß Mädchen weniger Interesse und Freude an der Erkundung ihrer Umwelt haben als Jungen, insbesondere dann, wenn damit eine Trennung von der Mutter verbunden ist. Auch Mahler erklärt diesen Geschlechtsunterschied biologisch (vgl. *Mahler* 1980, S. 133). Andere (vgl. *Cohler/Grunebaum* 1981) dagegen interpretieren die stärkere Abhängigkeit der Töchter von den Müttern als Ausdruck der Geschlechtsrollenerziehung, in der die Jungen zu Autonomie und Identifikation mit dem Vater angehalten, die Mädchen aber zu Anpassung und Identifikation mit der Mutter geführt werden. Da der Vater durch Erwerbsarbeit außer Haus für den Familienunterhalt sorgt, entwickelt der kleine Junge bereits früh Tendenzen zu Unabhängigkeit und Selbstbehauptung. Die Mutter hingegen sorgt für die Kinder und den Haushalt und ist, genauso wie die Kinder, abhängig vom Einkommen des Mannes. Sie ist für die emotionale Unterstützung in der Familie verantwortlich. So lernen auch die kleinen Mädchen früh, sich um andere zu kümmern, und ihr Autonomiestreben wird weniger gefördert. Die Grundlagen für die auch später fortdauernde Bindung der Tochter an die Mutter werden früh gelegt. Ablösung und Trennung von der Mutter sind demnach für Töchter schwieriger als für Söhne (vgl. auch *Mahler* 1980, S. 138).

In anderer Weise versteht die Psychologie nach C.G. Jung den Ablösungsprozeß zwischen Mutter und Tochter. Da diese Theorie sich mit der innerpsychischen Entwicklung des Individuums beschäftigt, ist sie weitgehend frei von Schuldzuschreibungen. Weder die Mutter noch der Vater werden als direkte Verursacher und Schuldige für Probleme der Tochter angeklagt. Die Verantwortung für das Erwachsenwerden bleibt bei der Tochter. Birkhäuser-Oeri sieht es als einen Prozeß der Tochter an, in dem sie lernt, zwischen ihren Projektionen auf die Mutter und der realen Person der Mutter zu unterscheiden. ‚Projektion' als ein wichtiger Begriff in der psychoanalytischen Theorie meint, daß bedrohliches inneres Erleben von der eigenen Person abgespalten und außerhalb bei anderen Personen wahrgenommen wird (*Birkhäuser-Oeri* 1976). Zwischen Müttern und Töchtern gibt es viele solcher Projektionen: Unerfüllte Wünsche der Mütter können als geheimer Auftrag oder als geheimer Fluch an die Töchter weitergegeben werden; viele Töchter leben unbewußt die negativen oder positiven Projektionen ihrer Mütter (vgl. *Metz-Gökkel* 1983).

Den Zwang zu Projektionen zwischen Müttern und Töchtern sieht Franz besonders dadurch gegeben, daß in unserer Kultur der dunkle Aspekt des Weiblichen abgespalten ist. Gefühle wie Neid, Eifersucht und Konkurrenz von seiten der Mutter, aber auch Trotz, Ablehnung und Aufbegehren von seiten der Tochter sind tabuisiert (vgl. *Franz* 1977). Dem weiblichen Bild der jungfräulichen Gottesmutter Maria als lichte, helle Gestalt fehlt der entsprechende Gegenpart, die Göttin, die auch das Dunkle, Zerstörerische verkörpert. Die einseitige Idealisierung des Weiblichen und des Mütterlichen erschwert es den Frauen, auch ihre aggressiven Anteile zu leben. Diese Seite muß ins Unbewußte verdrängt werden. Im Märchen übernimmt die Stiefmutter oder die Hexe die Rolle der ‚Bösen', da die eigene Mutter ja nicht böse sein darf. Die destruktive Seite der Mutter-Tochter-Beziehung muß verleugnet werden. Der Weg der weiblichen Ablösung bedeutet, daß die Tochter ihre Projektionen der Mutter gegenüber aufgibt und sich ihrer eigenen aggressiven Anteile bewußt wird. Im Märchen ist dies symbolisiert durch den Tod der Mutter (vgl. a.a.O., S. 146).

Nach dieser Richtung in der psychoanalytischen Forschung ist die Dynamik zwischen Mutter und Tochter entweder durch eine positive oder durch eine negative Bindung geprägt. Ein trotziges Sich-wehren gegen die Mutter ist ebenso wie ein braves Genauso-machen erst der Ausgangspunkt für die Verselbständigung, nicht das Endergebnis (vgl. hierzu a.a.O., S. 146, und *Birkhäuser-Oeri* 1976, S. 273). Es werden zwei Wege der Ablösung von Töchtern deutlich: einerseits die Lösung aus der Einheit mit der Mutter und andererseits die Versöhnung mit der Mutter — je nachdem, welche Qualität die Mutter-Tochter-Beziehung hat.

Übereinstimmung zwischen den unterschiedlichen Forschungsrichtungen besteht darin, daß die Mutter für die Tochter eine zentrale Person darstellt, und daß die Ablösung von ihr ein komplexer Prozeß ist, in dem auch die erwachende Sexualität der Tochter eine bedeutsame Rolle spielt. Darüber hinaus wird in einigen Analysen auch das Dreiecksverhältnis Vater-Mutter-Tochter angesprochen. Wenig erfahren wir jedoch über die Veränderung dieses Prozesses aufgrund einer deutlich veränderten sozialen Situation der Frauen. Ausgehend von der These, daß das Leben der Mütter nicht Modell sein kann für die Töchter, stellt sich uns die Frage, wie Töchter diesen Ablösungsprozeß bewältigen können. Wenn eine so starke Bindung zwischen Mutter und Tochter besteht — egal ob diese Bindung nun harmonisch oder konflikthaft ist — in welcher Weise kann die Tochter es schaffen, ihrem Leben eigenständige Werte und Perspektiven zu geben? Wie wirkt sich der unterschiedliche Erfahrungshintergrund von Müttern und Töchtern auf die Prozesse der Ablösung aus?

3 Mütter und Töchter: Zwei Generationenportraits

1981/82 haben wir Töchter zwischen 15 und 19 befragt; ihre Mütter waren in den fünfziger und in den frühen sechziger Jahren in diesem Alter. Beide Generationen haben einen unterschiedlichen Erfahrungshintergrund; sie sind (bzw. waren) in unterschiedlichen Zeiten jung. Der soziale und gesellschaftliche Rahmen ist heute nicht mehr derselbe wie 1950 oder 1960. In den Generationenportraits untersuchten wir, mit welchen gesellschaftlichen Wertvorstellungen und sozialen Verhaltensweisen in bezug auf Familie und Beruf, Partnerschaft und Sexualität die jeweilige Generation aufgewachsen ist.

3.1 Ehe in der Nachkriegszeit: Zusammenhalten und gemeinsam etwas aufbauen

Die meisten Mütter der heutigen Mädchengeneration von 15- bis 19jährigen sind zwischen 1932 und 1946 geboren. Viele von ihnen erlebten als Kinder eine Zeit, in der die Männer im Krieg oder in Kriegsgefangenschaft waren und von denen viele nicht mehr zurückkehrten. Ihre Erfahrung ist oft, daß sich ihre eigenen Mütter — die Großmütter der heutigen Mädchengeneration — zum Teil lange Zeit allein durchschlagen mußten. Eine Untersuchung aus dem Jahr 1950 macht deutlich, daß zu diesem Zeitpunkt zwischen 25 und 30 % der Jugendlichen im Alter von 15 bis 21 Jahren nur mit der Mutter lebten, weil der Vater tot, vermißt oder in Gefangenschaft war (*Schelsky* 1952).

Als die Männer nach und nach aus der Gefangenschaft zurückkamen, wurde wieder ein normales Familienleben versucht. Doch viele Ehepartner kamen mit ihren belastenden, jeweils getrennt erfahrenen Kriegserlebnissen nicht zurecht und die Bedürfnisse nach Geborgenheit, Sicherheit und Ruhe mündeten in hohe gegenseitige Erwartungen, denen viele Ehen nicht standhielten (vgl. Kasten I). Langjährige Trennungen führten so zu Entfremdungsprozessen, die nicht mehr aufzufangen waren. Die Ehescheidungsraten waren entsprechend hoch; aber gleichzeitig heirateten die Leute auch wieder (vgl. Kasten I).

Kasten I

Heiratsalter — Eheschließungs- und Scheidungsquoten von 1950-1980

Jahr	Durchschn. Heiratsalter M (ledig)	F (ledig)	Eheschließungen je 1000 Einw.	Ehescheidungen je 10.000 Einwohner
1950	28,1	25,4	10,7	16,9
1960	25,9	23,7	9,4	8,8
1970	25,6	23,0	7,3	12,6
1975	25,3	22,7	6,3	17,3
1980	26,1	23,4	5,9	15,6

Quelle: (Nave-Herz 1984) Zusammenstellung aus den Angaben der Statist. Jahrbücher. Wiesbaden 1960-1983

Man heiratet 1980 jünger als 1950. 1975 war das Heiratsalter bei Frauen am niedrigsten, seitdem steigt es wieder leicht an; die Entwicklung verläuft bei Männern und Frauen ähnlich. Bei deutlich weniger Eheschließungen 1980 als 1950 ist die Scheidungsrate 1980 ähnlich hoch wie unmittelbar nach dem 2. Weltkrieg. Aus der Abnahme der Eheschließungen kann nicht unmittelbar auf eine ‚Ehemüdigkeit' geschlossen werden; die Formen des Zusammenlebens haben sich verändert und erweitert.

Die Ausgangsbedingungen für eine Ehe waren 1950 andere als heute: Die Wohnraumnot war groß, die materiellen Möglichkeiten gering. Empfängnisverhütungsmittel waren gesellschaftlich nicht freigegeben, was häufig zu „Mußehen" führte. 1950 war neben Schwangerschaft die Zuweisung einer Wohnung der am häufigsten genannte Grund für den Zeitpunkt einer Eheschließung. Solche sog. „äußere" Einflußfaktoren führten häufiger zur Eheschließung als 1980 (vgl. *Nave-Herz* 1984, S. 51). Die Wohnsituation 1950 war für die jungen Ehepaare z.T. katastrophal. Nur zur Hälfte verfügten sie über einen eigenen Haushalt — und das war oft nur ein Zimmer — die andere Hälfte lebte im Haushalt der Eltern mit.

Aber nicht nur die schlechte Wohnsituation und die schwierige ökonomische Lage waren 1950 ausschlaggebend, sondern auch die sexualmoralischen Vorstellungen, die zudem durch die Gesetzesgebung gestützt wurden, rückten ein voreheliches Zusammenwohnen in den Bereich des Unmöglichen. Von daher ließen sich die Paare wenig Zeit zwischen der ersten Begegnung und der Eheschließung. Die Heirat erfolgte relativ schnell, lockere Formen des „Ausprobierens" gab es kaum. Die Geschlechtsrollenstereotype kamen zum Ausdruck in der Mode, die die ‚gepflegte Dame' und den ‚gutangezogenen Herrn' zu Leitbildern machte.

Die Rock'n-Roll-Kultur zeigte zwar bald jugendliches Aufbegehren gegen die gesellschaftliche Überanpassung der Erwachsenen. Aber in dieser Jugendkultur waren Mädchen nicht die treibende Kraft, und sie vermittelte ihnen keine Perspektive für einen eigenständigen Lebensstil — im Gegenteil: Elvis Preslys Frauenbild z.B. war das einer Madonna oder eines Maskottchens, das sich ganz an die Bedürfnisse des Mannes anzupassen hatte.

Die Sexualität dieser Generation war belastet durch Einschränkungen und dem Zwang zu Heimlichkeiten aufgrund einschneidender gesellschaftlicher und sozialer Sanktionen. Schwangerschaftsabbrüche waren strafbar und nur mit hohem Risiko und viel Geld zu erkaufen. Der Kuppeleiparagraph machte es jungen Paaren unmöglich, ohne Trauschein zusammenzuwohnen, und selbst das ,,miteinander gehen" mußte in der Regel durch eine Verlobung legitimiert werden. Die Ehe wurde als ,,Solidaritätsverband" begriffen. ,,Geborgenheit und das Bewußtsein, einen Partner zu haben und mit ihm etwas zusammen ,,zu schaffen", sind Forderungen an die Ehe bzw. Wünsche bei Ehegründung und vermutlich Reaktionsformen auf abgelaufene gesamtgesellschaftliche Prozesse wie Krieg, Vertreibung usw" (*Nave-Herz* 1984, S. 55).

Das allgemeingängige Leitbild der solidarischen Gemeinschaft beinhaltet auch, daß der Mann der Ernährer für die Familie und die Frau für den Haushalt und die Erziehung der Kinder zuständig war. Danach richteten sich auch die gesetzlichen Rahmenbedingungen mit dem Leitbild der Hausfrauenehe, das davon ausging, daß Heirat immer gleichbedeutend mit materieller Versorgung sei (vgl. Kasten II / S. 22). Dies entsprach durchaus auch den Erwartungen der Frauen, die — abgeschreckt durch das Beispiel ihrer Mütter, die die Last der Nachkriegszeit und des Wiederaufbaus über lange Strecken alleine zu tragen hatten — materielle Sicherheit bei ihren Männern suchten. Die von 1957 bis 1968 bestehende Möglichkeit für erwerbstätige Frauen, sich beim Ausscheiden aus dem Erwerbsleben — und das war in aller Regel bei der Heirat oder der Geburt des ersten Kindes — die eingezahlten Sozialversicherungsbeiträge zurückerstatten zu lassen, wurde damals von zwei Drittel bis drei Viertel aller versicherten Frauen wahrgenommen *(Kohleiss* 1983). Sie betrachteten dies als ihren materiellen Beitrag zur Gründung der Familie, gaben damit aber auch sämtliche eigenen Rentenansprüche auf und begaben sich in die völlige materielle Abhängigkeit vom Ehemann.

Eine etwaige Ausbildung und Erwerbstätigkeit von Mädchen wurde verstanden als etwas, das bis zur Ehe richtig war, nicht aber für eine Ehefrau und Mutter. Der Standpunkt der Eltern ,,Sie heiratet ja doch" war weit verbreitet und signalisierte wenig Unterstützung für berufliche Wünsche der jungen Frauen. Gleichzeitig waren auch die Bildungs- und Ausbildungschancen von Mädchen damals ungleich schlechter als die von Jungen. Noch bis vor 20 Jahren waren Mädchen im Gymnasium hoffnungslos unterrepräsentiert (vgl. *Pross* 1969); ihre Chancen auf dem Lehrstellenmarkt waren zumindest bis Ende der fünfziger Jahre ebenfalls schlecht (vgl. Kasten III).

Kasten II

Die Entwicklung der Arbeitsteilung in der Familie 1950-1980

1957 ist in der Einführung zum Gleichberechtigungsgesetz zu lesen: ,,Es gehört zu den Funktionen des Mannes, daß er grundsätzlich der Erhalter und Ernährer der Familie ist, während es die Frau als ihre vornehmlichste Aufgabe ansehen muß, das Herz der Familie zu sein." Auch hatte nach dem Gesetz von 1957 der Vater nach der Regelung des elterlichen Bestimmungsrechtes über die Erziehung und Ausbildung der Kinder das Recht auf einen Stichentscheid (vgl. Däubler-Gmelin 1977, S. 36). Die Haushaltsführung bleibt 1957 weiter Sache der Frau; die Berechtigung zur Erwerbstätigkeit wurde ihr nur eingeräumt, ,,soweit dies mit ihren Pflichten in Ehe und Familie vereinbar ist" (§ 1356 BGB, Abs. 2). Immerhin wurde der Absatz in § 1354 BGB, wonach der Ehemann ein Arbeitsverhältnis der Frau kündigen konnte, ersatzlos gestrichen (vgl. Kohleiss 1983, S. 51).

Erst in der Reform des Ehe- und Familienrechtes 1977 wurde das partnerschaftlich ausgerichtete Familienleitbild zugrunde gelegt. § 1356 BGB bestimmt jetzt: ,,Die Ehegatten regeln die Haushaltsführung im gegenseitigen Einvernehmen; ist die Haushaltsführung einem der Ehegatten überlassen, so leitet dieser den Haushalt in eigener Verantwortung (Abs. 1). Beide Ehegatten sind berechtigt, erwerbstätig zu sein."

Was sich hier auf der rechtlichen Ebene niederschlägt, läßt sich auch im konkreten Familienalltag wiederfinden. Eine Studie über Familien in der Unterschicht kommt zu folgenden Schlußfolgerungen: ,,Obwohl die beiden Welten, Arbeit und Familie, in denen Männer sich bewegen, unüberbrückbar nebeneinander herlaufen und die Arbeitswelt die Männer so aufzufressen scheint, daß sie für die Familie kaum Zeit und Energie übrig hatten, standen die Familie und gerade auch die Kinder gefühlsmäßig bei fast allen Männern im Vordergrund" (vgl. Wahl u.a. 1980, S. 149).

Eine neuere Untersuchung, in der Paare befragt wurden, die 1950 oder 1980 geheiratet hatten, zeigt deutlich die gestiegene Familienmotivation der Väter (vgl. Nave-Herz 1984, S. 59).

Es verbrachten nach der Geburt des ersten Kindes mehr Zeit zu Hause als vor der Geburt (in %)

	1950	1970	1980
Frau	77,6	84,0	84,9
Mann	47,8	52,9	65,1
(N)	(67)	(119)	(86)

Zu Kasten II

Es antworteten befragte Väter (in %)

	1950	1970	1980
Spiele nie, bzw. habe nie nach Feierabend mit den Kindern gespielt	64	11	10
Ich habe nie gedacht, daß ich meinen Kindern mehr Zeit widmen müßte	71	38	40

Kasten III

Schulsituation — Übergang in die Arbeitswelt in den fünfziger Jahren

Die Schulsituation 1950/51 zeichnete sich dadurch aus, daß die Klassenstärken zwischen 40 und 60 Schülern lagen und in Grundschulen auch Klassen mit 80 Schülern keine Seltenheit waren. In einigen Bundesländern wurde an den ‚höheren Schulen' Schulgeld erhoben mit der Konsequenz, daß dort auch der geringste Anteil an Mädchen bei höheren Schulabschlüssen zu verzeichnen war. Insgesamt hatten bei den Jungen 4,9 % das Abitur, bei den Mädchen 2,5 % eines Geburtsjahrganges (vgl. Schelsky 1952, Band 1, S. 114-117).

1950 war — genauso wie heute — der Übergang von der Schule in die Arbeitswelt für junge Mädchen ausgesprochen schwierig: nach der Berufsberatungsstatistik 1949/1950 wurden lediglich 15 % der weiblichen Ratsuchenden in Lehrstellen vermittelt, bei den Jungen waren es 50 %! Nur weitere 25 % wurden in Arbeitsstellen vermittelt, 6,5 % in weiterbildende Schulen. Unter der Kategorie ‚anderweitig erledigte Fälle' wurden die meisten Mädchen abgebucht. Eine Untersuchung der Arbeitsbehörde Hamburg ergab, daß die Hälfte dieser Fälle sich dadurch ‚erledigte', daß die Mädchen im Elternhaus blieben (Schelsky 1952, Band I, S. 124). Die vielen an weiterbildende Schulen vermittelten Mädchen — hier im Bereich Hamburg — sind als Hinweis darauf zu werten, „daß eine Lehr- oder Arbeitsstelle im gewünschten Sinne meist nicht auf Anhieb gefunden wird" (Schelsky 1952, Band I, S. 137). Die Ähnlichkeit dieser Aussagen mit denen der heutigen Situation der Mädchen ist verblüffend (vgl. Seidenspinner/Burger 1984, S. 35)! In den sechziger Jahren verbesserte sich zwar die Ausbildungssituation nicht wesentlich, aber die Chance einen Arbeitsplatz zu bekommen.

Die Möglichkeiten für eine junge Frau, zunächst ein eigenes Leben ohne Eltern oder Ehemann zu führen, waren sehr bescheiden. Das Volljährigkeitsalter begann erst mit 21, und mindestens so lange war sie noch abhängig von Entscheidungen ihres Vaters bzw. ihrer Mutter. Auch die materielle Lage der Mädchen war gänzlich anders als heute: Die Eltern hatten meist selbst wenig, und die Töchter waren oft gezwungen, zum Familienunterhalt beizutragen oder für die erwerbstätige oder kranke Mutter einzuspringen und den Familienhaushalt zu führen.

3.2 Partnerschaft zu Beginn der achtziger Jahre: Das neue Selbstbewußtsein der Frauen

Für die heutige Generation junger Frauen hat sich die Jugendphase in zwei Bereichen einschneidend verändert: zum einen im Bildung- und Ausbildungsbereich, und zum anderen in der Übergangsphase von der Herkunftsfamilie zur eigenen Familiengründung.

Die Töchtergeneration verlebte ihre Kindheit in einer Phase des wirtschaftlichen Wachstums und der ökonomischen Expansion. Die Mädchen wuchsen auf im Fahrwasser einer dazu parallel verlaufenden Reformpolitik, die vom Vorschulbereich ausgehend fast alle Einrichtungen des Bildungssystems erfaßte. Die schulischen Qualifikationsangebote wurden breiter gefächert und insgesamt erweitert. Das Ziel war, mehr Durchlässigkeit im Bildungssystem zu erreichen und die frühe, nicht mehr korrigierbare Festlegung in der Schulkarriere abzubauen. Wie uns die Bildungsberichte der letzten Jahre immer wieder bestätigten, sind gerade Mädchen diejenigen, die diese erweiterten Bildungsangebote verstärkt angenommen und genutzt haben. Die Bildungs- und Ausbildungszeiten aller Jugendlichen, aber insbesondere die der Mädchen haben sich dadurch im Vergleich zu denen der fünfziger Jahre wesentlich verlängert.

Sehr viel mehr 18- bis 19jährige Mädchen sind heute noch in der Schule oder in einer Ausbildung — und dies bei juristischer Volljährigkeit. Hier hat sich die Situation der Müttergeneration ins Gegenteil verkehrt. Die Mütter waren materiell früher unabhängig, mußten aber auf ihre Volljährigkeit noch warten. Mädchen haben heute eine wesentlich bessere Schulbildung als ihre Mütter, und die jungen Frauen planen die Erwerbstätigkeit als festen Bestandteil in ihr Leben mit ein (vgl. *Seidenspinner/Burger* 1982). Die ausschließliche Zuweisung der Ernährerfunktion an den Mann gehört nicht mehr in die Lebensplanung junger Frauen — sicherlich auch aufgrund der realistischen Einschätzung, daß die Ehe als Versorgungsgrundlage der Frau immer fragwürdiger wird angesichts der Tatsache, daß inzwischen jede dritte Ehe geschieden wird. Auch die steigenden Lebenshaltungskosten und die hohe Arbeitslosenrate machen es immer weniger möglich, daß eine Familie von einem Verdienst allein leben kann.

Die Formen des Zusammenlebens zwischen Ablösung aus der Herkunftsfamilie und der Gründung einer eigenen Familie sind vielfältiger geworden: Wohngemeinschaften, Paarbeziehungen ohne Trauschein, sogenannte nichteheliche Lebensgemeinschaften sind allgemein anerkannte oder zumindest geduldete Lebensformen für junge Menschen, die die Zeit des Sich-nicht-festlegen-Müssens, des Ausprobieren-Könnens erstmals für viele möglich machen. Dem Wunsch nach Zusammenleben eines Paares ohne Heirat stehen heute kaum noch moralische oder rechtliche Barrieren entgegen. Die heutigen jungen Frauen sind aufgewachsen mit den Entlastungen, die die öffentliche medizinische und soziale Billigung von Empfängnisverhütungsmitteln gebracht hat, obwohl inzwischen steigende Zweifel im Hinblick auf die gesundheitlichen Risiken insbesondere der Pille dies auch relativieren. Die Eltern sind heute vergleichsweise eher bereit, mit ihren Töchtern über Empfängnisverhütung zu sprechen, um sich auch von der ständigen Sorge zu entlasten, mit den Problemen einer zu früh schwanger gewordenen Tochter fertig werden zu müssen. Die Töchter sind von allzu engen Kontrollen oder dem Zwang zu Heimlichkeiten nicht mehr in dem Maße betroffen wie ihre Mütter, als diese jung waren (vgl. Kasten IV).

Kasten IV

Erotik damals — aus heutiger Sicht

Frage: Ich würde gerne von Dir hören, ob Du Deine größere sexuelle Freiheit als Entzauberung empfindest?

Gymnasiastin, 17 Jahre alt:
Ich finde das einen Schmarrn, was soll denn daran erotisch sein, wenn ich genau weiß, meine Eltern flippen aus, wenn sie mich mit meinem Freund im Zimmer erwischen und wir alle zwei Minuten Angst haben müssen, daß die Tür aufgeht. Was ist daran erotisch? Und dann die Gelegenheit zu erwischen, wenn die Eltern mal weg sind — das hat nichts damit zu tun, daß das furchtbar romantisch ist. Das Ganze entwickelt sich zur Plage mit einer riesengroßen Belastung, wo es beiden Teilen dann irgendwann mal reicht... Da ist mir ein großes, weißes Bett, wo ich weiß, das kann ich zu jeder Zeit benutzen, viel lieber...

Insgesamt hat sich die Zeit des Kennenlernens und der Partnerwahl verändert. 1950 war bei der Partnerwahl die Zeit des Sich-aufeinander-einlassens sehr viel kürzer als 1980. Die Zeit zwischen der ersten Begegnung und dem Miteinander-gehen hat sich verlängert, und vor einer eventuellen Eheschließung liegt eine längere Phase vorehelichen Zusammenlebens (vgl. *Nave-Herz* 1983, S. 51). In einer „wilden Ehe" zu leben, reichte in den sechziger Jahren aus, um als nicht seriös und nicht vertrauenswürdig zu gelten. Heute jedoch tritt diese negative Sanktionierung erst ein, wenn Kinder geboren sind. „Uneheliche Kinder" gemeinsam aufzuziehen, hat auch heute noch verschiedene Nachteile (beispielsweise, daß der Vater nicht erziehungsberechtigt ist), so daß heute oft nicht der Wunsch nach Zusammenwohnen die Entscheidung zur Eheschließung fördert, sondern der Wunsch nach Kindern. 1980 ist noch genauso wie 1950 eine Schwangerschaft der Hauptgrund für die Eheschließung. Da jedoch 80 % der Paare, die heiraten, vorher zusammengelebt haben, sind die Zahlen von 1980 anders zu bewerten als die von 1950. 1950 kann man davon ausgehen, daß die Schwangerschaft sehr oft ein „Unglücksfall" war, während die Elternschaft 1980 in vielen Fällen geplant ist (vgl. *Nave-Herz* 1984, S. 52).

Auch die juristischen Voraussetzungen für eine Ehe haben sich gewandelt. Die Reform des Ehe- und Familienrechts von 1977 überläßt es dem Verantwortungsbereich der beiden Partner, wie sie Haushaltsführung, Erwerbstätigkeit und Betreuung der Kinder aufteilen wollen (vgl. Kasten II).

Damit verbunden ist auch eine Veränderung des Rollenverständnisses. Die künftigen Väter verstehen sich nicht mehr nur als Ernährer der Familie, die Frauen planen ihren Beruf längerfristig auch als Mütter mit in ihre Lebensperspektive ein. Ausdruck dafür ist die gestiegene Erwerbsquote von Müttern auch mit Kleinkindern (vgl. *Däubler-Gmelin* 1977). Aus Untersuchungen wissen wir, daß heutige Väter mehr als 1950 oder 1960 ein kinderbezogenes Bewußtsein entwickelt haben (vgl. *Nave-Herz* 1984); wenngleich dieses Bewußtsein auf der Verhaltensebene offenbar noch sehr wenig eingelöst wird (vgl. *Metz-Göckel, Müller* 1985). Unbeschadet dessen ist die Beteiligung junger Väter an der Betreuung und Versorgung ihrer Kinder gegenüber 1950 größer geworden und gleichzeitig auch ihr Bewußtsein dafür, daß dies ein Teil der Vaterrolle ist. Öfter als 1950 haben Väter heute ein schlechtes Gewissen, wenn sie sich zu wenig um ihre Kinder kümmern können, und sie fühlen sich auch häufiger zuständig dafür, was in der Erziehung ihrer Kinder geschieht (vgl. Kasten II). Nach der neuesten Untersuchung über den Mann (*Metz-Göckel* 1985) empfinden zwar noch immer 44 % der Männer die klassische Rollenteilung ‚der Mann ist berufstätig, die Frau bleibt zu Hause' für sich selbst als die beste Lösung, wenn es darum geht, in der Familie die Kindererziehung und die Erwerbs- und Hausarbeit aufzuteilen. Aber immerhin 14 % der Männer — bei den Jüngeren bis 29 Jahre sind es 21 % — halten für sich selbst ein partnerschaftliches Modell als die beste Lösung, in dem beide Elternteile halbtags berufstätig sind und sich auch die Familienarbeit teilen.

Ein Stück weit wäre der Weg für die jungen Frauen also frei, ihre schulische und berufliche Qualifikation auch zum Einsatz zu bringen. Dies scheitert jedoch für viele zum einen am Arbeitsmarkt, der insbesondere für Frauen immer weniger qualifizierte Arbeitsplätze anzubieten hat, und zum anderen an der Tatsache, daß die Hausarbeit und die tägliche Verantwortung für die Kinder letztendlich doch bei den Frauen bleibt: Teilzeitarbeitsplätze für Frauen, familienbedingte Pausen in der Erwerbsarbeit (vgl. Kasten V), Hausfrauenschichten u.ä. sind Ausdruck dafür. Der Bewußtseinswandel hin zu partnerschaftlichen Denkmodellen hat nicht dazu geführt, die Arbeitsteilung in der Familie auch tatsächlich zu verändern: die Hausarbeit wird nach wie vor von den Frauen getragen, auch wenn sie erwerbstätig sind. So hat in gewisser Weise die Töchtergeneration ein zwar anspruchsvolleres aber auch widersprüchlicheres Lebenskonzept als die Müttergeneration mit auf den Weg bekommen.

Kasten V

Erwerbsquote von Frauen

Die Statistik weist eine Erwerbsquote der Frauen im Alter zwischen 15 und 65 Jahren von 48,2 % aus. Soweit die Durchschnittswerte — doch auch heute noch ist die Erwerbstätigkeit von Frauen stark von ihrem Familienstand abhängig und variiert mit der Kinderzahl und dem Alter der Kinder. Entsprechend ist eine durchgängige Erwerbstätigkeit nur bei den ledigen Frauen zu beobachten, bei allen anderen findet ein deutlich sichtbarer permanenter Austausch statt. Betrachtet man die Frauen in unterschiedlichen Lebenssituationen, so fällt auf, daß sich der Anteil der verheirateten erwerbstätigen Frauen im Zeitraum zwischen 1950 und 1975 von 35 % auf 61 % erhöht hat; die Zahl der erwerbstätigen Mütter mit Kindern unter 15 Jahren hat sich im gleichen Zeitraum versechsfacht. 1980 hatte 1/3 der erwerbstätigen Frauen Kinder unter 15 Jahren, und jede neunte erwerbstätige Frau hatte Kinder unter sechs Jahren.

Die höchste Erwerbsquote liegt bei verheirateten Frauen zwischen 20 und 25 Jahren, die dann mit zunehmendem Lebensalter sinkt, um dann bei den Frauen zwischen 40 und 45 wieder leicht anzusteigen (vgl. Däubler-Gmelin 1977, S. 45/-46). Diese Kurve entspricht den Familienphasen der Frauen, die zunächst in den ersten Ehejahren noch mitverdienen und erst nach der Geburt des ersten oder zweiten Kindes mit der Erwerbsarbeit aufhören. Der deutlich verengte Arbeitsmarkt macht zumindest die dritte Phase — nämlich die Rückkehr in den Beruf nach einer Kinderpause — sehr schwierig oder gar unmöglich.

Aus den beiden Generationsbildern wird erkennbar, daß Mütter und Töchter in unterschiedlichen sozialen Rahmenbedingungen aufgewachsen sind und — damit zusammenhängend — auch mit verschiedenen Vorstellungen von weiblichem Leben, von Familie, Beruf, Partnerschaft und Sexualität. Wie wirkt sich diese Differenz zwischen den Müttern und ihren heranwachsenden Töchtern aus und wie nehmen Töchter ihre Mütter wahr? — dies ist das Thema unseres nächsten Kapitels.

4 Wie Töchter ihre Mütter sehen

Wenn Töchter erwachsen werden, fragen sie sich, was sie selbst vom Leben wollen und was sie erwarten können. In dieser Phase der Auseinandersetzung mit einer eigenen Lebensperspektive ist die Mutter ein wichtiger Bezugspunkt — sowohl im positiven als auch im negativen Sinne.

Mit dem Erwachsenwerden beginnen Töchter, ihre Mütter nicht nur als „Mütter", sondern auch in anderen Aspekten ihrer weiblichen Persönlichkeit wahrzunehmen. Als kleine Mädchen können sie nur die Mutter in ihr sehen. Je älter sie werden, je differenzierter ihre eigene Persönlichkeit wird, desto vielschichtiger ist auch ihr Mutterbild. Dies versuchten wir in der Repräsentativerhebung über Mädchen und junge Frauen in einer eigens zu diesem Thema gestellten Frage zu erfassen (vgl. Kasten VI).

Kasten VI

Die Mädchen-Untersuchung

Die Untersuchung (Brigitte/DJI) „Mädchen '82" ist eine Repräsentativerhebung bei Mädchen zwischen 15 und 19 Jahren in deutschsprachigen Privathaushalten der Bundesrepublik Deutschland einschließlich West-Berlin.

Die Stichprobengröße betrug N = 1.100 repräsentativ ausgewählte Personen der 2,25 Millionen Mädchen und jungen Frauen zwischen 15 und 19 Jahren; es handelte sich um die Geburtenjahrgänge 1962-1966; der Befragungszeitraum war November 1981 bis Januar 1982. Die Auswahl erfolgte im Quotenverfahren.

Die Untersuchung gibt auf repräsentativer Basis Auskunft über Einstellungen und Verhaltensweisen von Mädchen und jungen Frauen in den Bereichen Familie, Beruf, Partnersituation und gesellschaftliche Orientierungen.

Töchter machen sich ein Bild von ihren Müttern; dieses Bild ist jedoch nicht „die Wahrheit" über Mütter. Es sagt vielmehr etwas darüber aus, wie Töchter ihre Mütter sehen, und es zeigt, ob Generationenkonflikte zwischen Müttern und Töchtern aufgrund unterschiedlicher Lebensperspektiven der beiden Frauengenerationen erkennbar werden, wo die Töchter die Mütter bekämpfen oder sich mit ihnen identifizieren, und wo sie eigene Wege gehen wollen.

Unsere Frage war, welche Seiten der Mutter die Töchter wahrnehmen, welche sie schätzen, ablehnen oder ignorieren. In der Repräsentativuntersuchung lautete die entsprechende Frage: ,,Möchtest Du später so leben wie Deine Mutter? Wo ist sie Dir Vorbild und wo nicht?“ Die von uns vorgegebenen Antwortmöglichkeiten beziehen sich auf die unterschiedlichen Rollen, welche die Mütter leben: die Mutter als Hausfrau, in ihrer Mutterrolle, als Partnerin und in ihrer Berufsrolle. Darüber hinaus haben wir auch Aspekte der weiblichen Persönlichkeit der Mutter in die Antwortmöglichkeiten mit aufgenommen (Ergebnis s. Tabelle 1).

Tabelle 1: Facetten des Mutterbildes

Frage 9: Möchtest Du später mal so leben wie Deine Mutter? Wo ist sie Dir Vorbild, wo nicht? (Mehrfachnennungen möglich) Die häufigsten Antworten waren:

Mutter als Hausfrau	Ich möchte im Haushalt so geschickt sein wie sie	48 % (533)
	Meine Mutter schuftet sich ab für dic Familie, ich möchte mal mehr an mich selber denken können	41 % (449)
Mutter und Beruf	Ich möchte nicht, daß meine Familie wegen meines Berufes zu kurz kommt	23 % (256)
	Im Gegensatz zu meiner Mutter möchte ich einen Beruf	19 % (208)
Mutter als Partnerin	Ich möchte auch eine so glückliche Ehe führen wie meine Eltern*	
	Ich will mich gegenüber meinem Partner besser durchsetzen können	28 % (305)
		26 % (288)
Die Mutter in ihrer Mutterrolle	Ich möchte meine Kinder verständnisvoller erziehen	20 % (222)
	Ich möchte auch einmal eine so starke und warmherzige Frau sein wie meine Mutter	30 % (335)

Quelle: Mädchenuntersuchung 82 *übernommen von Frage 1 (Einschätzung der Elternehe) (vgl. Kasten VI)

Mehrfachnennungen waren bei der Beantwortung dieser Fragen möglich, von daher müssen sich die positiven und die negativen Aussagen zu den einzelnen Facetten nicht gegenseitig ausschließen. Überschneidungen deuten auf Ambivalenzen im Mutterbild hin, die wichtige Rückschlüsse auf das Verhältnis der beiden Generationen zulassen.

Wie Töchter ihre Mütter wahrnehmen, hängt von verschiedenen Faktoren ab. Wir haben die sexuelle Entwicklung der Töchter, die Schichtzugehörigkeit sowie unterschiedliche Familienkonstellationen untersucht. Sicherlich spielen für das Mutterbild der Töchter noch eine ganze Reihe anderer Faktoren eine Rolle wie beispielsweise die individuelle Art der Mutter und der Tochter, das Alter der beiden, die Geschwisterkonstellation, der religiöse und kulturelle

Standort der Familie und ähnliches. Darüber gibt es bisher kaum Untersuchungen, und auch wir konnten nicht alle Faktoren einbeziehen. Deshalb ist es auch kaum möglich zu bewerten, welche Faktoren nun die wichtigsten sind. Deutlich wird jedoch aus den Ergebnissen (vgl. Tabelle 1), daß die Mütter in ihrer Rolle als Hausfrauen von den Töchtern die meiste Aufmerksamkeit bekommen. Hier erfahren sie die meiste Wertschätzung, aber auch die deutlichste Abgrenzung. Am wenigsten werden die Mütter von den Töchtern in der Erwerbsrolle gesehen.

Wir haben die verschiedenen Rollenaspekte voneinander getrennt vorgegeben, um nicht die häufigen Klischees zu wiederholen, denen zufolge erwerbstätige Frauen immer in Beweisnot sind, auch gute Mütter zu sein. Für Hausfrauen ihrerseits ist die Anerkennung ihrer Arbeit alles andere als selbstverständlich; sie müssen sich gegen ein Klischee wehren, das sie als rückständig und altmodisch abstempelt. Der Gegensatz erwerbstätige Frauen versus nichterwerbstätige Frauen ist allemal konstruiert, weil erwerbstätige Frauen immer auch Hausfrauen sind. Andererseits stellt sich Hausfrauen immer auch die Frage ihrer beruflichen Perspektive: oft sind sie — zumindest in ihrer Vorstellung — Hausfrauen auf Zeit (vgl. *Hofbauer* 1979, S. 228ff.).

4.1 Die Mutter als Hausfrau: Das zwiespältige Vorbild

Die Rolle als Hausfrau steht im Einklang mit dem, was gemeinhin von Frauen erwartet wird und auch mit dem, was Frauen im allgemeinen als ihre ureigenste Arbeitsdomäne beanspruchen (vgl. *Pross* 1975, *Eckardt u.a.* 1979). Auch wenn die Hausfrauenrolle von den meisten Frauen zwiespältig wahrgenommen wird, ist sie — viele Untersuchungen belegen dies — eine wichtige Quelle für Selbstwert- und Kompetenzgefühle von Frauen.

Die Antworthäufigkeiten in der Mädchen-Untersuchung (s. Tabelle 1) zeigen, daß die Töchter zwischen 15 und 19 ihre Mütter vorwiegend in der Rolle als Hausfrau wahrnehmen und beurteilen. Von den Qualitäten der Mütter, den häuslichen Bereich zu organisieren, die Wohnung in Ordnung zu halten, das Essen auf den Tisch zu stellen, die Wäsche bereitzuhalten, sind die Töchter besonders beeindruckt. Es ist fast die Hälfte dieser Mädchengeneration (48 %), die die Mutter als geschickte Hausfrau sieht und diese Fähigkeit und Kompetenz auch selbst erreichen möchte. Aber fast genauso viele kritisieren die Hausfrauenrolle der Mutter heftig: Mit der Aussage „meine Mutter schuftet sich ab für die Familie, ich möchte mal mehr an mich selbst denken“ verbindet sich das Bild einer Mutter, die innerhalb der Familie keine Forderungen nach Unterstützung oder Entlastung stellt. Sie opfert sich auf für die Familie, sie kann oder will nichts für sich selbst beanspruchen. Mädchen, die ihre Mütter so wahrnehmen, wollen die Hausfrauenrolle, so wie sie ihnen die Mutter vorlebt, für sich selbst keinesfalls wiederholen.

Anerkennung der Hausfrauenrolle: ,,Ich möchte auch so geschickt im Haushalt sein wie meine Mutter" (48 %)

Kritik an der Hausfrauenrolle: ,,Meine Mutter schuftet sich ab für die Familie, ich möchte mal mehr an mich selbst denken" (41 %)

Die Mutter als perfekte Hausfrau und als Opfer der Hausarbeit — die Töchter erleben beide Seiten, und zwar nicht als ,,entweder — oder", sondern als ,,sowohl — als auch". Von denjenigen, die sich mit der Hausfrauenrolle der Mutter identifizieren und auch so geschickt sein wollen wie sie, sind 41 % gleichzeitig der Meinung, daß die Mutter sich abschuftet für die Familie und sie sich selbst später einmal — im Gegensatz zur Mutter — für andere Dinge als nur für Haushalt und Kind interessieren möchten. In dieser ambivalenten Haltung gegenüber der Hausfrauenrolle sind positive und negative Bewertungen untrennbar miteinander vermischt: So geschickt sein — ja, abschuften — nein, und dies heißt auch: Hausfrauenrolle — ja, aber so wie die Mutter — nein.

Woher kommt diese Ambivalenz? Ergebnisse aus der Frauenforschung zeigen übereinstimmend, daß auch die Mütter der heutigen Töchtergeneration ihrer Hausfrauensituation ambivalent gegenüberstehen. Dies ist jedoch nicht den Frauen selbst anzulasten, sondern erwächst aus ihrer widersprüchlichen Lage und der Uneindeutigkeit der Erwartungen an Frauen (*Becker-Schmidt* 1982, *Beck-Gernsheim* 1980, *Pross* 1975).

Die Mütter dieser Töchtergeneration leben vor allem die Hausfrauenrolle: 61 % sind nicht erwerbstätig, nur 14 % vollzeit- und 25 % teilzeiterwerbstätig. Die Hausfrauenrolle entspricht weitgehend den Bedürfnissen nach Intimität, Selbständigkeit im eigenen privaten Bereich, nicht-entfremdeter Arbeit und Emotionalität. Andere Bedürfnisse der Frauen wie finanzielle Unabhängigkeit und eigenständige Kontakte und Leistungen außerhalb der Familie müssen dabei zurücktreten. Hinzu kommt, daß die Hausarbeit der Mütter in vielen Familien wenig Anerkennung findet; ihr Einsatz wird oft als Selbstverständlichkeit hingenommen und abgetan. Die daraus entstehende Unzufriedenheit der Mütter belastet auch die Beziehung zu den Töchtern: In den Auseinandersetzungen, die die heranwachsenden Töchter mit ihren Müttern haben, stehen Konflikte um Hausarbeit und Ordentlichkeit und um die Mithilfe der Töchter bei der Familienarbeit an allererster Stelle.

Die Töchter werfen ihren Müttern vor, daß sie sich von der Hausarbeit vereinnahmen lassen und sehen gleichzeitig, daß sie selbst nach der Mutter die nächsten ,,Opfer" sind. Die Tatsache, daß die Hausarbeit fast ausschließlich bei den Müttern liegt, ändert sich auch dann nicht, wenn sie erwerbstätig sind, allenfalls die Töchter springen ein, nicht etwa die Väter und schon gar nicht die Brüder (vgl. Tabelle 2). Die Töchter tragen ihre Abgrenzungsgefechte gegenüber der Hausarbeit nicht etwa mit den Vätern oder Brüdern aus, sondern mit den Müttern. Sie bekämpfen ihre Mütter als Repräsentantinnen einer zwiespältigen Frauensituation und gleichzeitig träumen sie von ihren eigenen vier Wänden, einer eigenen Familie, wo sie in eigener Regie genau diese — zwiespältige — Rolle besser spielen wollen.

Tabelle 2: Verteilung der Hausarbeit

Frage 18: Wer macht bei euch zu Hause hauptsächlich folgende Arbeiten? (Mehrfachnennungen möglich)

	Besorgungen, Einkäufe	Kochen	Abspülen, Putzen, Waschen usw.
Vater	9.0 %	3 %	2.0 %
Mutter	82.0 %	92 %	83.0 %
Bruder	2.0 %	1 %	3.0 %
Schwester oder ich selbst	25.0 %	10 %	37.0 %
Andere	2.0 %	4.0 %	4.0 %
Keine Angabe	0 %	0 %	0 %
Basis (100 %)	1100	1100	1100

Quelle: Mädchenuntersuchung 82

Die Ambivalenz der Mütter gegenüber der Hausfrauenrolle geht über auf die Töchter, die ihre Mütter einerseits in ihren hausfraulichen Fähigkeiten als Vorbild und Modell weiblicher Qualität anerkennen, jedoch andererseits davon überzeugt sind, daß sie selbst den anstrengenden und schwierigen Teil der Haus- und Familienarbeit bei der Mutter zurücklassen werden — wie eine lästige, Gott sei Dank überflüssig gewordene Mitgift.

Das Verhängnis ist, daß diese Hoffnungen durch nichts gerechtfertigt sind. Vieles weist darauf hin, daß die Situation der jungen Frauen nicht leichter als die ihrer Mütter wird: Anhaltende Arbeitslosigkeit, kinderfeindliche Wohn- und Arbeitsverhältnisse, zunehmende Umweltbelastungen sind Indizien für den sich verstärkenden Druck von außen. Die Verweigerung auch der jungen Männer, sich an der Hausarbeit mitzubeteiligen (vgl. Metz-Göckel/Müller 1985), macht den innerfamilialen Druck nicht geringer und läßt vermuten, daß den jungen Frauen die belastende Seite der Familienarbeit bleiben wird — auch wenn sie dies nicht wollen.

4.2 Mutter und Beruf: Das fehlende Modell

Die 15- bis 19jährigen Töchter, die sich im Berufsfindungsprozeß und im Übergang von der Schule in die Arbeitswelt befinden, haben meist Mütter, die selbst keine weiterführende Schulbildung haben. Die Daten aus der Mädchenuntersuchung machen die Bildungsunterschiede deutlich, die zwischen der Mütter- und der Töchtergeneration bestehen (vgl. Tabelle 3).

Höhere Bildungsabschlüsse hatten für die Mütter in ihrer Jugend eine ganz andere Wertigkeit als für die Töchter heute. Das übliche war der Volksschulabschluß, der Realschulabschluß (Mittlere Reife) war schon etwas Besonderes. Das Abitur oder gar ein Hochschulexamen waren nicht nur für Frauen Top-Abschlüsse, sondern auch für Männer, die fast schon als Garantieschein für eine glatte berufliche Karriere galten. Die Mütter sehen das heutige Bildungsangebot als große Chance für ihre Töchter an, die ihnen selbst zu ihrer Zeit verschlossen war. Daß bessere Bildungschancen in der heutigen Zeit allerdings noch lange nicht bessere Arbeitsmarktchancen für ihre Töchter bedeuten, ist für die Mütter oft schwer nachzuvollziehen.

Tabelle 3: Bildungsvergleich der Mütter- und der Töchtergeneration

	Mutter	Tochter
Hauptschule/Volksschule	71 %	32 %
Weiterführende Schule ohne Abitur	23 %	35 %[1]
Abitur/Hochschulabschluß	6 %	33 %[1]

Quelle: Mädchenuntersuchung 82

[1] Diese Zahlen beziehen sich teilweise auf *angestrebte* Schulabschlüsse

Viele der Mütter haben auch keine berufliche Ausbildung erfahren und waren als junge Frauen in wenig qualifizierten Berufen tätig. In der Müttergeneration schwankt die Zahl der ungelernten Frauen je nach Alter zwischen 37 % (1947 geborene) und 57 % (1932 geborene) *Gottleben* 1981). 11 % der Mütter waren überhaupt nicht erwerbstätig. Die Möglichkeit für ein junges Mädchen, eine qualifizierte Ausbildung zu erhalten, war in der Müttergeneration schlechter als heute — aber es gab genug Arbeit für alle. Es war die Zeit des Wiederaufbaus, der Expansion, der Anwerbung ausländischer Arbeitskräfte. Viele Mütter, die, als sie jung waren, leicht Arbeit finden und Geld verdienen konnten, müssen heute damit leben, daß sie aufgrund mangelnder beruflicher Qualifikation und der eingeschränkten Arbeitsmarktlage den Wiedereinstieg in eine berufliche Tätigkeit nicht mehr schaffen können. Die wenigen, die überhaupt noch — oder wieder — erwerbstätig sind, tun dies in aller Regel an wenig qualifizierten und meist schlecht bezahlten Arbeitsplätzen (vgl. Tab. 4).

Tabelle 4: Erwerbssituation der Mütter

Einfache Arbeiterinnen Einfache Angestellte und Beamte Kleine Selbständige Landwirte	20 %
Qualifizierte Arbeiterinnen Mittlere Angestellte und Beamte	13 %
Qualifizierte und Leitende Angestellte, freie Berufe, größere Selbständige	6 %
Nie erwerbstätig gewesen	11 %
Nicht mehr erwerbstätig	50 %

Quelle: Mädchenuntersuchung 82

Ganz im Gegensatz zu dem, was die Mütter leben, steht das, was sich die Töchter für ihre Zukunft vorstellen:

,,Eines der wesentlichsten Ergebnisse der Mädchen-Untersuchung ist, daß für Mädchen zwischen 15 und 19 die Verwirklichung des Berufswunsches an erster Stelle steht: Bei 64 % aller Befragten ist dies ein Hauptanliegen für die Zukunft. Knapp die Hälfte setzt Heirat und Kinder auf die Liste der Zukunftswünsche, und damit rangiert in dieser Altersphase der Beruf deutlich vor Familie und Mutterschaft.“ Daß sich Mädchen für ihre Berufswünsche auch einsetzen, das haben andere einschlägige Untersuchungen gezeigt (vgl. *Saterdag/ Stegmann* 1980). Die Mädchen planen also den Beruf als festen Bestandteil in ihr Leben ein.

Daß bei den meisten Mädchen der Beruf an erster Stelle steht, heißt nicht, daß sie die Familienperspektive aufgeben. Nur 6 % der Befragten wollen ausdrücklich keine Kinder, und 10 % wollen nicht heiraten. In den Lebensvorstellungen ist also Ehe und Mutterschaft klar mit eingeplant. Die 15- bis 19jährigen Mädchen wollen beides: Beruf und Familie. Daß Beruf und Familie für Frauen ohne Doppelbelastung vereinbar sein sollen, befürworten 83 %, und zwar unabhängig von ihrer sozialen Lage, ihrem Alter und der Wohnregion, ob sie also in der Stadt oder auf dem Lande leben. Für junge Frauen ist heute klar, daß Heirat noch kein Anlaß ist, den Beruf an den Nagel zu hängen. Aber jede junge Frau, die Kinder will, muß sich die Frage stellen: Was mache ich mit meinem Beruf, wenn ich Mutter von einem Kind oder mehreren Kindern werde?

Die Antwort der 15- bis 19jährigen Mädchen ist vor allem das Drei-Phasen-Modell. ,,Solange die Kinder klein sind, bleibe ich zu Hause; dann will ich wieder in meinen Beruf zurück“ antworteten 47 % der Befragten (vgl. Kasten VII).

Kasten VII

Vorstellungen der Töchter zur Vereinbarkeit von Familie und Beruf:
Das Drei-Phasen-Modell und Teilzeitarbeit:

Das Drei-Phasen-Modell bedeutet, daß die Frauen zunächst eine Berufsarbeit ausüben, dann für eine bestimmte Zeit unterbrechen, sich der Erziehungsarbeit in der Familie widmen, um danach, wenn die Kinder größer sind, wieder in das Erwerbsleben zurückzugehen. Bereits in den fünfziger Jahren hat die schwedische Soziologin Alva Myrdal (1956) dieses Modell als das für Frauen vernünftigste und praktikabelste propagiert. Damals hat sie — zuverlässige Methoden der Familienplanung waren gerade entdeckt — deutlich gemacht, daß nur ein Drittel des Lebens erwachsener Frauen durch Familienarbeit ausgeschöpft wird; daß also zwei Drittel für Berufsarbeit frei sind. Dieses Modell klingt verlockend: Endlich sind die Frauen aus dem Dilemma Beruf *oder* Familie heraus. Sie können jetzt Beruf *und* Familie leben, wenn auch zeitlich verschoben. Die Mädchen greifen gern danach, denn der Beruf ist ihnen wichtig, aber Familie und Kinder zu haben ebenfalls. Die Verwirklichung dieser beiden vitalen Lebensziele erscheint mit dem Drei-Phasen-Modell machbar. Daß das Risiko der dritten Phase jedoch immer zu Lasten der Frauen geht, wird dabei nicht mitbedacht.

Die Teilzeitarbeit nach der Geburt des Kindes ist ein Konzept, mit dem versucht wird, Familie und Beruf gleichzeitig zu leben. Es ist ein Kompromiß, in dem jede Seite zu ihrem Recht kommen soll. Die Realität sieht jedoch so aus, daß dieser Kompromiß zu Dequalifikation und rechtlicher Schlechterstellung der Frauen führt (vgl. *Bäcker* 1981).

Auch die Teilzeitarbeit ist für Mädchen eine Möglichkeit, Beruf und Familie zu vereinbaren: 23 % entscheiden sich für diese Alternative. Nur 5 % wollen weiter voll berufstätig sein, und 4 % möchten nur dann Kinder haben, wenn ihre berufliche Zukunft dadurch nicht beeinträchtigt wird. Allerdings sind es auch nur 5 %, die glauben, daß sie gern mit der Berufsarbeit aufhören werden, um sich der Familienarbeit zu widmen.

Vergleicht man die jeweilige berufliche Situation der Mutter mit den Lebensvorstellungen der Tochter, so ist der Zusammenhang unverkennbar zwischen dem gelebten mütterlichen Vorbild und den Vorstellungen, die die Tochter im Hinblick auf eine eigene Berufstätigkeit entwickelt. Das sog. Drei-Phasen-Modell oder die Halbtagsarbeit werden von Mädchen mit erwerbstätigen Müttern häufiger geplant als von Mädchen, deren Mütter nicht mehr berufstätig sind, oder die es nie waren. Unabhängig davon, ob die Mutter teil- oder vollzeiterwerbstätig ist, denken die Töchter erwerbstätiger Mütter seltener daran, mit der Erwerbsarbeit aufzuhören, „weil sie ihr Kind nicht in fremde Hände geben wollen“. Obwohl diese Töchter es manchmal bedauern, daß die mütterliche Berufstätigkeit ihnen selbst teilweise Zeit und Zuwendung genommen hat, ist dennoch ihre Angst, das eigene Kind betreuen zu lassen, nicht so ausgeprägt wie bei den Mädchen mit Hausfrauenmüttern. Die Erfahrung, daß nicht nur die Mutter das Kind gut versorgen kann und es auch andere Möglichkeiten kindgerechter Betreuung gibt, ist offenbar schwer anders als über eigene Erfahrung zu vermitteln.

Hier unterscheiden sich die Mädchen ganz deutlich: auf der einen Seite diejenigen, deren Mütter ganz oder teilzeit erwerbstätig sind, auf der anderen Seite diejenigen, deren Mütter Hausfrauen sind. Die Töchter ganz- oder teilzeit-erwerbstätiger Mütter planen sehr viel klarer eine Vereinbarkeit von Beruf und Familie ein. Die Begründungen, warum sie beides machen wollen, liefern sie auch gleich mit: Sie wollen finanziell unabhängig sein, haben keine Lust, nur zu Hause zu sitzen und erhoffen sich auch eher als die anderen einen Beruf, der ihnen Spaß macht.

Ohne berufliche Qualifikation kein Arbeitsplatz — das ist die Erfahrung der Mütter. Nun erhoffen sie sich für ihre Töchter diese Chance über eine berufliche Ausbildung und eine bessere Qualifikation. Im Drei-Phasen-Modell sollen beide Seiten zu ihrem Recht kommen, und das ist mehr, als die Mütter den Töchtern vorleben. Das Neue und Wichtige an diesem Modell ist die Selbstverständlichkeit, mit der für alle Fälle eine berufliche Qualifikation vorgesehen ist. Der Kampf um eine Berufsausbildung der Mädchen spielt sich heute nicht mehr in den Familien ab. Das Argument, das die Mütter oft von ihren Eltern zu hören bekamen —,,du brauchst keinen Beruf, du heiratest ja doch" — wird heute kaum noch von Eltern vorgebracht.

Beim Thema Beruf sind die offenen und geheimen Wünsche der Müttergeneration besonders wirksam. Die meisten Mütter konnten es zwar verwirklichen, die Familienrolle zu leben und Ehemann und Kinder zu haben (nur 10 % der Mütter sind alleinerziehend), aber die Erwerbsrolle ist in ihrem Leben zu kurz gekommen. Jetzt, da ihre Kinder bald aus dem Haus gehen, würden sie gerne wieder eine Erwerbsarbeit aufnehmen (vgl. *Pross* 1975). Viele von ihnen hätten selbst gerne das Drei-Phasen-Modell gelebt, aber ihnen war oft schon der Einstieg in eine qualifizierte Erwerbsarbeit verwehrt. Aus der Mädchenuntersuchung wissen wir, daß gerade solche Töchter dieses Modell wählen, die sich mit ihren Müttern gut verstehen. Vieles deutet darauf hin, daß das Thema ‚Beruf' kein Gegenstand eines Generationenkonfliktes zwischen Müttern und Töchtern ist. Die Mütter erwarten nicht, daß die Töchter ihrem Beispiel folgen. Im Gegenteil: aus unseren qualitativen Ergebnissen wissen wir, daß viele Mütter ihre Töchter in ihren beruflichen Interessen und Plänen tatkräftig unterstützen. Die Töchter begreifen ihrerseits berufliche Wünsche nicht als Abgrenzungsmanöver oder verfolgen ihre berufliche Qualifikation nicht aus einer Trotzhaltung heraus. Bei ihnen ist die Botschaft der Mütter angekommen: als Frau brauchst Du heute einen Beruf.

All die Unterstützung, die Töchter von ihren Müttern für den beruflichen Einstieg bekommen, kann jedoch nicht darüber hinwegtäuschen, daß die Mütter für die Erwerbsrolle kein Vorbild abgeben. Eine Aussage, die eine positive Identifikation mit der Erwerbstätigkeit der Mutter signalisieren würde, ist: ,,Ich möchte auch einen so vielseitigen und verantwortungsvollen Beruf haben wie meine Mutter". Wir mußten diese Aussage nach dem Vortest streichen, weil sie zuwenige Nennungen (knapp 4 %) bekam. Dieses Ergebnis macht einmal mehr deutlich, daß die Töchter sich an ihren Müttern kein Beispiel nehmen können für das, was sie wollen: die Berufs- *und* die Familienrolle zu leben.

Im Hinblick auf ihre eigene berufliche Rolle lassen sich zwei Einstellungen der Töchter erkennen: auf der einen Seite diejenigen, die keinesfalls wollen, daß ihre Familie einmal wegen ihres Berufes zu kurz kommen könnte und die anderen, die im Gegensatz zu ihrer Mutter einen Beruf wollen, den sie gerne ausüben und gut dabei verdienen.

Der Beruf als Konkurrenz zur Familie: ,,Ich möchte nicht, daß meine Familie wegen meines Berufes zu kurz kommt." (23 %)

Der Beruf als Chance: ,,Im Gegensatz zu meiner Mutter möchte ich einen Beruf, der mir Spaß macht und Geld einbringt." (19 %)

Mütter, die erwerbstätig sind, tun dies oft mit der Befürchtung, dies könnte auf Kosten ihrer Kinder gehen. Sie befinden sich in einer mehr oder weniger aufreibenden Zerreißprobe zwischen ihrer Familie und ihrer Erwerbsarbeit. Manche Töchter möchten diesen Konflikt von vornherein gar nicht eingehen und entscheiden sich eindeutig: ,,Meine Familie soll wegen meines Berufes nicht zu kurz kommen." Diese Aussagen machen Töchter mit erwerbstätigen Müttern häufiger als Töchter mit Hausfrauenmüttern, insbesondere dann, wenn die Mutter voll erwerbstätig ist.

Die Generation der Mütter hatte wenig Chancen, einen Beruf auszuüben, in dem sie sich einerseits wohl fühlten und andererseits auch gut verdienten. In der Töchtergeneration gibt es Mädchen, die für sich diese Chance erhoffen, wenn sie sagen ,,Im Gegensatz zu meiner Mutter möchte ich einen Beruf, der Spaß macht und Geld einbringt". Die Erwartungen sind hoch: Spaß *und* Geld ist mehr als nur einfach einen Beruf zu erlernen, und es ist auch mehr als zufrieden zu sein mit dem, was man hat. Diese Mädchen wollen einen Beruf, der ihren Interessen entgegenkommt und ihnen gleichzeitig einen guten Verdienst sichert.

Bei diesen beiden Aussagen gibt es ebenfalls Überschneidungen: 22 % der Mädchen, die der Aussage zustimmen, daß ihre Familie nicht wegen der Erwerbstätigkeit zu kurz kommen soll, wollen andererseits einen Beruf, der Spaß macht und in dem sie gut verdienen können. Die Ambivalenz im Lebensentwurf der Töchter, die in der Hausfrauenrolle bereits deutlich wurde, ist in abgeschwächter Form auch für die Erwerbsrolle erkennbar.

Die weibliche Lebenssituation ist in sich widersprüchlich, und so ist es für Mütter oft schwer, eine befriedigende Entscheidung darüber zu treffen, erwerbstätig zu sein oder nicht. Jede Entscheidung in diesem Bereich ist für Frauen in gewisser Weise ambivalent, und das heißt auch immer, daß man das jeweils Aufgegebene vermißt und an der Entscheidung zweifelt bzw. sie nur als vorübergehend ansieht (vgl. *Beck-Gernsheim* 1980, *Becker-Schmidt* 1982, *Pross* 1975).

Bei unseren eigenen Befragungen haben wir Mütter angetroffen, die diese Ambivalenz dadurch zu lösen versuchten, daß sie die Verantwortung beim Mann oder bei den Kindern suchten: Manche erwerbstätige Frauen warfen insgeheim oder offen dem Mann vor, daß er nicht in der Lage ist, die Familie hinreichend materiell abzusichern und sie dadurch zu Berufstätigkeit und Doppelbelastung gezwungen sind. Hausfrauen benutzen dagegen ihre Entscheidung, zu Hause zu bleiben, manchmal auch als moralischen Druck innerhalb der Familie: „Für die Familie und für die Kinder habe ich meinen Beruf geopfert". Für manche hat sich dieses Opfer nicht gelohnt.

4.3 Die Mutter in ihrer Partnerrolle: Zur Nachahmung nicht empfohlen

Die heranwachsenden Töchter beobachten ihre Mütter in der Partnerrolle sehr genau, und sie tun dies um so mehr, wenn sie sich auf Freundschaften mit Jungen einlassen. Sie vergleichen ihre eigenen Vorstellungen mit dem, was die Mutter vorlebt, und in diesem Vergleich kommen die Mütter oft schlecht weg. Die Hauptkritikpunkte an der Ehe der Eltern gelten der mangelnden Basis an Gemeinsamkeit und Gesprächsbereitschaft und dem Ungleichgewicht in der Aufteilung der Familienarbeit zwischen Vater und Mutter.

Tabelle 5: Die Partnerschaft der Eltern — wie die Töchter sie sehen

Frage: Wenn Du an die Ehe Deiner Eltern denkst, was möchtest Du später einmal anders machen? (Hier sind die fünf am häufigsten genannten Antworten aufgeführt — Mehrfachnennungen waren möglich)

— Ich möchte mit meinem Partner richtig reden können und mehr mit ihm gemeinsam machen	45 %
— Mein Partner sollte mehr im Haushalt zupacken als mein Vater	40 %
— Ich möchte auch so eine glückliche Ehe führen wie meine Eltern	28 %
— Ich möchte nicht so eine langweilige Ehe führen	26 %
— Mein Partner sollte sich mehr um die Kindererziehung kümmern	25 %

Was sagen diese Ergebnisse aus? Um sie zu interpretieren, müssen wir uns die Erwartungen der Mädchen an Ehe und Partnerschaft vergegenwärtigen. Entgegen aller Unkenrufe konservativer Pädagogen und Bevölkerungspolitiker lehnen Mädchen heute Partnerschaft, Ehe und Familie nicht generell ab. Nur 10 % der Mädchen zwischen 15 und 19 wollen nicht heiraten und nur 6 % wollen ausdrücklich keine Kinder, aber die meisten stellen sich vor, erst einmal mit einem Partner zusammenzuleben, um herauszufinden, ob er der Richtige ist. Der „Richtige", das soll ein Mann sein, mit dem sie über alles reden können, mit dem sie die Hausarbeit genauso teilen wie gemeinsame Interessen. Zu ihren Vorstellungen von einer guten Partnerschaft gehört beispielsweise, daß die Kindererziehung nicht allein Frauensache sein sollte und daß auch eine Frau das Recht auf eine sexuell befriedigende Beziehung hat.

Eine überwältigende Mehrzahl der heranwachsenden Mädchen hat also ein partnerschaftliches Modell im Kopf: gemeinsame Verantwortlichkeit für Haushalt und Kinder. Diese Töchter sind hellwach zu Fragen der Gleichberechtigung innerhalb der Familie, und das entspricht dem Lebensentwurf dieser Mädchengeneration, die die Vereinbarkeit von Familie und Erwerbsarbeit im Leben einer Frau anstrebt. Dafür brauchen sie jedoch auch eine andere Organisation der Partnerschaft, als die eigenen Eltern sie vorleben. Sie wünschen sich einen Partner, der versteht, daß die Familienrolle nicht das einzige in ihrem Leben sein kann, der die Probleme, die mit dem neuen Selbstverständnis verbunden sind, ernst nimmt und bereit ist, nach gemeinsamen Lösungen zu suchen und auch als Vater bei der Erziehung der Kinder mitzumachen. Die gemeinsame Basis dafür ist, miteinander reden zu können und Interessen und Bedürfnisse aufeinander abzustimmen. All dies vermissen viele Töchter in der Ehe bzw. Partnerschaft ihrer Eltern. Gegenüber der Partnerrolle der Mutter sind sie deshalb besonders kritisch. Auf diesem Hintergrund bekommt auch die Kritik der Töchter an der Überlastung der Mutter durch die Hausarbeit einen zusätzlichen Sinn: Sie ist gleichzeitig eine Kritik an der zu wenig gelebten Partnerschaft der Eltern.

Wenn man sich nochmals die Ergebnisse zur Aufgabenverteilung in den Familien in Erinnerung ruft (S. 33), kommen allerdings starke Zweifel auf, wo die Partner zu finden sein könnten, die die Hausarbeit mittragen. Auch die neueste Untersuchung der Zeitschrift Brigitte läßt den Schluß zu: Es gibt zwar die partnerschaftliche Töchtergeneration, aber die Generation der Söhne ist nach wie vor patriarchalisch. Ob diese Töchter sich besser durchsetzen können als ihre Mütter, bleibt die Frage. Fest steht, daß sie für ihre Vorstellungen zäh und beständig werden kämpfen müssen, daß ihnen nichts geschenkt wird.

Im Mutterbild wird die „Mutter als Partnerin" greifbar anhand von zwei gegensätzlichen Aussagen, die sich weitgehend ausschließen, denn sie zeigen kaum Überschneidungen. Das heißt, eine Tochter, die die Mutter in der Partnerbeziehung als Unterlegene erlebt, sieht auch die Ehe der Eltern kaum als glücklich an (vgl. Tabelle 5).

Das erprobte Modell: ,,Ich möchte auch so eine glückliche Ehe führen wie meine Eltern (28 %)
Auseinandersetzungen mit der Rolle der Frau in der Partnerschaft: ,,Ich möchte mich später gegenüber meinem Partner besser durchsetzen können". (26 %)

Da wir es hier mit zwei klar abgrenzbaren Gruppen zu tun haben, sollen beide kurz beschrieben werden.

Fast ein Drittel (28 %) der Mädchen stellt den Eltern nach mindestens 15 Ehejahren das Zeugnis einer glücklichen Ehe aus. Das heißt gleichzeitig, daß diese Töchter ihre Mutter als gute Partnerin sehen und sie hierin als Vorbild annehmen können. Es handelt sich hier vorwiegend um die jüngeren Mädchen. Bei ihnen sind noch keinerlei Anzeichen festzustellen, daß sie eigene Lebensschritte ausprobieren wollen. Andere Lebensweisen, die junge Frauen interessant finden, wie z.B. in einer Gemeinschaft mit Gleichgesinnten leben oder ins Ausland gehen, sind für diese Mädchen überhaupt nicht attraktiv. Obwohl die meisten von ihnen keinen Freund haben, ist die Ehe hauptsächliches Lebensziel. Diese Mädchen sind überzeugt, daß sie es genauso machen wollen wie Mutter und Vater. Die Vorstellung, nicht zu heiraten und keine Kinder zu bekommen, ist ihnen ebenso fremd wie die Idee, man könne Geborgenheit in einer Partnerschaft auch ohne Ehe und Trauschein finden. Die Nähe zur Mutter heißt hier gleichzeitig Nähe zur Herkunftsfamilie und die Zufriedenheit mit dem, was die Eltern vorleben. Die Auseinandersetzung mit anderen Vorstellungen als der der Eltern — beispielsweise mit denen eines Freundes — hat noch nicht begonnen; ebensowenig die Entwicklung eigenständiger Lebens- und Wertvorstellungen.

Die Gruppe der Mädchen, die sich gegenüber einem Partner besser durchsetzen wollen als ihre Mütter, sind im Durchschnitt älter. Sie sehen die Beziehung ihrer Eltern besonders kritisch. Der Vater erscheint ihnen als derjenige, der relativ rücksichtslos mit seiner Meinung, seinen Bedürfnissen und seinen Entscheidungen dominiert. Aus der Sicht der Töchter kann er dies auch deshalb unbehelligt tun, weil die Mutter ihm nichts entgegensetzt, weil sie ihn gewähren läßt oder schnell aufgibt und für die eigene Position nicht kämpft. Die Mutter nimmt sich aus der Sicht der Tochter nicht nur in der Partnerschaft, sondern auch in der Familie insgesamt zurück; sie fordert nichts, arbeitet und schuftet sich ab und bekommt nicht einmal Anerkennung für ihre Mühe. Diese Töchter bekommen von Müttern vorgelebt, was es bedeutet, wenn eine Frau sich gegenüber dem Partner mit ihren Bedürfnissen zurücknimmt: Eine Ehe, in der man nicht miteinander redet, in der es wenig Liebe, aber viel Streit gibt und die irgendwann nur noch langweilig ist. Viele dieser Töchter empfinden die Ehe ihrer Eltern als zwangsweises Zusammenleben. Eine solche Distanzierung von der Mutter als Partnerin bewirkt jedoch keinen Erdrutsch im Lebensgefühl der Tochter. Es ist eher so, als ob sich langsam aber sicher der Maßstab verändert, mit dem die Mutter gemessen wird.

Das Mutterbild der Tochter — bezogen auf die Mutter als Partnerin — ist seismographisch empfindlich für die Phase der Ablösung, in der sich die Tochter gerade befindet. Wir haben einerseits Töchter vor uns, die sich mit der Mutter als Partnerin identifizieren und noch in der Phase der Nähe und der Einheit von Mutter und Tochter leben. Die Phase der Distanzierung von der Mutter als Partnerin scheint andererseits eine notwendige Ausdrucksform des Ablösungsprozesses zwischen Mutter und Tochter zu sein. Dabei spielt neben dem Alter der Tochter auch deren sexuelle Entwicklung eine große Rolle — ein Thema, dem wir ein eigenes Kapitel widmen.

4.4 Die Mutter in ihrer Mutterrolle: Gute Mutter — böse Mutter

Die Mutter in ihrer Mutterrolle — dieser Aspekt des Mutterbildes scheint keine Halbheiten, keine Kompromisse zuzulassen. Anders als bei der Mutter in der Hausfrauenrolle schließen sich hier Anerkennung und Kritik gegenseitig weitgehend aus.

Kritik an der Mutter: „Ich möchte meine Kinder verständnisvoller erziehen" (20 %)
Vorbild und Kompliment zugleich: „Ich möchte auch eine so starke und warmherzige Frau sein wie meine Mutter" (31 %).

Nur knapp die Hälfte der Mädchen äußert sich — positiv oder negativ — zur Mutterrolle, und das heißt auch, daß dieser Aspekt — verglichen z.B. mit dem der Hausfrauenrolle — für heranwachsende Töchter etwas in den Hintergrund tritt. Aber je nachdem wie die Tochter ihre Mutter als Mutter bewertet, läßt dies Rückschlüsse vor allem auf das Lebensgefühl der Tochter zu. Vorwegnehmend sei hier angemerkt, daß in diesem Zusammenhang die Bedeutung des Vaters zentral ist. Darüber wird ein eigenes Kapitel Auskunft geben. Mädchen, die so stark und warmherzig sein möchten wie ihre Mutter, sehen sie als eine Frau, die ihren Kindern und ihrer Familie etwas zu geben hat, die Sicherheit, Geborgenheit und Wärme vermitteln kann, bei der man sich als Kind wohlfühlt. Diese mütterliche Ausstrahlung wünschen sie sich selbst auch einmal bei ihren eigenen Kindern, diesem Vorbild wollen sie entsprechen. Diese Töchter finden es auch häufiger als andere gut, wenn Mädchen hilfsbereit sind, und sie üben dies offenbar schon im Freundeskreis, denn sie haben den Eindruck, daß viele bei ihnen ihr Herz ausschütten. Hilfsbereit zu sein, anderen zuzuhören und andere trösten zu können — das sind mütterliche Qualitäten, die diese Töchter erstrebenswert finden und auch selbst schon ausprobieren wollen.

Es überrascht nicht, daß die Hälfte dieser Mädchen auch die Ehe der Eltern zum Vorbild hat, und von daher sind sie der vorher beschriebenen Gruppe sehr ähnlich: Der Prozeß der Ablösung, fast immer verbunden mit vielen zum Teil schmerzhaften Konflikten, ist für sie — noch — kein Thema; den Freund als klassischen Konfliktpunkt gibt es — noch — nicht. Der Wunsch, von zu Hause wegzugehen wird — noch — nicht gedacht. Abwartende Vorsicht ist ein hervorstechendes Merkmal dieser Mädchen; der Vorbehalt des ‚noch-nicht' muß hier fast allen Aussagen hinzugefügt werden. Sie sind noch sehr nahe an ihrer Herkunftsfamilie, sind noch nicht in der Ablösung, noch nicht in der Phase des Sich-Distanzierens von der Familie und damit auch von der Mutter. Unter diesen Mädchen sind wenige 19jährige; die meisten sind 15 oder 16, ein Alter, in dem bei vielen Gleichaltrigen die Ablösung schon voll im Gange ist.

Jungen gegenüber verhalten sie sich eher passiv. Die Vorstellung, auf einen Jungen zuzugehen und ihm zu zeigen, daß er ihnen gefällt, gehört nicht zu ihrem Repertoire. Sie warten lieber ab, bis ‚er' von sich aus aktiv wird. Die Mädchen, die so stark und warmherzig sein möchten wie ihre Mütter, haben zum größten Teil noch keine sexuellen Kontakte mit Jungen. Könnte dies vielleicht ein Hinweis darauf sein, daß die starke Identifikation mit der Mutter den Ablösungsprozeß verzögert, daß es der Tochter bei einer starken Mutter schwerer fällt, sich mit Jungen einzulassen, eine sexuelle Beziehung einzugehen und sich in einer Freundschaft zu behaupten? Diese Zusammenhänge deuten sich zumindest an.

Das Gefühl, eine starke und warmherzige Mutter zu haben, schützt die Töchter vor Selbstzweifeln und Ängsten. Die Mutter gibt Sicherheit, Geborgenheit und einen Rahmen, in dem die Tochter ein Stück „unbeschwerter Jugend" leben kann. Das warme Nest macht es den Töchtern aber nicht leicht, Eigenständigkeit zu entwickeln. Es schließt — zumindest für diese Altersstufe — Kritik an der Mutter, Distanz und die Entdeckung eigener Lebensvorstellungen weitgehend aus. Die Verbundenheit mit der Mutter, die Identifikation mit den mütterlichen Normvorstellungen, sind zwar eine gute Voraussetzung für die Töchter, Stabilität und ein positives Lebensgefühl zu entwickeln. Aber Erwachsenwerden heißt für diese Töchter, sich aus dieser Einheit zu lösen und zu eigenständigen Lebensvorstellungen zu kommen.

Wenn jedoch eine Tochter ihre eigenen Kinder später mit mehr Verständnis erziehen will, als sie selbst erfahren hat, heißt das im Klartext: Meine Mutter versteht mich nicht. Dahinter verbirgt sich ein ganzes Bündel von Vorwürfen, vielleicht auch Verletztheit und das Gefühl des Zu-kurz-gekommen-seins. Die Tochter hadert mit der Mutter, fühlt sich nicht genügend angenommen und beachtet. Es steckt auch der trotzige Entschluß darin, mit den eigenen Kindern anders umgehen zu wollen: Die sollen einmal all das bekommen, was die Töchter selbst bei ihrer Mutter vermißt haben.

Diese Mädchen sind oft in eine belastete Beziehung mit ihrer Mutter verstrickt: Sie haben jede Menge Konflikte im Elternhaus und praktisch um alle denkbaren Themen. Die Hauptperson in fast allen Konflikten ist die Mutter: Sie mag die Freunde der Tochter nicht, meckert daran herum, wie sich die Tochter anzieht, sie findet sie zu schlampig und frech — und auch der leidige Streit ums liebe Geld findet bei diesen Mädchen vorwiegend mit der Mutter statt. Die Strategien der Töchter, sich gegenüber den Eltern durchzusetzen, sind wenig kommunikativ und entsprechen teilweise der trotzigen Haltung des Alles-anders-machens. Sie machen es heute schon ‚anders', nämlich heimlich; oder sie machen, was sie wollen und streiten mit der Mutter. Kein Wunder, daß sie vom Elternhaus wegstreben: Der Beruf erscheint ihnen oft als ein Sprungbrett, um von zu Hause wegzukommen. All das, was sie aus ihrer Sicht von der Mutter nicht bekommen konnten, suchen diese Töchter beim Freund, den die meisten von ihnen haben und mit dem sie auch schlafen. Zum sexuellen Kontakt haben sie sich gemeinsam mit dem Freund entschlossen und zwar schnell, oft schon in der ersten Woche des Kennenlernens. Sie haben weniger Hemmungen, auch mal aktiv zu werden und auf einen Jungen zuzugehen, wenn er ihnen gefällt. Auf ihren Freund projizieren sie alle ihre Wünsche und Erwartungen. Die positiven Aussagen über den Freund sind vielfältig und liegen alle weit über dem Durchschnitt dessen, was sonst Mädchen in diesem Alter über ihren Freund sagen. Mit ihm möchten sie gerne träumen, können über alles mit ihm reden, sie schmusen und schlafen gerne mit ihm, reden auch über die sexuellen Dinge, fühlen sich anerkannt usw.

Das Lebensgefühl dieser Mädchen ist geprägt von vielen Ängsten und Problemen — Ängste, die die materielle Existenz betreffen, aber auch Beziehungsängste und Selbstzweifel: Angst davor, finanziell nicht abgesichert zu sein, daß der Freund sie sitzen läßt, Probleme, mit sich selbst klarzukommen. Das geht so weit, daß sie manchmal an Selbstmord denken. In der trotzigen Haltung der Mutter gegenüber wird auch viel Unsicherheit spürbar.

Wenn die Tochter sich von der Mutter unverstanden fühlt, ist dies der Hinweis auf einen tiefgehenden Lebenskonflikt, in dem die Tochter steht. Diese Mutter-Tochter-Beziehung ist offenbar so gestaltet, daß die Mutter keine Hilfe geben und die Tochter auch nichts annehmen kann. Die Tochter verschiebt ihre Wünsche auf den Freund und auf die Zeit, wenn sie von zu Hause weg sein wird. Sie ist weitgehend auf ihre eigene Aktivität angewiesen und macht dabei vielleicht die wichtige Erfahrung: ‚Ich schaff's auch alleine.' Aber Kampf, Streit, Trotz und Vorwürfe binden diese Töchter umso enger an ihre Mutter. Erwachsenwerden heißt für sie, ihren Groll abzubauen, um wirklich von der Mutter weggehen zu können.

5 Identifikation und Abgrenzung

Im vorangegangenen Kapitel stand das Verhältnis der Töchtergeneration zu den unterschiedlichen von der Müttergeneration vorgelebten Frauenrollen im Vordergrund. Im folgenden wird aus einem anderen Blickwinkel nochmals das Verhältnis der Töchter zu ihren Müttern aufgegriffen, und zwar stellen wir Gruppen aus der Töchtergeneration vor, welche die verschiedenen Varianten der Beziehungsmuster zwischen Töchtern und Müttern verdeutlichen.

Töchter sehen ihre Mütter unterschiedlich. Aus den gesellschaftlich vermittelten Mütterbildern und aus dem, was die Mütter vorleben, ziehen sie je unterschiedliche Schlüsse für ihre eigene Lebensperspektive. Aus der Mädchenuntersuchung lassen sich drei verschiedene Töchterstandpunkte und Lebensperspektiven von Töchtern ausmachen:[1] Für die einen ist die Mutter ein nachahmenswertes Modell; diese ist die kleinste Gruppe und umfaßt 17 % aller Befragten. Die anderen grenzen sich ganz entschieden ab von dem, was ihre Mutter vorlebt; immerhin 27 % gehören zu dieser Gruppe. Weitaus die meisten (48 %) nehmen zwar die Mutter in ihrer Rolle als Hausfrau zum Vorbild, aber mit dem Vorsatz, vieles anders und vor allem besser zu machen.[2]

Erleben die Töchter auch Qualitäten der Mütter, die nichts mit der Hausfrauen-, Berufs- und Partnerrolle zu tun haben? Wie zugänglich ist für sie die Person hinter all den Rollen? Als Hausfrau, Mutter oder Partnerin ist sie den Töchtern besser faßbar, als weibliche Persönlichkeit wird sie von Töchtern in diesem Alter nicht so bewußt wahrgenommen. Einige, und das sind eher die älteren, haben jedoch eine Vorstellung über diesen Aspekt im Leben ihrer Mütter. Die einen halten sie für aufgeschlossen und engagiert, andere für eine eher ängstliche Frau, die sich nichts zutraut. Was bedeutet dies im Einzelnen?

5.1 Die Ambivalenz gegenüber der Mutter

Für die erste Gruppe von Töchtern (48 %) ist die Hausfrauenrolle der Mutter Angelpunkt von Auseinandersetzung und Identifikation. Diese Mädchen anerkennen zwar die hausfraulichen Qualitäten ihrer Mütter und wollen genauso

[1]Die hierbei verwendete Methode war die Cluster-Analyse

[2]8 % sind in diesem Zusammenhang nicht zuzuordnen.

geschickt sein wie sie, möchten aber andererseits später nicht wie ihre Mütter gänzlich für Haushalt und Familie vereinnahmt werden und sich auch für andere Dinge interessieren können. In diesem Töchterstandpunkt, der durchaus widersprüchlich ist, aber der widersprüchlichen Situation dieser Frauengeneration entspricht, treten alle anderen Eigenschaften und alle anderen Rollen der Mütter in den Hintergrund. Besonders in ihrer weiblichen Persönlichkeit, z.B. als lebendige oder interessierte, warmherzige oder attraktive Frau, wird die Mutter für sie wenig greifbar. Auch mit Kritik an der Mutter sind diese Töchter zurückhaltend; emotional sind sie vergleichsweise distanziert zu ihren Müttern. Ihre Identifikation mit der Mutter basiert nicht auf emotionaler Nähe, sondern bezieht sich auf die gesellschaftlich und familiär vordefinierte Frauenrolle der Hausfrau. Interessanterweise ist diese Form der Identifikation mit der Mutter in ihrer Hausfrauenrolle unabhängig davon, ob die Mutter erwerbstätig ist oder nicht.

Das Wichtige und auch Schwierige an dieser Konstellation ist, daß die Töchter ihre Mütter zwar als Vorbild sehen, aber nur in der Hausfrauenrolle und ansonsten anders und besser leben wollen als ihre Mütter. Aus ihrer Sicht gibt die Mutter wesentlich mehr, als sie zurückbekommt, und insbesondere dieses Aufopfern in der Familie wird für die eigene Lebensperspektive abgelehnt — und doch ist es gerade die Kompetenz der Hausfrauenrolle, aufgrund derer sich diese Töchter mit ihren Müttern identifizieren. Sie wollen beides, sie wollen eine Familie und Kinder haben; sie möchten aber auch an sich selbst denken können, und das heißt für sie, ein Stück Freiraum für die Verwirklichung persönlicher Bedürfnisse sowie Unabhängigkeit und Selbstverwirklichung durch einen Beruf zu erlangen.

Die Zwiespältigkeit gegenüber der Hausfrauenrolle wird nicht nur deutlich im Mutterbild dieser Töchter, sondern in ihrer Zukunftsperspektive, in ihrem eigenen Lebensentwurf. In den Zukunftsvorstellungen dieser Mädchen ergibt sich nur vordergründig das eindeutige Bild, daß die Familienrolle Vorrang haben soll; denn sie wollen darüber hinaus weit mehr vom Leben: Eigenständigkeit, Unabhängigkeit, berufliche Bestätigung. Ausdruck dieser Zerrissenheit bzw. Unklarheit ist der Wunsch, das Leben nach dem sogenannten Drei-Phasen-Modell einzuteilen und das heißt, die Erwerbstätigkeit den Familienzyklen anzupassen. Zunächst einmal wollen diese Mädchen ihren Berufswunsch verwirklichen. Aber sie wollen auch Kinder haben und sich dann nur noch der Familie widmen und ihr Kind keinesfalls in fremde Hände geben — da sind sie klar an ihren Müttern orientiert. Ihr Programm für die Zukunft heißt: ,,Solange die Kinder klein sind, bleibe ich zu Hause, dann möchte ich wieder in den Beruf zurück.“ Dieses Drei-Phasen-Modell wird jedoch ohne Perspektive für die dritte Phase geplant.

Die Ambivalenz weiblicher Lebensperspektive zeigt sich bei diesen Mädchen besonders deutlich an ihrer Einschätzung von allgemein gängigen

Gleichberechtigungsforderungen einerseits und ihrer Bewertung von Arbeitslosigkeit bei Männern und Frauen andererseits. Sie stehen voll dahinter, daß Gleichberechtigung schon in der Familie anfangen muß, daß eine Frau Beruf und Familie ohne Doppelbelastung vereinbaren können sollte. Daß Frauen auf dem geschlechtsspezifisch geteilten Arbeitsmarkt benachteiligt sind, ist diesen Töchtern völlig klar. Auch die klassische Rollenteilung zwischen Mann und Frau erfährt bei ihnen eine glatte Abfuhr. ‚Kindererziehung ist Frauensache', ‚Politik ist Männersache', ‚ein Mann, der zu Hause bleibt, ist lächerlich' — Schlagworte dieser Art finden keinerlei Anklang bei ihnen. Mit dieser Ablehnung verbinden sich auch ganz konkrete Anforderungen an Männer, denn sie erwarten sich von ihrem künftigen Partner, daß er mehr im Haushalt zupackt als dies ihr eigener Vater tut. Auch sind sie durchaus selbstbewußt in der Einschätzung ihrer handwerklich-technischen Fähigkeiten: Zwei Drittel dieser Mädchen sind der Meinung, daß sich Frauen für solche Berufe ebenso gut eignen wie Männer. Dem Plädoyer für Gleichberechtigung und gegen Rollenfixierung steht jedoch gegenüber, daß sie die Arbeitslosigkeit bei Männern weitaus schlimmer einschätzen als bei Frauen. Der Mann in der Ernährerrolle bekommt hier wieder den Vorrang. Vielleicht liegt dem die Vorstellung zugrunde, daß in ihren Familien eine mögliche Arbeitslosigkeit des Vaters dramatisch sein würde, während eine Arbeitslosigkeit der Mutter, die meist — wenn überhaupt — nur teilzeit-erwerbstätig ist, nicht so negativ empfunden wird.

In der Privatsphäre, im Umgang mit einem Freund beispielsweise, sind diese Töchter recht selbstbewußt und durchaus der Meinung, daß es für sie persönlich wichtig ist, auch Interessen nachzugehen, an denen der Freund nicht beteiligt ist. Sie sprechen den Wunsch nach Zärtlichkeit und Sexualität offen aus und sind im Beziehungsbereich nicht passiv-abwartend (vgl. auch Kapitel Sexualität). Beruflich aber stecken sie zurück: Obwohl sie sich als Frauen genauso viel zutrauen wie Männern, setzen sie eher auf die Familienrolle, und doch wollen sie sich damit allein nicht zufriedengeben.

Ihr Anspruch ist klar: Sie wollen beides — Familie und Erwerbsarbeit, Bestätigung als Hausfrau und Mutter, aber auch als selbständige, offene und aktive Frau, sei es im Berufsleben oder sonst in der Öffentlichkeit. Diese Töchter erleben den Widerspruch zwischen Anspruch und Wirklichkeit, zwischen gesellschaftlich vermittelten Rollenerwartungen an eine Frau und der Schwierigkeit, ihre eigenen Vorstellungen umzusetzen. Die Mütter sind hier nur scheinbar Modell; denn sie lösen aus der Sicht der Töchter nur die eine Seite ein, die Verwirklichung in der Familie. Für die Verbindung von Familie und Selbstverwirklichung außerhalb der Familie kann ihnen die Mutter kein Vorbild sein. Gar zu eng sind — aus der Sicht der Töchter — die Mütter eingedeckt mit dem Familienalltag, der ihnen wenig Raum läßt für die Verwirklichung eigener Bedürfnisse und Vorstellungen, die unabhängig von der Familienrolle sind. Dies erklärt auch die merkwürdige, auf den ersten Blick schwer einzuordnende emotionale Distanz dieser Töchter zu ihren Müttern.

Es muß offen bleiben, ob diese Mädchen tatsächlich die Ansprüche an ihr Leben als Frau einlösen können. Das Bild ist ambivalent: Ihr Selbstbewußtsein im Zusammenhang mit Partnerschaft und Sexualität, ihre klare Entscheidung für den Beruf als ersten Schritt zum Erwachsenwerden sowie ihre Sensibilität in bezug auf die Benachteiligung von Frauen scheint sie deutlicher als die Generation ihrer Mütter zu befähigen, eingefahrene Rollenmuster aufzubrechen. Gleichzeitig können sie aber dieses neu gewonnene Selbstverständnis als Frauen nicht bis zu Ende denken. Sie haben keine Vorbilder, an denen sie sich hierfür orientieren könnten. Diese mangelnde Vorbildfunktion der Mütter für die Töchter ist jedoch weder den einen noch den anderen anzulasten, denn nicht nur das Vorbild fehlt, sondern auch die Möglichkeit der Umsetzung für ein anderes Frauenleben. Für eine Erweiterung der weiblichen Lebensperspektive und Selbstdefinition müssen diese Töchter eine eigene Antwort und Lösung finden, auch wenn sie sich gerne noch an den Müttern orientieren möchten.

5.2 Die Mutter als Vorbild

Eine zweite Gruppe von Mädchen — sie macht 17 % der Befragten aus — orientiert sich klar an der Mutter als positivem Vorbild. Dabei ist zwar die Hausfrauenrolle einbezogen, sie steht aber nicht im Vordergrund. Andere Eigenschaften sind es, die diese Töchter an der Mutter begeistern: Sie sehen sie als eine Frau, die lebendig, warmherzig, engagiert und attraktiv ist. Sie haben von ihrer Mutter nicht den Eindruck, daß sie sich im Haushalt aufarbeitet, daß sie zuwenig Anerkennung bekommt oder daß sie ängstlich wäre. Sie erleben ihre Mütter auch als gute Partnerin und Mutter. Sie identifizieren sich voll mit ihrer Mutter, und diese Identifikation der Töchter basiert auf emotionaler Nähe zwischen Mutter und Tochter.

Wir wissen nicht, woran diese Mädchen die Aufgeschlossenheit und Engagiertheit ihrer Mütter ablesen, wir haben hier allenfalls den sehr groben Hinweis, daß dieser Aussage mehr Töchter mit berufstätigen Müttern zustimmen, aber wir wissen insgesamt zu wenig über diese Mütter. Man könnte hier Eigenschaften wie Weltoffenheit, Lebendigkeit und Kontaktfreude assoziieren und Engagement (vielleicht im Stadtviertel, in der Kommune, sportlich, caritativ, bildungspolitisch oder musisch).

Das Lebensgefühl dieser Mädchen ist optimistisch. Sie freuen sich auf die Zukunft und haben Vertrauen in das, was sie zu leisten vermögen. Sie trauen sich zu, in dem für sie überschaubaren Umfeld die Verwirklichung ihrer Wünsche erreichen und durchsetzen zu können. Gerade das Engagement der Mütter scheint hier ein Angelpunkt der Mutter-Tochter-Beziehung zu sein, denn auch die Töchter engagieren sich mehr als andere Mädchen, das heißt, die Bewunderung für die Aufgeschlossenheit der Mütter schlägt sich direkt im eigenen Engagement nieder. Sie sind beispielsweise deutlich weniger als andere Mädchen der Ansicht, daß man an den bestehenden gesellschaftlichen Bedingungen nichts verändern könnte, und die Hälfte dieser Mädchen findet das Leben erst dann sinnvoll, wenn man sich engagiert. Ihr Interesse gilt insbesondere hilfsbedürftigen Menschen, und ihr Sinn für Ungerechtigkeiten ist besonders gut ausgeprägt.

Bei einem positiven Mutterbild wird auch die Ehe der Eltern in einem günstigen Licht gesehen; diese Einschätzung spiegelt sich in der Schilderung der Familienatmosphäre wider, in der man miteinander reden und Kompromisse aushandeln kann. Die Konflikte insgesamt sind seltener, und wenn es welche gibt, kann gemeinsam nach Lösungen gesucht werden. Diese jungen Frauen scheinen zu wissen, daß sie in der Familie von beiden Eltern ernst genommen werden.

Obwohl diese Töchter eine enge Bindung an die Mutter haben, sind sie nicht fixiert auf ihr Elternhaus, sondern haben vielfältige Kontakte zu Gleichaltrigen, sind häufig mit der Clique, der Freundin oder dem Freund zusammen — und für die Eltern ist dies offenbar in Ordnung. In einer guten Mutterbeziehung, in der die Tochter die Mutter auch als eigenständige Persönlichkeit erlebt, ist es offenbar möglich, sowohl zum Freund und zur Freundin als auch zur Mutter ein gutes Verhältnis aufzubauen. Ein übliches Beziehungsmuster wird hier durchbrochen, denn die gängigen Konstellationen haben meist Ausschließlichkeitscharakter: Wenn die Bindung an die Mutter sehr eng ist, hat die Tochter oft keinen Freund; wenn der Freund sehr wichtig wird, ist die Mutter-Tochter-Beziehung meist voller Konflikte und eine Freundin übernimmt tröstende und beratende Funktion.

Diese Töchter, die ihre Mütter in ihrer Persönlichkeit anerkennen, sind mit einem gerüttelten Maß an Selbstwertgefühl ausgestattet. Sie bekommen offenbar von ihren Müttern die Unterstützung, die sich brauchen, um eine Identität als Frau entwickeln zu können, und ihr weibliches Selbstbewußtsein ist entsprechend stabil. Im Umgang mit Jungen haben sie besonderes Vertrauen in ihre weibliche Ausstrahlung.

In ihrer Zukunftsperspektive unterscheiden sie sich zunächst nicht von der ersten Gruppe — aber ihre Vorstellungen sind fundierter und inhaltlich klarer. Diese Töchter wollen viel vom Leben: ihren Berufswunsch verwirklichen, mit einem Mann zusammenleben, heiraten und Kinder haben. In ihren Zukunftserwartungen schließen sich Beruf und Familie nicht gegenseitig aus. Sie haben auf der einen Seite ein klares Familienkonzept: Sie wissen z.B., daß sie

Kinder wollen — am liebsten zwei — und eine Ehe auf Probe kommt für sie nur solange in Frage, bis sie wissen, ob er „der Richtige" ist. Auf der anderen Seite knüpfen sie aber auch an ihren Beruf viele Erwartungen: Hier sind diejenigen zu finden, die hoffen, daß sie einen Beruf haben werden, der ihnen Spaß macht und den sie auch nicht aufgeben möchten, wenn sie später eine eigene Familie haben. Aber sie sehen auch die Probleme realistisch: Keine Arbeit zu finden ist eine Befürchtung, die bei ihnen stark ausgeprägt ist.

Wenngleich die Zielperspektive — nämlich das Drei-Phasen-Modell — formal die gleiche ist wie bei den Mädchen in der ersten Gruppe, so erscheint die Chance, daß sie diese auch verwirklichen, bei ihnen ungleich größer. Sie bekommen von ihren Müttern die klare Botschaft, daß beides — Beruf und Familie — möglich ist, und dies unabhängig davon, ob die Mütter aktuell beides leben oder nicht. Entscheidend ist, was die Mutter ihnen vorlebt: Sie ist nicht in der Opferrolle, sie ist nicht zerrissen, sie ist in der Partnerschaft nicht die unterlegene, sie interessiert sich — neben Haushalt und Familie — auch für andere Lebensbereiche und engagiert sich dort.

Eine Mutter-Tochter-Beziehung, in der die Tochter ihre Mutter als aufgeschlossen und engagiert erlebt, scheint Mut zu machen. Das Vorbild der Mutter ermuntert die Tochter, ihre eigenen aktiven Seiten, ihr Interesse für soziale Zusammenhänge und ihre Wünsche nach sozialen Kontakten zu leben. Die Mutter unterstützt dies und vermittelt der Tochter durch ihr eigenes Beispiel, daß es sich für eine Frau lohnt, diese Seiten zu entwickeln.

Ablösung kann hier etwas unkomplizierter vonstatten gehen. Großzügigkeit und emotionale Sicherheit in der Familie und besonders mit der Mutter erlauben es ihnen, sich frei zu bewegen und ihre Lebensperspektiven eigenständig zu entwickeln. Eine Atmosphäre des Akzeptiert-werdens gibt ihnen die Möglichkeit, schrittweise eine eigene soziale und materielle Basis aufzubauen, von der aus sie dann das Elternhaus verlassen können.

Diese Töchter bekommen von ihren Müttern nicht nur ein hohes Maß an Bestätigung und Unterstützung, sondern auch — und dies fehlt den meisten Töchtern — ein nachahmenswertes Vorbild für die eigene Lebensperspektive. Während die Zukunftsvorstellungen der Mädchen in der ersten Gruppe eher die Zwiespältigkeit der weiblichen Lebenssituation widerspiegeln, haben diese Töchter, gestärkt durch das Vorbild ihrer Mütter, die Chance, ihr Leben eigenständig und aktiv zu gestalten.

5.3 Die Abgrenzung von der Mutter

Ein Teil der Töchter (28 %) lehnt die Mutter als Vorbild für den eigenen Lebensentwurf eindeutig ab. Sie erleben ihre Mutter als eine Frau, die sich abschuftet für die Familie und dafür wenig Anerkennung bekommt, die ängstlich und viel allein ist und sich ihrem Partner gegenüber nicht durchsetzen kann. Die Kritik dieser Töchter an ihren Müttern ist grundsätzlich, wenn auch mit unterschiedlichen Schwerpunkten: Während es die einen besonders aufregt, wie ihre Mutter sich von der Familienarbeit vereinnahmen und „auffressen" läßt, kreiden andere der Mutter an, daß sie sich gegenüber ihrem Ehemann nicht durchsetzen kann, oder sie bedauern es, daß die Mutter zu ängstlich ist; wieder andere kritisieren ihre Mutter besonders wegen ihres Äußeren: Die Mutter achtet nach dem Geschmack der Töchter zu wenig auf ihr Aussehen und ist ihnen zu wenig attraktiv. Die Ablehnung der Mutter in einem Bereich läßt keine positive Identifikation mehr mit ihr zu. Beispielsweise kann sich eine Tochter, die ihrer Mutter vorwirft, sie lasse sich als Partnerin zu viel gefallen, auch nicht mit ihr in der Rolle als Hausfrau und Mutter identifizieren.

Für diese Töchter gilt, daß sie gegenüber der Opferrolle der Mutter geradezu allergisch sind und sich keinesfalls darin wiederfinden wollen. In ihrer Familie fühlen sich diese Mädchen überhaupt nicht wohl. Die Ehe der Eltern empfinden sie als langweilig; sie selbst möchten einmal eine Ehe mit mehr Liebe führen. Auch die Familienatmosphäre beschreiben sie als langweilig, und nach ihren Vorstellungen wird zu Hause zu wenig miteinander geredet aber zu viel ferngesehen. Spaß in der Familie — das kennen sie kaum. Eine sich aufopfernde — und das heißt oft auch klagende — Mutter und ein Vater, der sich bedienen läßt: Da verstummt das Gespräch, da fehlen Anregungen und Impulse. Langeweile ist hier ein Ausdruck von Kontaktlosigkeit: Die einzelnen Familienmitglieder reden kaum miteinander, jeder geht seine eigenen Wege. Die Arbeit der Mutter für die Familie und den Haushalt wird nicht anerkannt. Der Aspekt der Kompetenz und des Selbstwertgefühles als Hausfrau fehlt, nur die Belastungsseite steht im Vordergrund.

In diesem Rahmen, in dem die Mutter sich als Persönlichkeit nicht entfalten kann, tritt der Vater — wenn überhaupt — nur negativ in Erscheinung. Die Beziehung der Töchter zu ihren Müttern ist äußerst zwiespältig. Ihr Gerechtigkeitsempfinden läßt sie für die Mutter Partei ergreifen, aber eher aus Mitleid und aus dem Gefühl heraus, ihr etwas schuldig zu sein, und nicht, weil sie auch die positiven Seiten der Mutter sehen oder an ihr Lebendigkeit und Engagement entdecken können.

Diese Töchter sind auch zornig auf ihre Mütter, denn sie vermissen das Vorbild, an dem sie lernen können, wie man sich als Frau Stehvermögen und Selbstwertgefühl aneignen kann, wie man sich das Recht auf eigene Interessen und den Raum für die Verwirklichung eigener Bedürfnisse schaffen kann. Der Zorn dieser Töchter zeigt sich auch daran, daß sie sich in ihrer Familie vieles mit Streit erkämpfen, manches heimlich tun oder schlicht machen, was sie wollen. Sie schließen keine Kompromisse. Über die Erwachsenenwelt haben diese Mädchen oft keine gute Meinung, denn deutlich mehr als andere sind sie der Überzeugung, daß die Erwachsenen kein Verständnis für Jugendliche aufbringen. Aus diesem Zusammenhang heraus ist ihre Meinung zu verstehen, daß viele Menschen Angst davor haben, sich frei zu äußern. Das ist offenbar auch in ihren Familien nicht möglich — weder für die Mutter noch für sie selbst.

Diese Töchter stellen sich Partnerschaft anders vor als das, was sie bei ihren Eltern sehen. Sie haben einen ausgeprägten Frauenstandpunkt: Sie wollen sich ihre Unabhängigkeit bewahren, und es gehört für sie zu einer guten Partnerschaft, daß beide Partner auch sexuell zufrieden sind. Auf das Recht, ihre Wünsche und Bedürfnisse einzubringen, wollen sie keinesfalls verzichten.

Zwar haben diese Mädchen das ,,Programm", anders als ihre Mütter zu leben, doch gerade ihnen fehlt das Vorbild dafür, wie dieser andere Weg aussehen könnte. Sie sehen die Mutter als Opfer der Familie, sich selbst aber oft als Opfer von Bedingungen und Strukturen, aus denen sie nicht heraus können; sie sehen wenig Möglichkeiten, an ihrem Leben etwas zu verändern. Sie stehen ihrer Zukunft eher ängstlich und unsicher gegenüber. Die eher resignative Haltung, die diese Mädchen bei ihren Müttern registrieren, ist auch in ihrer eigenen Einstellung zum Leben wiederzufinden.

Die Zukunftsperspektive dieser Mädchen ist geprägt von dem Entschluß, dem Schicksal der Mutter zu entgehen. Sie wollen auf keinen Fall so leben wie ihre Mütter. Im Weg zur Verwirklichung dieses Zieles unterscheiden sie sich in zwei Gruppen: Die einen setzen ausschließlich auf die Berufsrolle, die anderen kompromißlos auf die Familienrolle. Die einen wollen die Opferrolle vermeiden, indem sie bessere Voraussetzungen für eine gleichberechtigte Partnerschaft anstreben: Sie wollen einen Beruf, der Spaß macht und Geld einbringt; sie haben keine Lust, nur zu Hause zu sitzen und bei den Kindern zu sein; sie planen nicht, ihre Erwerbsarbeit aufzugeben, wenn sie Kinder haben; einige von ihnen wollen sogar nur dann Kinder, wenn diese ihre berufliche Entwicklung nicht stören — und hier ist auch die kleine Gruppe derjenigen Mädchen zu finden, die überhaupt keine Kinder will. Sie lehnen die Hausfrauen- und Mutterrolle eindeutig ab, setzen klar und kompromißlos auf den Beruf; die berufliche Laufbahn hat Priorität, Kinder sind in diesem Gedankengang nachrangig. Für diese Mädchen ist die von ihren Müttern vorgelebte Hausfrauen- und Mutterrolle so abschreckend, daß sie sich an männlichen — vielleicht väterlichen — Normen orientieren. Hausfrauenarbeit wird in ihrer Familie nicht anerkannt, und so suchen sie sich konsequenterweise Anerkennung im Beruf. Sie setzen auf Selbstbehauptung, Durchsetzungsfähigkeit, Eigenständigkeit und Unabhängigkeit.

Der andere Weg, dem Schicksal der Mutter zu entgehen, wird von einem Teil der Mädchen darin gesehen, erst dann Kinder zu bekommen, wenn sie finanziell abgesichert sind und sie sich eine Familie „leisten" können. Dann wollen sie auch nicht mehr erwerbstätig sein, sondern sind im Gegenteil froh, wenn sie danach zu Hause bleiben können. Sie bleiben mit ihren Ambitionen innerhalb der Familie und setzen dabei auf ihr größeres Gespür, den besseren Partner zu finden, der sie als Frau ernst nimmt, und demgegenüber sie sich besser behaupten können als dies ihre Mutter konnte. Sie setzen klar auf die Familienkarriere und wollen konsequenterweise keinesfalls, daß ihre Familie einmal wegen ihres Berufes zu kurz kommt. Mädchen mit diesen Vorstellungen wollen alles sehr genau vorausplanen: Die Wohnungseinrichtung, das Auto, die Kinderausstattung müssen komplett sein, bevor sie sich den Kinderwunsch erfüllen. Die Arbeitsbelastung im Haushalt soll auf ein Minimum reduziert werden — beispielsweise auch durch weniger Kinder als die Mutter sie hatte. Es scheint zunächst so, als sei diese Art der Abgrenzung von der Mutter sehr viel weniger radikal als die erste, denn diese Mädchen wollen sich ja gerade auf die Familienrolle einlassen. Sie sehen den Beruf lediglich als einen Übergang an; die finanzielle Sicherheit suchen sie in der Ehe mit einem Mann zu erreichen, der nicht darauf angewiesen ist, daß die Frau dazuverdient. Aber diese Töchter wollen ihren Müttern zeigen, wie man das Hausfrausein besser und cleverer „managen" kann in der Überzeugung, daß die Mutter selbst schuld ist an ihrer Familienbelastung. Auf diese Weise entwerten sie die Arbeit ihrer Mutter weit mehr als die Töchter, die sich den Beruf als anderes Betätigungsfeld suchen.

Auf jeden Fall wollen es die Töchter in dieser Gruppe anders machen als ihre Mütter: Die einen mit beruflicher Eigenständigkeit und Erfolg, die anderen als bessere Mutter und gleichberechtigte Partnerin. Beide Modelle haben das gleiche Ziel: Die Lasten der Familienarbeit zu vermeiden.

Diese beiden Vorstellungen, die die Vereinbarkeit von Familie und Beruf ausschließen, werden hauptsächlich von Töchtern vertreten, die sich in einem konfliktreichen Gegensatz zu ihren Müttern befinden. Ihre Kritik bezieht sich nicht nur auf die Berufsrolle der Mutter, sondern sie kritisieren die Mutter auch als Hausfrau, als Mutter, als Partnerin und in ihrer weiblichen Persönlichkeit.

Wie eine junge Frau das Verhältnis von Beruf und Familie für sich plant, hat demnach viel mit der Beziehung zu ihrer Mutter zu tun. Wenn Töchter ihre Mutter häufig kritisieren und alles anders machen wollen, dann können sie sich offenbar nur ein ‚entweder-oder' von Familie und Beruf vorstellen. Wenn Töchter ihre Mutter ein Stück weit als Vorbild sehen, dann bekommen Familie und Beruf die Perspektive des ‚sowohl-als-auch', dann planen die Töchter vor allem das Drei-Phasen-Modell.

5.4 Zusammenfassung

Abschließend läßt sich sagen, daß Töchter verschiedene Arten der Identifikation und Abgrenzung gegenüber der Mutter entwickeln. In der größten Gruppe geht die Tochter zur Mutter emotional auf Distanz. Diese Töchter sehen ihre Mütter offenbar überwiegend in ihrer Familienrolle — als Hausfrau und Mutter. Die Mutter als weibliche Persönlichkeit bleibt unscharf und blaß. Mit der Familienrolle können sich diese Töchter identifizieren, aber von der Mutter als weibliche Persönlichkeit erwarten sie sich anscheinend keine Impulse. Für diese größte Gruppe ist ein eher oberflächlicher Kompromiß von Abgrenzung und Identifikation charakteristisch, den man als latenten Generationenkonflikt bezeichnen könnte.

Wenn die Mutter in ihrer weiblichen Persönlichkeit positiv erlebt wird, kann die Tochter viel von ihr profitieren. Erlebt sie sie negativ, dann lehnt sie das Vorbild der Mutter ab und kämpft kompromißlos um einen anderen Lebensentwurf als Frau. Dies weist auf einen offenen Generationenkonflikt hin.

Nur bei einer kleinen Gruppe von Töchtern ist eine eindeutige Identifikation mit der Mutter festzustellen, die jedoch interessanterweise auf eher ‚modernen' Aspekten der weiblichen Persönlichkeit basiert und nicht so sehr auf der ‚traditionellen' Familienrolle der Mütter. Die These, daß der bisherige Lebensentwurf von Frauen nicht mehr Identifikationsbasis zwischen Müttern und Töchtern sein kann, bestätigt sich hier in eindrucksvoller Weise. Viele Töchter betreten Neuland mit ihrer Lebensplanung, Beruf und Familie zu verbinden, denn die meisten Mütter leben ihnen das nicht vor. Identifikationsbasis ist nicht mehr ein überliefertes Rollenverhalten, sondern ein komplexeres Vorbild weiblicher Persönlichkeit, in der die Mutter Mut macht, sich auf Neues einzulassen, ohne daß Familie und Partnerschaft dafür aufgegeben werden müßten.

6 Mütter — ihr Leben und ihre Töchterbilder

Das nachfolgende Kapitel ist ausschließlich den Müttern gewidmet, Müttern mit Töchtern zwischen 15 und 19 Jahren, mit Töchtern, die ihre eigene Identität erst finden, ihre Persönlichkeit ausformen wollen.

Die Materialgrundlage für dieses Kapitel ist qualitativer Art: 40 Intensivinterviews mit Müttern von Töchtern dieser Altersgruppe. Den Zugang zu diesen Müttern bekamen wir über deren Töchter, die in Haupt- und Berufsschulen gingen; es handelt sich hauptsächlich um Mütter ohne qualifizierte Ausbildung und mit niedrigem Familieneinkommen.

Unsere Fragen an die Mütter bezogen sich auf folgende Schwerpunkte:

— die eigene Jugendzeit,
— ihre Entwicklung im Hinblick auf Familie und Beruf,
  die heutige Situation,
— ihre weiteren Lebensperspektiven,
— Vorstellungen und Wünsche für die Tochter/Töchter.

Es hat uns immer wieder erstaunt, wie offen, plastisch und eindrucksvoll die Frauen von ihrem Alltag, ihren Sorgen und Freuden, ihren Schwierigkeiten und Wünschen berichteten. Aus der Fülle des Materials geben wir die Gespräche in Auswahl, gekürzt, aber teilweise im Originalton wieder, um einen unmittelbaren Eindruck zu ermöglichen, ohne die Publikation zu umfangreich werden zu lassen.

Ein Haupteindruck bei der Durchsicht dieser Interviews ist die Vielfalt weiblicher Lebensentwürfe. Wir stellen hier Frauen im Alter zwischen 42 und 49 Jahren vor, die im Verlauf ihrer Familienkarrieren die unterschiedlichsten Probleme bewältigen mußten. Sie unterscheiden sich deutlich in der Art und Weise, wie sie Erwerbs- und Familienarbeit trennen oder miteinander verbinden und wie sie den Wert ihrer Arbeit als Hausfrau und/oder als Berufstätige einschätzen. In dieser Hinsicht sind sie jeweils typisch für viele Frauen aus der Generation der Mütter von heutigen Mädchen und jungen Frauen.

6.1 Frau Peters[1] — ein Beispiel für aktive Lebensbewältigung

Frau Peters empfängt mich[2] gut gelaunt und führt mich ins Wohnzimmer. Herr Peters setzt sich zunächst dazu, so daß ich ihm klar machen muß, daß ich gerne mit seiner Frau allein sprechen möchte, woraufhin er halb ernst, halb im Spaß beleidigt spielt und geht. Zwischendurch schaut Herr Peters immer wieder herein und macht Bemerkungen darüber, daß seine Meinung wohl nicht interessant sei. Frau Peters lacht mit ihm und ist sichtbar stolz, daß ich mich für sie interessiere. Sie erzählt bildhaft, interessant und konkret; ich höre ihr gern zu. Ihr Interview zu kürzen und zusammenzufassen ist uns schwer gefallen, da viel von der Lebendigkeit, mit der sie erzählt, dabei verlorengeht.

Frau Peters ist 49 Jahre alt, ungelernte Arbeiterin, verheiratet, ihr Mann ist Heizungswart. Sie hat fünf Kinder: Sohn Barry, 29, Hilfsarbeiter; Tochter Sylvia, 22, Filialleiterin in einem Schuhgeschäft; Tochter Cornelia, 17, Gymnasiastin; Tochter Erika, 16, beginnt eine Lehre als technische Zeichnerin; Sohn Markus, 13, geht in die Sonderschule. Die Familie wohnt zur Miete in einem Haus mit Garten in einem kleinen Dorf in Süddeutschland.

Ihre Geschichte: ,,Wir waren arme Leut', aber wir haben irgendwie zusammengehalten...“

Frau Peters war die jüngste von acht Kindern. Ihre Heimat liegt im heutigen Polen, wo die Familie einen kleinen Bauernhof besaß und, wie sie sagt, immer etwas zu essen da war. Nach der Flucht landete sie mit 13 Jahren in einem kleinen Dorf in Bayern, als Mitglied einer ungeliebten Flüchtlingsfamilie. Sie wurden zu sechst in zwei Zimmern bei einem Bauern untergebracht. Rückblickend versteht sie heute die Sorgen ihrer Eltern und die Hoffnung, daß es den Kindern einmal besser gehen soll.

,,Ich war 13 Jahre, wir haben das leichter genommen, wir haben den Ernst der Lage noch gar nicht so erfaßt. Wenn man jung ist, denkt man gar nicht so ernstes Zeug. Die haben auch um die Kinder gebangt, die Eltern damals. Wie soll man denn die Kinder ernähren? Aus alten Obstkisten haben wir Möbel zusammengebastelt und Tische gemacht. Man hat ja nichts gekriegt. Da haben die auch gesagt: wir haben ja Kinder, hoffentlich wird es mal besser werden. Und so ist es auch heute wieder. Man denkt auch: hoffentlich geht es den Kindern mal besser wie uns.“

In ihrer Familie wurde sie schon sehr früh im Haushalt gebraucht, da sowohl die Mutter als die ältere Schwester krank waren. Sie selbst ist heute, da die

[1]Die Namen wurden zur Anonymisierung geändert.

[2]Das Gespräch mit Frau Peters wurde von Angelika Burger geführt.

Töchter so alt sind wie sie damals, noch sehr gesund und übernimmt die ganze Hausarbeit. Da kann es nicht ausbleiben, daß sie Parallelen zieht.

„Und ich muß oft sagen, auch zu meinen Mädels: Ihr könnt Gott danken, daß ihr eine gesunde Mutter habt, die alles macht. Das schätzt man erst, wenn man in den Schuhen drinsteckt, wenn man es selber mitmachen muß. Ich habe mit 17 den ganzen Haushalt machen müssen. Meine Mutter war schwer herzkrank. Naja, sie konnte da schon gar nicht gut treppensteigen, Wasserleitungen waren damals noch keine da, alles mußte ich mit der Hand pumpen und runtertragen, die Wassereimer, das mußte alles ich schon machen. Wäsche waschen ganz notdürftig, da war noch keine Waschmaschine; mit Waschkessel und Bürste, wie es halt damals üblich war."

Als sie aus der Schule kam, wollte sie gerne Schneiderin werden, aber die Lehrstelle, die ihr versprochen war, ging an eine einheimische Bauerstochter, deren Vater mit etwas Lebensmitteln nachhelfen — „schmieren" konnte. Ihr blieb nichts anderes übrig, als eine Stelle in einem Haushalt anzunehmen. Über die Familie, in der sie dann arbeitete, lernte sie einen jungen, amerikanischen Soldaten kennen, von dem sie mit 20 ihren ersten Sohn Barry bekam. Der Vater des Kindes verschwand nach Amerika, und sie hörte nie mehr etwas von ihm.

„Der Vater vom Kind ist mir abgehauen. Ich habe eigentlich Pech gehabt. Das war ein Amerikaner. Der hat mich doch sehr hintergangen, der hat mich angelogen. Er sagte, er fährt ins Manöver, er kommt nach vier Wochen wieder zurück. Und nach sechs Wochen habe ich gedacht, des gibt es net, sechs Wochen Manöver, dann bin ich in die Kaserne und habe mich da erkundigt. Und der Geistliche, der sagte mir damals: ‚Ja, liebe Frau, der ist nicht mehr da, der hat sich abgesetzt nach Amerika'. Der ist immer noch gekommen, da war unser Sohn schon fast ein Viertel Jahr alt... und auf einmal war er weg. Da hab' ich halt Pech gehabt, den habe ich müssen allein aufziehen."

Ihre Eltern haben in dieser schwierigen Zeit loyal zu ihr gehalten. Das erfüllt sie heute noch mit Dankbarkeit. Sie spricht liebevoll von ihren Eltern und bedauert es sehr, daß insbesondere ihre Mutter so früh gestorben ist.

„Ich war damals noch sehr jung und schon in der Zwickmühle drin, wissen Sie, auch seelisch war ich in der Zwickmühle und drum war ich sehr froh, daß mein Vater mir zur Seite gestanden ist. Da muß ich sagen, da hat mein Vater sehr viel Verständnis gehabt, und auch meine Mutter, die hat immer gesagt: Lieber das Kind im Kissen, als das Kind auf dem Gewissen. Wir waren arme Leut', aber wir haben irgendwie schon zusammengehalten... Mein Vater, der hat mir dann gesagt: ‚Du bleibst jetzt daheim, wir müssen sowieso jemand nehmen für den Haushalt. Ich geb dir ein bißchen Taschengeld, was du brauchst. Das Kind geht sowieso mit.'

Meine Mutter ist dann gestorben und gerade da hätte ich sie sehr gebraucht. Ich habe oft zu ihr gesagt, wenn du bloß dasitzt, und ich mal einen Rat brauch' und fragen kann... wenn du bloß da bist. Wenn ich eine Frau sehe, und die geht mit ihrer Tochter Arm in Arm spazieren, die Tochter ist vielleicht schon 40 Jahre und hat die Mutter noch, und die gehen da miteinander so, dann denke ich mir oft: Warum hat mir Gott das nicht beschert. Wirklich, eine Mutter braucht man."

Frau Peters entschloß sich erst nach längerem Überlegen und wiederholtem Drängen ihres Vaters zu der Heirat mit Herrn Peters und auch erst, nachdem sie sicher war, daß der auch ihren Sohn akzeptieren würde.

Die Erwerbsarbeit: ,,Akkord — das kann ich nicht mehr machen, ich habe ja Kinder auch noch!"

Frau Peters war trotz der fünf Kinder immer wieder zumindest halbtags erwerbstätig, weil die Familie das Geld brauchte. Sie hat keine berufliche Qualifikation und arbeitet auch jetzt — zum Zeitpunkt der Befragung — wieder ganztags in einer Fabrik. Aber sie blieb bei jedem Kind mindestens so lange zu Hause, bis es in den Kindergarten gehen konnte. Sie glaubt nicht, daß es ihren Kindern geschadet hat, daß sie erwerbstätig war — das sieht sie an ihrer ältesten Tochter, die jetzt selbständig ist, ihr eigenes Geld verdient und gut zurechtkommt. Aber sie ist schon der Meinung, daß den Kindern etwas fehlt, wenn die Mutter nicht da ist.

,,Es geht jedem Kind was ab, wenn die Mutter berufstätig ist. Ich habe nachmittags gearbeitet, dann habe ich vormittags gekocht, dann kommen sie heim, dann müssen sie halt selber essen, Essen warm machen. Manchmal waren sie zu faul zum Essenwarmmachen, dann haben sie halt ein Stück Brot gegessen, gell, wenn halt die Mutter nicht da ist... Ich bin um zwölf Uhr schon fort und die sind um halb zwei Uhr von der Schule gekommen. Und wenn ich es zehnmal herrichte und sage, ihr braucht es bloß aufwärmen. Manchmal haben sie es ganz schön aufgewärmt und abgespült, manchmal... wie es halt so ist! Auf alle Fälle ist es besser, wenn die Mutter zu Hause bleibt, vor allem, wenn sie noch so klein sind. Bis zu drei Jahren."

Wenn Frau Peters die Wahl hätte, würde sie sofort mit der Fabrikarbeit aufhören und zu Hause bleiben, aber das Geld ist dringend nötig, und sie hat darüber hinaus noch nicht die erforderlichen Rentenjahre beisammen. Letzteres liegt nicht etwa daran, daß sie nicht lange genug erwerbstätig war, sondern daran, daß ein sechs Jahre dauerndes Arbeitsverhältnis vom Arbeitgeber nicht ,,angemeldet" war. Solche problematischen Arbeitsverhältnisse haben wir bei Müttern öfter angetroffen. Sie sind ein Hinweis auf den Stellenwert von Erwerbsarbeit im Leben von Müttern: Wenn sie jung sind, arbeiten sie, um die Familienkasse aufzubessern und denken erst später — manchmal zu spät — an ihre eigene Altersversorgung. Viele Arbeitgeber nützen diese Einstellung der Mütter zu ihrem Vorteil aus. Wenn Frau Peters an ihre Familie denkt, ist ihr Votum klar: sie würde zu Hause bleiben. Andererseits ist ihr die Abwechslung ganz recht, die sie durch die Arbeit außer Haus hat. Und noch etwas gefällt ihr gut, aber darüber spricht sie nicht, das kann man nur zwischen den Zeilen lesen: Sie kann ihren Kindern ab und zu mal Geld zukommen lassen, wenn die etwas außer der Reihe wollen. Dieses Privileg braucht sie nicht allein dem Mann überlassen.

„Das meiste finanzieren sie schon vom Taschengeld, aber dann haben sie da wieder nichts, und dann greift halt die Mutter manchmal wieder in die Tasche und in den Geldbeutel (lacht). Mein Mann, der bremst dann eher mal; und dann: Mama, ich möchte halt auch mitfahren auf die Schulungen oder dahin mit der Gruppe mit, da und da, dann betteln sie halt doch (lacht) und dann kann ich halt auch wieder nicht nein sagen!"

Aber eines ist für sie klar, sie will keine Akkordarbeit mehr machen, auch mit Rücksicht auf die Familie.

„Ich verdien halt nicht so viel. Aber das, was ich verdiene, das reicht schon. Man muß auch mit ein bißchen was zufrieden sein, sage ich immer. Ich muß auch an die Familie denken. Was habe ich davon, wenn ich heimkomme, vielleicht 300 oder 400 Mark mehr im Geldbeutel drin habe, und dann zitt're ich bei jeder Gelegenheit und plärre wie so manche, die nervlich schon kaputt sind."

Ein Familienurlaub war nie möglich bei fünf Kindern. Frau Peters hat allerdings in sehr guter Erinnerung, wie sie einmal mit ihrem Mann und den drei jüngeren Kindern in einer Familienerholungsstätte einen vom Arzt verschriebenen Erholungsurlaub machen konnte.

Die Familie: „...Ach ja, bei der Hausarbeit bin ich vielleicht ein bißchen zu gutmütig."

Zwei Töchter und der jüngste Sohn wohnen noch zu Hause. Aber obwohl Frau Peters voll erwerbstätig ist, macht sie doch den größten Teil der Hausarbeit und spannt die Kinder auch nach der Meinung ihres Mannes zu wenig ein. Andererseits sieht sie bei ihrer Ältesten, die vorher zu Haus nie etwas im Haushalt getan hat, daß diese heute ganz gut zurecht kommt. Dem 29jährigen Sohn wäscht sie allerdings nach wie vor die Wäsche, und da gibt's dann schon mal Meinungsverschiedenheiten mit ihrem Mann. Sie kokettiert ein bißchen damit, daß sie den größten Teil der Hausarbeit übernimmt und macht keinem einen Vorwurf daraus.

„Ach, Hausarbeit, da bin ich vielleicht ein bißchen zu gut. Mit der Hausarbeit, da übernehme ich wieder mehr, als daß ich sage, helf' mir doch mal. Der Mann ist da wieder anders, der sagt: Kommt, ihr seid jetzt alt genug, die Mama ist berufstätig, da müßt ihr schon zur Hand gehen. Das ist bestimmt auch ein Fehler von mir, daß ich da nicht besser durchgreife. ‚Ach, ich bin so müde, ich muß den ganzen Tag lernen', Sie wissen ja schon selber, wie das ist ...Ich sag mir, meine Kinder sollen es schöner haben, aber mein Mann sagt, das schadet vielleicht irgendwie ...Der große Sohn hat schon eine eigene Wohnung, aber die Wäsche wasche ich noch mit (lacht). Die Söhne sind halt noch ein bißchen tolpatschiger in der Sache, ein Mädle hat er noch nicht, kein festes. Was soll ich denn machen, ich kann ihn ja nicht verdrecken lassen, ich muß ja ein wenig dahinter sein, nicht wahr? Mein Mann schimpft zwar, er sagt, so viel Geld hat er, da soll er seine Wäsche zum Waschen geben, aber das kann ich nicht. Ob ich in der Waschmaschine zwei Stückchen mehr drinliegen habe, ob es Unterwäsche oder sonst was ist, das spürt man bestimmt nicht."

Frau Peters schildert anschaulich, wie sie sich die Hausarbeit so einteilt, daß sie gut damit fertig wird und immer auch noch ein bißchen Zeit für sich hat, für Besuche, für Kaffeepausen, für Einkaufsbummel. Ihren Mann empfindet Frau Peters den Kindern gegenüber als den strengeren, sich selbst als die weichere, und sie hat dafür eine Erklärung: Wenn der Vater sich für die Erziehung der Kinder mitverantwortlich fühlt und dabei der strengere ist, kann es sich die Mutter leisten, nachgiebig zu sein.

„Wenn der Vater sich nix draus macht aus Kindern, dann muß ja die Mutter strenger sein. Wenn aber der Vater doch auch mitmacht, das sehe ich ja vollkommen ein — dann sagt er auch mal, was sein muß."

Insgesamt fühlt sich Frau Peters von ihrem Mann unterstützt, wenn die Familie Probleme hat. Sie ist sich auch mit ihm einig, daß Schläge keine Erziehungsmethode sein können. Mit ihren Söhnen hat Frau Peters allerdings Kummer. Der Älteste hatte keine Lust, etwas zu lernen und der Jüngste ist auf der Sonderschule, was sie damit erklärt, daß er bis zum Schuleintritt sehr viel krank war.

„Aber meine Buben, in die hätte ich mehr Hoffnung gesetzt. Buben sollten halt auch ein bißl mehr lernen, wenn sie schon später mal eine Familie ernähren sollen, gell. Die haben mir da schon Kummer gemacht, der Große wie der Kleine. Der Große ist vielleicht faul gewesen, der hat es nicht so ernst genommen. Der Große hatte auch keine Lehrstelle absolviert, der ist einfacher Hilfsarbeiter. Heute bereut er es sehr... Bei den Mädchen habe ich vom ersten Schultag an nie sagen brauchen: komm, mach Schulaufgaben... Die haben es sofort ganz ordentlich gemacht, und ich bin halt bloß dabei gesessen und hab was gestopft oder irgendetwas... Ich habe das immer ein bißl beaufsichtigt, aber das ging immer einwandfrei, ich brauchte nicht helfen. Die waren einfach anders, die zwei Buben, ich weiß net warum."

Die Töchter: „...Da kann man schon stolz sein."

Frau Peters ist es wichtig, daß jede ihrer Töchter einen Beruf erlernt. Sie hebt hervor, daß ihre Älteste schon selbständig ist, die Realschule absolviert und einen Abschluß als Einzelhandelskauffrau hat, und daß sie jetzt Filialleiterin in einem Schuhgeschäft ist. Die zweite Tochter geht aufs Gymnasium, und damit hat Frau Peters ihre Schwierigkeiten, weil ihr die Jahre bis zum Abitur viel zu lang erscheinen und sie sich auch nicht so recht vorstellen kann, daß das jemals zu einem „richtigen" Beruf führen wird.

„Bei der Cornelia mache ich mir manchmal Sorgen, was sie da vor sich hat, bis zum Abitur möchte sie es ja machen. Ich weiß nicht, ob sie weiter studiert. Finanziell ist das auch eine Belastung, sie verdient ja nix."

Die jüngste Tochter hat einen sehr guten qualifizierenden Hauptschulabschluß, beginnt eine Lehre als technische Zeichnerin, und das ist mehr nach dem Herzen der Mutter. Aber auch da klingt ein bißchen die Angst an, die Tochter könnte nicht durchhalten.

,,Ich persönlich sage immer, ihr muß es gefallen. Und sie muß auch wissen, ob sie das durchhält. Ich meine, dreieinhalb Jahre Lehrzeit ist kein Kinderspiel. Und Lehrjahre sind keine Herrenjahre, sagt man so schön. Wenn sie sagt, sie möchte das, dann soll sie es auch machen. Auch Schlosser und Dreher oder sonst was, wenn sie Interesse dran hat. Mir ist das lieber, als wenn sie in irgendeine Hauswirtschaftsschule oder so was geht (lacht). In der Lehrwerkstatt: fräsen, schleifen, bohren — das macht ihr, glaube ich, noch mehr Spaß als alles andere. Die wollte ja immer schon einen Männerberuf. Sie hat ein sehr schönes Zeugnis. Sie hat sich auch sehr angestrengt, außer einem Dreier in Biologie hat sie lauter Zweier und Einser. Da kann man schon stolz sein, gell."

Die Lehrstelle hat sich Erika nach Aussage von Frau Peters selbst gesucht. Sie betont, daß das persönliche Gespräch mit dem Ausbilder ausschlaggebend war, und daß dieser sehr zufrieden war mit ihrer Tochter. Ihre beiden Töchter, die noch zu Hause wohnen, beschreibt sie als sehr unterschiedlich. Cornelia, die 16jährige, sei die stillere, sensiblere, die sich gerne mit Büchern zurückziehe und mehr in sich gekehrt sei und auf die sie sich, z.B. was zeitliche Absprachen anbelangt, voll verlassen könne. Erika, die jüngste, habe dagegen ihren eigenen Kopf, sie sei diejenige, die schon mal dagegenschimpft, die aber nicht nachtragend sei und sich schnell wieder versöhne. Allerdings sei sie in letzter Zeit ein bißchen unzufrieden mit ihr, weil sie oft abends zu lange wegbleibe und mit einer Freundin zusammen sei, die öffentlich mit Jungen ,rumpoussiere'.

Die Aufklärung ihrer Töchter sieht Frau Peters ganz klar im Zusammenhang mit ihrer eigenen Erfahrung mit dem ersten Mann, ihrer ersten Liebe.

,,Die sind sehr aufgeklärt, erstensmal schon von der Schule und zweitens habe ich sie auch aufgeklärt, wie es mir gegangen ist. Da haben sie ja gesehen, wie es wirklich ist, und meine Große, die hat auch oft gesagt: Mutti, du hast es wirklich schwer gehabt."

Sie möchte ausdrücklich nicht, daß sich ihre Tochter Erika ,ernstlich' mit einem Freund einläßt, und sie hat ihr das Versprechen abgenommen, daß ,nix passiert', wenn ihre Tochter auf eine Party geht. Obwohl Erika ihr alles erzählt, ist sie bei ihr nicht sicher, ob sie nicht ,über die Stränge schlägt'. Die beiden anderen Töchter waren bzw. sind ihr in dieser Hinsicht überhaupt kein Problem. Interessanterweise äußert Frau Peters an einer anderen Stelle die Meinung, die Erika schlage ihr nach.

,,Ich habe nix dagegen, wenn sie sagt: Du, da ist eine Party, darf ich da mal hingehen, das sind Buben auch dabei. Ja warum net. Ich sag dann: ,Du mußt mir ehrlich sagen, daß nix passiert'. Man darf sie ja nicht zu streng halten, das ist auch nix, denke ich. Ich muß ehrlich sagen, bis jetzt, ob es die Große war oder die Cornelia, da habe ich mich drauf verlassen können. Die Cornelia, die erzählt mir alles, und die Erika eigentlich auch. Die sagt mir auch, ,jetzt habe ich einen Freund kennengelernt, aber der paßt mir nicht so, der gefällt mir nicht' oder. ‚der war süß'. ‚Aber ernsthaft', sage ich, ‚darfst du mit keinem anbandeln'. Wir z.B., wir durften mit 16 noch nicht fortgehen; mit 16 bin ich mit meinem Papa auf einen Faschingsball gegangen und bin mit ihm wieder heimgegangen."

Auf die Frage, was sie sich für Erikas Zukunft wünscht, antwortet Frau Peters: „Ja, welche Mutter wünscht sich nicht das Allerbeste." Sie wünscht sich, daß Erika die Lehre gut abschließt und sich vielleicht noch weiter hocharbeitet zum Maschinenbauingenieur, und sie soll Freude an der Arbeit haben. Wenn sie mal einen Mann hat, der gut verdient, fände sie es schon besser, wenn Erika bei den Kindern bliebe — „auf alle Fälle!"

Frau Peters steht für viele Frauen und Mütter ihrer Generation, die harte Zeiten hinter sich haben, darüber aber letztlich nicht verbittert sind, sondern sich aufgrund unterstützender sozialer bzw. familiärer Beziehungen eine positive Lebenseinstellung bewahren konnten. Bei Frau Peters fällt auf, daß sie ihr Leben auf konstruktive Weise bewältigt. Sie steht zu ihren Bedürfnissen und zu ihren Problemen, zu den Brüchen in ihrem Leben und zu den Freuden. In all dem Schweren, das sie durchmachen mußte, hat sie sich ein Stück Lebensfreude und Stolz auf ihre Fähigkeiten nicht nehmen lassen. Sie ist selbstbewußt als Mutter, sieht aber auch die Probleme mit den Söhnen. Sie machte keine faulen Kompromisse, sondern setzt auch in schwierigen Situationen Bedingungen. So hat sie sich z.B. sehr bewußt einen Mann gesucht, der den „ledigen Sohn" akzeptiert. Ein ähnliches Verhalten schildert sie in bezug auf ihre Erwerbsarbeit: Sie macht keine Akkordarbeit, auch wenn sie dabei auf relativ viel Geld verzichten muß. Nach der Enttäuschung über den Vater ihres ersten Kindes hat sie auch — durch ihre Eltern und ihren Mann — viel Unterstützung und Solidarität erfahren, und daraus schöpft sie Kraft. Trotz schwerer Schicksalsschläge ist sie eine selbstbewußte, lebendige und warmherzige Frau.

Diese Haltung gibt ihr auch Spielraum gegenüber ihren Töchtern, die sie unterstützt, ohne sie festzuhalten. Sie ist zwar eine besorgte Mutter, und sie handelt nicht im laissez-faire-Stil, aber sie reduziert ihre Ansprüche an die Kinder auf das Wesentliche, und ihre Unterstützung ist ohne Neid. Die guten Wünsche von Frau Peters für ihre Töchter sind nicht verbunden mit moralischen Ansprüchen oder festgelegten Normvorstellungen. Sie gelten auch, wenn die Töchter sich nicht genauso verhalten, wie die Mutter es gerne hätte.

Mit der jüngsten Tochter identifiziert sie sich am meisten, möglicherweise deshalb, weil sie selbst die jüngste war. Vielleicht erklärt das auch ihre Angst, die jüngste könnte ‚über die Stränge schlagen' und dann, so wie sie selbst, bitter dafür büßen müssen. Sie möchte auf keinen Fall, daß einer ihrer Töchter dasselbe wie ihr passiert. Bei der jüngsten sieht sie diese Gefahr am ehesten, und deshalb nimmt sie ihr immer wieder das Versprechen ab, ‚nichts anzustellen'.

In bezug auf ihre Rolle als Hausfrau und als erwerbstätige Mutter steht sie ganz in der Tradition ihrer Frauengeneration. Für sie ist klar, daß die Frau den

Haushalt besorgt und für die Arbeit mit den Kindern zuständig ist. Wichtig ist ihr dabei, daß ihr Mann sie, trotz aller Meinungsverschiedenheiten, emotional bei der Erziehung unterstützt und mit verantwortlich ist. Sie fühlt sich auch deswegen nicht so allein, weil ihr Mann auf seine Weise ebenfalls für die Familie arbeitet z.B. bei Reparaturen am Haus oder Gartenarbeit. Entlastung bei der Hausarbeit würde sie deshalb nur von den Töchtern erwarten — aber da ist Frau Peters in ihren Anforderungen auch gespalten, denn die Töchter müssen ja lernen. Das ist für die Mutter durchaus ein Argument, denn sie ist stolz darauf, daß ihre Töchter es beruflich zu etwas bringen wollen. Dieser Ehrgeiz jedoch, den die Mutter für die Berufsplanung der Töchter hat, reicht nur bis zu dem Zeitpunkt, zu dem die Tochter selbst Kinder bekommt: Dann soll sie es nicht so schwer haben wie die Mutter und soll bei den Kindern zu Hause bleiben können.

6.2 Frau Brix — die Tüchtige

Obwohl Frau Brix sehr viel zu tun hat, ist sie gerne bereit, über sich, ihre Jugend, ihre Familie und die Kinder zu erzählen. Sie redet schnell, fast hastig, raucht dabei eine Zigarette nach der andern und macht einen ziemlich hektischen Eindruck. Ich bin vormittags bei ihr. Sie wirkt in ihrer großen Küche ohne die Kinder merkwürdig verloren, die Waschmaschine summt, der Geschirrspüler läuft.

Den Kontakt zu Frau Brix hatte ich[1] über ihre Tochter Sigrit bekommen, die ich von zwei Wochenseminaren während der 8. und 9. Klasse Hauptschule kannte, und mit der ich mich sehr gut verstanden hatte. Sigrit wirkte auf mich wach und sensibel, auch ihr Äußeres und ihre Stimme sprachen mich sehr an. Das Gespräch mit ihrer Mutter war für mich anstrengend. Ich konnte die beiden schwer zusammenbringen und neigte dazu, mich mit der Tochter zu identifizieren, wenn ich den Erzählungen der Mutter zuhörte.

Frau Brix ist verheiratet, 43 Jahre alt, hat vier Kinder, Sohn Horst 18, Tochter Sigrit 16, Sohn Alfred 15, und Franz 8; ihr Mann ist Metzger. Sie selbst geht stundenweise putzen in einer Schule und hat dort eine feste Stelle.

Ihre Geschichte: „Mich konnte ja nichts erschüttern...!“

Frau Brix kam, durch die Kriegszeit bedingt, schon mit 13 Jahren aus der Schule und mußte dann bei ihren Eltern den Haushalt versorgen.

[1] Das Gespräch wurde von Gerlinde Seidenspinner geführt.

,,Da gab es keine Lehrstellen, es gab überhaupt nichts. Dann hatte ich aber endlich eine Stelle als Friseuse, eine Lehrstelle sogar! Dort war ich ungefähr ein dreiviertel Jahr, dann wurde meine Mutter so krank, daß ich die Lehre abbrechen mußte, denn Geld für ein Hausmädchen oder eine Pflegerin war natürlich nicht da."

Der ältere Bruder war schon im Beruf und konnte zu Hause nichts mithelfen, so daß ihr alleine die Last der Hausarbeit und der Pflege der kranken Mutter blieb, die über viele Jahre bettlägerig war. Um sich trotzdem weiter zu qualifizieren, besuchte sie in dieser Zeit einen Lehrgang an der — wie sie das nannte — ,,Puddingschule" (vermutlich hauswirtschaftliche Berufsschule), der über vier Jahre zweimal wöchentlich stattfand. Sie erwarb dort einen Abschluß, mit dem sie sich eine Stelle suchen konnte.

,,1957 bin ich dann als Köchin gegangen. Ich wollte ja auch mal Geld verdienen! Mein Bruder, der hatte geheiratet, und da war meine Schwägerin im Haus, und da habe ich gesagt, jetzt will ich auch mal weg ... Da bin ich dann in ein feudales großes Haus als Köchin gegangen, und das war eigentlich sehr schön. Ich bin da zwei Jahre gewesen."

Danach wechselte sie in eine große Metzgerei. Sie war dort die Köchin, hatte sogar zwei Putzfrauen neben sich und konnte den großen Haushalt selbständig führen, weil die Besitzerin sich um's Geschäft kümmerte.

,,Da kamen fast jeden Abend Gäste, da mußte ich jede Nacht und jeden Abend da sein und Essen machen und morgens um halb Sieben wieder unten sein. Die hatten Hunde und Fische und Pferde, zwei Papageien, das waren Biester, zwei deutsche Doggen und einen Boxer. Sicher, das hat Spaß gemacht, mich konnte ja nichts erschüttern. Ich brauchte ja nichts zu putzen, ich hatte jeden Morgen bis ein Uhr ein Mädchen, das alles machte. Die Frau des Hauses war ziemlich unfähig, was den Haushalt angeht, und da hatte ich praktisch die Regie vom ganzen Haus."

Sie lernte dort auch ihren jetzigen Mann kennen, der Metzger ist. Nach einem Jahr heiratete sie und arbeitete halbtags weiter, weil sie dort unentbehrlich war.

,,Denn für so einen Haushalt kriegt man nicht von heute auf morgen jemand, der den schmeißt."

Frau Brix erzählt heute, nach fast 20 Jahren, noch sehr begeistert und detailliert von ihrer damaligen Erwerbsarbeit.

Ihr Leben heute: Mann, Kinder, Familie"... wir haben alles komplett."

Frau Brix ist eine resolute Frau, die stolz darauf ist, daß sie mit dem Geld haushalten kann, daß jedes Kind sein eigenes Zimmer hat und daß sie ihren großen Haushalt gut in Ordnung hält. Sie bezieht ihr Selbstbewußtsein über ihre tüchtige Haushaltsführung und darüber, daß sie quasi vorbereitend eine ,Hausfrauenkarriere' als Beruf gemacht hat.

„Ich war gerne berufstätig. Aber das hier ist jetzt dasselbe, was ist das denn anderes? Es ist nur schöner jetzt, wenn man Kinder hat! Ich meine, jetzt weiß ich wofür...“

Mit ihren vier Kindern ist sie sehr zufrieden, jeder bekommt ein Lob: Der Älteste, weil er in seiner Lehrstelle als Metzger schwer schuften muß, Sigrit, die einzige Tochter, weil sie besonders geschickt in ihrer Ausbildung als Floristin ist, und der 15jährige Alfred, weil er ihr schon seit Jahren beim Putzen in ihrer Arbeitsstelle hilft. Auch im Haushalt helfen alle mit — „es hat jeder seine Aufgabe.“ Frau Brix legt Wert darauf, daß die körperlich schwere Hausarbeit von den Jungen erledigt wird, weil sie der Tochter ersparen möchte, was sie selbst erlebt hat.

„Die Jungen müssen sogar viel mithelfen. Die Sigrit z.B., die trägt keine Briketts hoch, das lehne ich ab. Das habe ich nicht gemacht, das hat mein Mann für mich gemacht, wie die Kinder klein waren. Und warum sollen die Jungens, die schon alle fast an die zwei Meter gehen, warum sollen die nicht Briketts raufholen?... Ich meine, daß es nicht nötig ist, daß Mädchen so schwere Arbeit machen, wenn Jungens im Haushalt sind. Weil ich aus meiner eigenen Erfahrung weiß, wie fertig man ist... Ich meine, ich bin ja auch erst 43, wie erledigt mein Körper ist von den schweren Arbeiten... mir hat keiner 'nen Waschkorb getragen von der Waschküche bis auf den Speicher, und das war noch nasse Wäsche! Ich habe drei bis vier Tage in der Waschküche gestanden und nur geschrubbt, und ich war 14 Jahre alt.“

Die Erziehung der Kinder liegt weitgehend in ihren Händen, und mit dieser Rollenverteilung ist sie auch einverstanden; sie hält den alltäglichen Kinderärger von ihrem Mann fern, solange nicht Geldausgaben damit verbunden sind.

„Also, wenn es was Schwieriges ist... muß ich schon mit ihm reden. Der Alfred hatte mal eine Schaufensterscheibe mit dem Kopf eingerannt, die mußten wir dann bezahlen; oder der Franz, der hat mal am Haus gekratzt, und das mußten wir dann auch bezahlen, also so etwas, das muß ich ihm ja sagen. Aber wenn da irgendwas ist, wenn die Kinder sich zanken oder so... ich erzähle das, aber wir lachen dann darüber, denn wir waren ja auch Rabauken früher, ganz gewaltig. Mir war kein Baum zu hoch.“

Über ihren Mann spricht Frau Brix ausführlich. Sie läßt nichts auf ihn kommen, und für seine ‚Macken‘ hat sie jeweils entsprechende Entschuldigungen. Für sie steht im Vordergrund, daß sie und ihr Mann mit wenig Geld für die Familie ein respektables Heim schaffen konnten. In diesem Punkt ist sie sich der Unterstützung ihres Mannes sicher und rechnet ihm das auch hoch an.

„Ich kenne meinen Mann jetzt 21 Jahre, ich wüßte nicht, daß ich einmal mit meinem Mann irgendwie ernstlich gezankt hätte oder daß wir um Geld irgendwelche Schwierigkeiten hatten, obwohl mein Mann sehr wenig verdient hat. Wir haben uns eine Wohnungseinrichtung gemacht, wir haben oben alles komplett, die Kinder, jedes sein eigenes Zimmer, wir haben alles neu gemacht und wir haben alles bezahlt und dafür geh ich halt noch ein paar Stunden arbeiten, nachmittags... Es kommt mal vor, daß unser Vater einen auf dem Dach hat, daß er den Frühschoppen überzogen hat, und das paßt keinem von den Kindern... Der wird ins Bett gepackt, und dann ist die Sache erledigt.

Ich sag, wenn das nicht ausartet mit dem Geld und so, dann soll er das auch haben. Der muß 'ne ganze Woche mit Fleisch und Fett und all dem Zeug hantieren, da geht er Donnerstagabends Skat spielen, da fährt er mit dem Auto und da trinkt er gar nichts."

Ihr Mann hatte eine sehr schwere Kindheit, wurde bei Tanten und bei einer lieblosen Stiefmutter großgezogen,

„...da war er immer ein Klotz am Bein, der hat immer furchtbare Schläge bekommen, wenn irgendwas war, obwohl er ruhig ist und keiner Fliege was tut. Er wollte auch gar nicht Metzger werden, weil den Beruf haßt er ja. Er hat das nie gerne gemacht, also, Tiere, die kann er leiden, aber nicht totmachen."

Zwischen Frau Brix und ihrem Mann gibt es zwar wenig Reibereien, aber auch wenig Gemeinsamkeiten. Die einzige von ihr erwähnte Situation, in der sie mit ihrem Mann zusammen etwas unternimmt, ist der Urlaubs-Frühschoppen.

„Wenn er Urlaub hat, da kommt er so um 11 Uhr runter, da gehen wir dann noch ein Bier trinken. Ich trinke aber keinen Alkohol, ich darf gesundheitlich nicht, da trinke ich meinen Sprudel, und er trinkt seine ein bis zwei Biere und dann gehen wir wieder nach Hause."

Die Konflikte, die zwischen ihrem Mann und den heranwachsenden Söhnen — besonders dem Ältesten — schwelen, werden von ihr eher beiläufig erwähnt. Auch in seiner Rolle als Vater übt sie keinerlei Kritik an ihrem Mann, im Gegenteil, sie verharmlost seine Gewalttätigkeiten und lobt seine gute väterliche Einstellung.

„Mein Mann hat zu mir gesagt, daß er nicht will, wenn die Kinder mal was angestellt haben, daß ich dann komme und sage, bestrafe sie. Einmal, da haben Horst und er sich gekappelt, und wenn so zwei lange Riesen... — der Horst ist ja auch so groß wie sein Vater — da ging das so hin und her: was willst du denn und so, und mein Mann sagte, du kriegst gleich eine gescheuert, und da hat der Horst gesagt: Wenn du mir eine scheuerst, dann kriegst du eine wieder! Und mein Mann ist dann so hin mit der Hand, und da hat der dem Horst den Finger gebrochen. ‚Also einmal' sagt mein Mann, ‚daß man sich mit dem kloppt und schon hat man was gebrochen'... Er hat immer gesagt: ‚Ich würde nie ein Kind schlagen, mit meiner Kraft könnte ich das ja mit einem Schlag tothauen'."

Sie hofft andererseits, daß der Sohn ‚brav' ist und erzählt stolz, daß er sich im Vergleich zu seinem Vater aus Kneipenbesuchen nichts macht. Dem Außenstehenden wird daraus klar, daß sie ihren Mann durchaus nicht als Vorbild für ihre Söhne sieht, was sie aber selbst nicht zugibt. Auf unsere Frage, wie sie und ihr Mann miteinander auskommen, antwortet sie:

„Ganz gut, wissen Sie, mein Mann ist ein ganz ruhiger Typ, der spricht nicht viel. Ja, wie soll ich sagen... mein Mann, der geht abends immer zum Dämmerschoppen bis das Essen fertig ist, und neulich da habe ich — weil unser Horst ja nun 18 wird — mal gefragt, ob er nicht mal mit dem Papa gehen will — ich wollte so nachforschen — da sagt er: ‚Bist du jeck! Das kostet ja Geld!' Er raucht auch nicht, nur Fußball ist sein ein und alles."

Wie wenig der Vater seinem Sohn beisteht, wird ersichtlich aus der Tatsache, daß Horst als Lehrling jeden Tag zwölf Stunden arbeitet und zwar im selben Betrieb, in dem sein Vater erster Geselle ist. Frau Brix findet es ganz normal, daß ihr Mann da nichts unternimmt, denn sonst könnte es ja so aussehen, als ob er seinen Sohn bevorzugt. Nur Sigrit, ihre Tochter, nimmt uns gegenüber daran Anstoß.

Die Erwerbsarbeit: „Ich bin mein eigener Herr."

Frau Brix war nach der Geburt ihrer Kinder lange Zeit nicht erwerbstätig. Sie suchte dann aber, als die Familie aufgrund eines Wohnungsausbaus Schulden machen mußte, auf eigene Faust eine Stelle. Ihr Mann war damit zunächst gar nicht einverstanden.

„Ich hatte noch nie Schulden gehabt, das war mir so furchtbar... Da bin ich losgegangen, durch sämtliche Firmen und Büros und habe gefragt, ob irgendwo eine Putzstelle für mich ist. Und nirgendwo was, da war ich so entmutigt. Da bin ich zuletzt noch ins Kreishaus gegangen und der Pförtner sagte: ‚Sie schickt der Himmel. Ein paar Frauen sind im Urlaub und ein paar Frauen sind krank; gehen Sie mal ins Personalbüro, sie können heute gleich anfangen.' Aber mein Mann wußte nichts davon, und das war grauenhaft, ihm das beizubringen... Im ersten Moment fing er an zu donnern. Er sagte: ‚Das gibt es doch nicht! Ich glaube, du hast 'n Knall!' Und dann kriegte ich bald meine Lohntüte und da waren 400,— DM drin und da hatten wir acht Monate später schon die 4.000,— DM abgezahlt. Ich war ja anfangs nur als Aushilfe, und dann kriegte ich gesagt, ob ich nicht 'ne feste Stelle wollte, ich müsse dann alleine arbeiten. Das war praktisch für mich: Es kommt kein Hausmeister, ich bin mein eigener Herr! Ich bin jetzt bei der Schulbehörde angestellt, im öffentlichen Dienst."

Frau Brix schätzt an dieser Arbeit besonders, daß sie sich selbst die Zeit einteilen kann, ihr niemand dreinredet und es vor allem auch niemanden stört, daß sie die Arbeit mit ihrem Sohn zusammen macht. Daß sie diesen Sohn dadurch sehr an sich bindet und ihm, der sowieso ängstlich ist, jede Möglichkeit für Kontakte mit Gleichaltrigen nimmt, ist für sie kein Problem.

„Der Alfred geht schon sechs Jahre jeden Tag mit mir in die Arbeit... er holt die ganzen Papierkörbe zusammen, Aschenbecher und dann staubsaugt er alles, und ich habe Zeit und kann alles abwaschen. Ich habe zum Chef gesagt, daß der Alfred mitkommt. Der sagte, mir ist das egal, Hauptsache ich habe meinen Schreibtisch sauber..."

Die Tochter: „Sie ist die einzige, die was sagt..."

Frau Brix hält große Stücke auf ihre einzige Tochter, das wird erkennbar an der lebhaften Art, mit der sie von ihr erzählt, und an den Vergleichen, die sie zieht. Sie findet z.B., „Sigrit kommt auf ihre Oma raus", und die Oma bezeichnet sie an anderer Stelle als ,,wahres Goldstück". Sie kann sogar akzeptieren, daß diese Tochter mit Hausarbeit nicht viel am Hut hat, sie kann ihr lassen, daß sie lieber liest oder Handarbeiten macht. Über Sigrits beruflichen Werdegang ist sie genauestens informiert und ist sehr zufrieden mit der Entwicklung, die die Tochter nimmt. Hier sind auch — zum einzigen Mal — liebevolle und warmherzige Anklänge bei Frau Brix zu spüren.

,,Die Sigrit wird ja Floristin, das ist ein Beruf, wo sie ganz drin aufgeht... die muß was haben, wo sie werkeln kann... Sie ist da ganz selig... Donnerstag macht sie Zwischenprüfung, und da ist sie schon bald fertig... Donnerstag ist theoretisch, aber Dienstag dann auch praktisch. Da muß sie einen Kranz machen und einen Brautstrauß und einen Strauß nach freier Wahl. Sie hat mir auch ziemlich genau erzählt, was man nach einem Jahr einfach können muß — einen Strauß für 30 Mark, der muß schon locker aus der Hand gehen... Ich glaube auch, daß sie ganz anders denkt als die anderen Mädchen. Sie denkt nicht an Diskotheken, sie denkt nicht an Jungens, sie geht nicht weg und gar nichts... Sie hat ihre Handarbeiten, sie hat ihre Bücher, nur Hausarbeit ist leider gar nichts für sie. Aber das ist gar nicht so schwierig, ich hab' ja den Alfred, der Alfred ist wie ein Hausmädchen, — die Sigrit hat von mir gar nichts geerbt, die ist wie meine Mutter, wenn Sie meine Mutter sehen und die Sigrit, das ist eins. Ja, die Oma ist wirklich unser Goldstück!"

Aus der Sicht von Frau Brix war die sexuelle Aufklärung von Sigrit kein Problem. Sie hat ihre Tochter nach ihren Aussagen ,,selbst" aufgeklärt. Daß diese Aufklärung im Zusammenhang mit einer von ihr erlittenen Fehlgeburt geschah, erscheint ihr ganz natürlich.

,,Ich hab sie von vorne bis hinten aufgeklärt, die hat ziemlich viel mitgekriegt, ich hatte 'ne ganz schwere Fehlgeburt, ich war im 6. Monat, ich mußte viel liegen. Da hat sie die ganze Nacht mit dem Papa bei mir gewacht... Und da war sie noch sehr klein und da hat sie mich gefragt, das erste Mal wirklich gefragt, wie das nun eigentlich ist, wenn man ein Baby kriegt... Und dann durfte sie auch noch mit ins Krankenhaus. Und wie ich dann nach Hause kam, waren die Kinder furchtbar enttäuscht, daß wir kein Baby hatten, ach du lieber Gott, das konnten die gar nicht fassen..."

Wenn Frau Brix die offene Atmosphäre ihrer Familie beschreibt, schließt sie dabei den Vater nicht mit ein. Ihre Tochter scheint die einzige zu sein, die sich mit dem Vater überhaupt auseinandersetzt.

,,Die Sigrit und auch die Jungens, wir reden alle ganz furchtbar offen zusammen, und die Sigrit sagt auch ihre Meinung, wenn ihr irgendwas nicht paßt, und sie schimpft auch mit dem Vater, wenn er Bier trinkt. Die Sigrit ist die einzigste, die ihm das sagt."

Frau Brix ist Teil einer Frauengeneration, die geprägt ist von einer harten Jugend in den ersten Nachkriegsjahren. Auf dieser Folie negativer Erfahrungen — kein Geld, schwerste körperliche Arbeit, keine beruflichen Qualifikationschancen — erscheint ihr ihr heutiges Leben unvergleichbar besser. Sie weiß, dieses ‚bessere Leben' ist ihr nicht in den Schoß gefallen, sondern ist Ergebnis ihrer Tüchtigkeit: Sie hat vier Kinder geboren, steht solidarisch zu ihrem Mann, verdient noch zusätzliches Geld, um die Schulden abzutragen, in die sich die Familie stürzte, damit jedes Kind auch ein eigenes Zimmer haben kann. Frau Brix ist stolz auf ‚ihre vier'. Über die Probleme der Kinder erfahren wir von ihr nichts. Von Sigrit wissen wir jedoch, daß der ältere Bruder lern- und verhaltensgestört ist und der Jüngere, der ,,gerne putzt, kocht und bäckt" in die Sonderschule geht.

Ihr Engagement für die Familie bleibt einseitig, und bei ihrem Mann findet es keine Anerkennung; aber dies ist für sie kein Thema, schon gar kein Grund zur Klage — sie hält sich an die positiven Seiten des Lebens: Der Mann trinkt zwar, o.k., aber ‚solange es nicht ans Geld geht', sagt sie nichts. Daß der Vater der Ausbeutung seines Sohnes tatenlos zusieht, obwohl er der erste Geselle im selben Betrieb ist, findet sie normal.

Die Tochter spielt da allerdings nicht mit, sie ist die einzige, die ,,mal was sagt..." Darauf ist die Mutter zwar stolz, aber sie selbst ist zu sehr auf die äußere materielle Absicherung der Existenz ihrer Familie fixiert, als daß sie sich ernsthafte Beziehungskonflikte oder das Wahrnehmen weitreichender zwischenmenschlicher Probleme ‚leisten' könnte. Sie ist verzweifelt bemüht, vor sich selbst die Illusion aufrechtzuerhalten, daß in ihrer Familie alles in Ordnung ist. Dabei wirkt sie überfordert und ausgelaugt. Sie hat kaum emotionalen Rückhalt bei ihrem Mann, und man nimmt den Eindruck mit, daß sie ohne die Kinder den Boden unter den Füßen verlieren würde.

6.3 Frau Jansen — Hausfrau ohne Anerkennung

Frau Jansen ist am Telefon reserviert und sagt, sie habe keine Zeit. Zu einem Termin am frühen Vormittag läßt sie sich dann doch überreden. Zunächst werde ich[1] von einem Dackel begrüßt und bewundere das Haus und den Garten. Frau Jansen sagt: ,,Schöner wäre es, wenn es einem selbst gehören würde." Aber dann schränkt sie wieder ein: ,,Wenn man sich alles vom Mund absparen muß, bloß damit man ein Haus hat, dann wohn' ich doch lieber zur Miete." Sie nimmt im Gespräch kein Blatt vor den Mund.

Frau Jansen (44) ist Hausfrau, ihr Mann Polizist. Sie hat drei Töchter: Die Älteste (21) ist Verkäuferin und lebt nicht mehr zu Hause. Die Zweite, Christa, ist 17 und gerade ausgelernte Verkäuferin. Barbara, die Jüngste, ist 15, kommt aus der Hauptschule und beginnt demnächst eine Lehre als Bekleidungsnäherin. Die Familie wohnt zur Miete in einer süddeutschen Kleinstadt.

[1] Das Gespräch wurde von Angelika Burger geführt.

Ihre Geschichte: ,,Mein Vater war der Herr, da hat niemand widersprechen dürfen."

Frau Jansen wollte, als sie mit der Schule fertig war, Friseuse werden. Aber ihr Vater erlaubte es nicht, und zwar aus finanziellen Gründen. Sie nimmt ihm das heute noch übel, auch wenn er schon gestorben ist. Sie hatte bereits eine Lehrstelle, die sie mit ihrer Mutter zusammen gesucht hatte, und trotzdem mußte sie in die Fabrik gehen. Ihr fehlendes Selbstwertgefühl sieht sie klar im Zusammenhang damit, daß sie keinen Beruf erlernt hat.

,,Ich wollte ja ursprünglich Friseuse werden, aber mein Vater hat das nicht geduldet. Der hat gesagt: ‚20,—, 25,— Mark im Monat, nein! Da hängst du mir noch mal drei Jahre auf der Tasche.' Aber ich hätte doch so gut den Beruf später verwenden können! Ich hätte dann stundenweise aushelfen können. Ich hätte schon Gelegenheit dazu gehabt, auch halbtags. Und es wäre einfach ein Beruf! Ich möchte auch sagen können: Ich habe einen Beruf. So hängt man voller Komplexe. Heute, die Jungen, die können doch alle sagen, was sie sind. Und ich, was kann ich sagen? Fabrikarbeiterin. Ja, ich war in der Fabrik. Freilich, da hat es Tarif gegeben, wissen Sie, Stundenlohn, und das war für meinen Vater natürlich wichtig. ‚Ein Mädle braucht keinen Beruf', hat er gesagt. ‚Die heiraten und dann sind sie Hausfrau, zu was brauchen die einen Beruf'. Und was hätte ich machen sollen? Ich war daheim, und da hat man nicht nachgegeben. Er lebt ja nicht mehr, aber mit meiner Mutter rede ich da oft darüber. Die hat da ja auch nichts gemacht. Das hat mein Vater bestimmt. Der war der Herr. Da hat niemand widersprechen dürfen."

Frau Jansen hat den Eindruck, daß ihrem Vater jede Mark für sie zu viel war. Das illustriert sie auch daran, daß er die drei Mark Gebühr für die Einwilligung zu ihrer Hochzeit (sie war erst 20) nicht bezahlen wollte.

Hausfrausein — ihr Leben jetzt

Frau Jansen fühlt sich als Hausfrau nicht wohl, denn sie sieht sich eingeengt durch die eintönige Hausarbeit. Ihr fehlen Anregungen und Kontakte. Sie hat auch kaum Vorstellungen darüber, wie sie jetzt, wo ihre Töchter selbständiger werden, ihren eigenen Interessen und Ideen nachgehen könnte.

,,Und der Haushalt, Gott, jeden Tag hat man Arbeit, viel Arbeit, aber das erfüllt mich nicht, wissen's schon. Ich geh auch manchmal mit dem Hund, den haben Sie ja gesehen, mit dem geh ich halt fort, zum Einkaufen und so... Wenn, dann würd' mich mal die Bauernmalerei interessieren. Das wäre mein einziges. Das möcht' ich, ja, das möcht' ich. Mein Mann hat schon oft gesagt: ‚Ja mach doch, geh doch'. Aber das werd' ich dann machen, wenn ich so langsam alle unter der Haube habe. Unter der Haube ist nicht richtig gesagt, aber daß sie halt ihre Beschäftigung haben. Dann will ich das mal machen."

Sie vermißt das Gefühl, auf irgendeinem Gebiet wirklich kompetent zu sein. Die durch ihren Vater verpatzte Chance zu einer vorzeigbaren Qualifikation ist für sie unwiederbringlich verloren, und davon ist — aus ihrer Sicht — auch ihr heutiges Leben noch überschattet.

„Ich habe keinen Beruf. Man sagt heute, Hausfrau sei auch ein Beruf (lacht). Aber ich finde, man hat schon Komplexe, wenn man keinen Beruf hat. Mir geht das auf jeden Fall so. Sogar vor meinem Mann. Das ist klar, da denke ich mir: Was bin ich denn eigentlich? Ich mach' ja bloß den Haushalt. Da komm' ich mir oft so dumm vor."

Daß ihr Mann so gern kocht, ist in diesem Zusammenhang eher ein Problem für sie, als daß sie sich darüber freuen könnte. Er nimmt ihr damit die letzte Quelle von Anerkennung in der Familie. Frau Jansen's Mann trägt offenbar nicht dazu bei, ihr Selbstwertgefühl aufzubauen und zu stabilisieren. Mit Kritik scheint er schneller bei der Hand zu sein als mit Anerkennung.

„Der kann heimkommen abends um fünf, und je nachdem wie es ihm grad einfällt, fängt er da an zu kochen. Aber das ist ein reines Hobby. Bloß dürfte ich nie sagen: ‚Mach das oder mach das'. Also, das will er alles selber. Wenn er kocht, komm' ich mir dann auch wieder vor, als würd' ich es nicht so gut machen wie er. Wenn Bekannte sagen: ‚Du hast es gut, daß dein Mann kocht', dann sag' ich immer: ‚So schön ist es auch nicht'. Ich möchte das alles selber machen. Ich möchte, daß mein Mann, wenn ich das Essen hinstell', das Essen lobt und sagt: ‚Das hast du heut' gut gemacht'. Und das tun nur die Männer, die selber in der Küche nie tätig sind, die schätzen das mehr. Ich habe schon gesagt: ‚Ich möchte das halt auch einmal hören, daß du sagst: Das ist gut'. Er sagt dann: ‚Du siehst doch, daß es mir schmeckt'. Der meint wohl, wenn er zweimal schöpft, dann ist das wie eine Anerkennung (lacht). Die Putzerei und das alles, das ist ja nicht das, was einen erfüllt. Und ich glaub' nicht, daß das ein Mann sieht. Ich glaub', das sieht keiner. Höchstens, daß er noch sagt, daß ich den Putzfimmel habe. Ich hab' schon oft gesagt: ‚Ja glaubst du, das ist mein Hobby? Das ist ja auch eine Arbeit. Man putzt ja nicht da rum, wo es sauber ist'. Der Haushalt, das bleibt ewig ein Kapitel."

Die Frage, ob sie mit ihrer Ehe zufrieden ist, beantwortet Frau Jansen nicht in bezug auf ihre Partnerschaft, sondern sie weicht auf das ungefährlichere Terrain der Meinungsverschiedenheiten von Eltern in der Kindererziehung aus: Sie möchte eigentlich ein bißchen locker sein in der Erziehung, weil sie es selbst erlebt hat, wie schlimm es ist, wenn man als Kind keine Rechte hat. Ihren Mann stellt sie dar als den gestrengen Vater. Sie setzt sich aber nicht offen für ihren Standpunkt ein, sondern gibt verbal doch ihrem Mann recht. Ihre zwiespältige Haltung kommt dann im Verhalten gegenüber ihren Töchtern zum Ausdruck. Von Barbara wissen wir, daß die Mutter oft geheime Mitwisserin ist bei Dingen, die der Vater besser nicht erfahren soll.

„…die Ehe? Mein Gott, ein Hoch und ein Tief, immer abwechselnd. Wie es halt überall so ist, wenn Kinder da sind. Dann gibt es viele Probleme, gell. Ein jeder hat doch eine andere Meinung. Ich würde den Mädchen eher was erlauben, und mein Mann nicht, weil bei mir zu Hause war es so streng und bei meinem Mann gerade das Gegenteil. Wir haben unsere Kinder so erzogen, mein Gott, sie haben schon manchmal auch Schläge gekriegt. Bei manchen sind die Kinder ja echte Götter! Das ist doch so. Und Ordnung muß schon drin sein. Und die müssen schon wissen, was sie tun dürfen und was nicht."

Die Töchter: ,,...Also eine hätte schon eine höhere Schule haben sollen, das hätte ich schon auch wollen."

Frau Jansen betont immer wieder, wie wichtig es ihr ist, daß jede ihrer Töchter einen Beruf lernt: ,,Ich hab' gesagt: egal was, aber einen Beruf." Diese Einstellung bringt sie eindeutig in Zusammenhang mit ihrer eigenen Unzufriedenheit als Hausfrau ohne berufliche Qualifikation. Auch auf die Frage, was sie Barbara für die Zukunft wünscht, stellt sie den beruflichen Erfolg in den Vordergrund.

Ich sag zu ihr: ,,Du schadest dir selber, wenn du nicht lernst. Es ist dein Leben."

Wenn Barbara einen festen Freund hätte, dann würde sie sich, so fürchtet die Mutter, nicht mehr um ihre Ausbildung kümmern. Deshalb ist Frau Jansen dagegen, daß Barbara sich fester bindet.

,,Wenn sie jetzt kommen täte, dann würd' ich ihr das schon ausreden. Zumal das ja nichts bringt, wenn sie jetzt erst in die Lehre kommt. Was bringt das, wenn sie da schon einen Freund hat? Dann ist sie für die ganze Zeit bei dem, und das wird doch nichts. Da wär ich nicht dafür."

Frau Jansen gibt offen zu, daß das Thema Aufklärung für sie als Mutter von Töchtern ein Problem ist. Sie selbst hat niemals erfahren, wie eine Mutter mit ihrer Tochter in dieser Hinsicht unbefangen umgehen kann. Sie sagt, daß sie selbst kein Vorbild dafür hatte, wie das gehen könnte.

,,Aufklärung? Die haben's von der Schule. Und die Große, die ist 21, da sind sie dann immer zu der gegangen. Wenn sie was gefragt haben, hab' ich schon was gesagt. Aber sie sind kaum gekommen. Da hab' ich gedacht, ja, dann... Und das ist nicht so einfach. Das ist ehrlich nicht so einfach. Früher, bei uns, mit den Eltern, da hätt' man ja gar nicht reden dürfen! Da war das Sünde. Und da mit einer Frage kommen, um Gottes willen! Aber heute ist das ja alles so offen."

Die älteste Tochter hat Verkäuferin gelernt und ist bereits ausgezogen von zu Hause. Frau Jansen erwähnt sie nur selten. Die mittlere Tochter Christa hat gerade ihren Abschluß als Verkäuferin gemacht, und Frau Jansen schildert die großen Schwierigkeiten, die Mädchen bei der Lehrstellensuche haben. Obwohl Christa einen guten Hauptschulabschluß hatte, mußte die Mutter miterleben, wie sie eine Absage nach der anderen bekam. Frau Jansen ist davon ziemlich entnervt, und sie empfindet es auch als persönliche Demütigung, wie mit ihr und ihrer Tochter umgegangen wurde. Die dann doch gefundene Lehrstelle als Einzelhandelskauffrau bringt neue Probleme: Schon nach zwei Jahren Lehre will die Firma Christa nicht mehr weiter ausbilden; sie kann also nur den Abschluß als Verkäuferin machen. Das weitere Ausbildungsjahr, das sie zum Abschluß als Einzelhandelskauffrau bräuchte, wird ihr verweigert. Frau Jansen ist darüber ehrlich empört und ihr Eindruck ist, daß Leute wie sie, die keine Beziehungen haben, das nehmen müssen, was übrigbleibt.

,,Die Christa, die wollte Großhandelskaufmann werden. Da haben wir sämtliche Firmen abgeklappert, und die hat wirklich ein gutes Zeugnis gehabt. Dann hat es immer geheißen: Ja, wir haben so viele Bewerbungen, ganze Stapel... Und dann, was war? Nach ein paar Tagen kam das ganze Zeug zurück: Es tut uns leid... Also, da hab' ich bei der Barbara gesagt, das mach' ich nicht mehr. Ich lauf' nicht von einem zum anderen und laß mich dann so abfertigen. Man kann es doch gleich sagen: Es tut mir leid, und nicht so auf die Folter spannen. Das hat mir schon leid getan, bei der Christa. Die ist so sensibel. Die hat ja jedesmal geheult, wenn das ein Reinfall war. Jetzt hat sie ihre Prüfung gemacht, mit ‚sehr gut'. Damals hat es geheißen, sie kann dann Einzelhandelskaufmann machen, und jetzt nimmt man sie nicht. Ja, so ist das heut' auf der Welt! Mit ‚sehr gut' hat sie die Prüfung gemacht als Verkäuferin, und die behalten sie nur als Verkäuferin, aber nicht als Einzelhandelskaufmann!"

Christa hat sehr unter diesen vielen Absagen gelitten, und die Mutte hat mit ihr gefühlt, auch weil sie sehen konnte, daß die Gründe für die Schwierigkeiten wirklich nicht an ihrer Tochter lagen. Bei ihrer Tochter Barbara mußte Frau Jansen erfahren, daß heute selbst für eine Lehrstelle als Verkäuferin der Realschulabschluß verlangt wird. Sie kann das gar nicht fassen. Aber mit Barbara kann sie nicht so mitfühlen. Ein bißchen gibt sie ihr selbst die Schuld, wenn sie nicht weiterkommt, weil sie sich aus der Sicht der Mutter in der Schule nicht genügend angestrengt hat. Das könnte — so die Ängste der Mutter — sogar so weit führen, daß sie unter den ,,Hilfsarbeiterinnen" landet.

,,Die Barbara war ja in der Schule nicht so gut, ich mein' sie hätte es können, aber sie ist vom Typ ganz anders. Die anderen zwei waren so gewissenhaft, und die lebt so in den Tag hinein (lacht). Jetzt hat sie ja ihre Stelle als Schneiderin. Da hat sie müssen zwei oder drei Stunden nähen. Und das ist einwandfrei, die haben sie gelobt und haben gesagt: Sofort nehmen sie sie. Da war ich überrascht, daß die sie nehmen. Ich hätte nie gedacht, daß sie Näherin wird, die ist doch ein ganz anderer Typ! Das Zeugnis hat dem Ausbilder da droben natürlich nicht gefallen (lacht). Da hat er gesagt: Theoretisch wird ja auch viel verlangt in dem Beruf, da muß sie sich natürlich schon anstrengen, gell. Da hat er gesagt: Sonst sitzt sie nämlich zwischen den Ausländerinnen drin, die halt bloß Hilfsarbeiter sind."

In dieser Familie ist der Umgang mit der Bildung und der schulischen Qualifikation der Töchter widersprüchlich. Auch wenn Frau Jansen gerne möchte, daß ihre Töchter beruflich erfolgreich sind, traut sie ihnen im Grunde nichts zu und steht damit in gewisser Weise ihren eigenen Wünschen im Wege. Das kommt besonders deutlich zum Ausdruck bei der Entscheidung über die schulische Laufbahn von Christa. Obwohl diese ein gutes Zeugnis hatte, unternahm die Mutter nichts, um sie auf die Realschule zu bringen. Der Vater stellte zwar den Anspruch in den Raum, daß seine Töchter mehr als nur den Hauptschulabschluß haben sollten, aber er forderte schon vorab die Gewißheit über den schulischen Erfolg. Das Problem dabei war, daß aus der Sicht der Mutter ein möglicher Mißerfolg der Tochter gleichbedeutend gewesen wäre mit eigenem Versagen, das sie ihrem Mann gegenüber zu rechtfertigen gehabt hätte. Davor hatte sie Angst, und so blieb Christa eben in der Hauptschule.

„Mein Mann, der wollte ja immer, und das sagt er auch heute noch: ‚Also, eine hätte schon eine höhere Schule haben sollen'. Also wissen Sie, ich hätte schon auch wollen. Ich war beim Herrn Rektor droben damals mit der Christa, weil die war da immer gut in der Schule. Und er hat zu mir gesagt: ‚Ja, Frau Jansen, Sie können die Christa jederzeit anmelden, die wäre geeignet für die Realschule. Aber ich sag's Ihnen gleich, ich weiß nicht, ob sie genauso weiterlernt. Das müßten Sie halt probieren.' Und da hat man es doch wieder gelassen. Von meinem Mann aus dürften sie zehn und 20 Jahre studieren. Bloß müßt' er schon was sehen, eine Leistung. Also nicht bloß in die Schule und dann so rumlungern. Es muß dann schon was rauskommen dabei. Aber ich hab' immer gesagt, ich will kein Kind zwingen zur Schule, das hab' ich immer gesagt. Ich will net, wie ich von verschiedenen Leuten weiß, die nur da angeben vor den anderen Leuten, weil die Kinder ins Gymnasium gehen. Die tun sich da so raus, als käm' das alles von ihnen selber. Nicht vom Kind, sondern von ihnen selber. Sowas, hab' ich gesagt, kommt bei mir nicht in Frage, und das will ich nicht, daß ich ein Kind — praktisch gesagt — hinschlagen muß zur Schularbeit, nein! Und ein bißchen Freizeit brauchen sie auch."

In bezug auf die Freizeit der Töchter, die aus dem Elternhaus rausdrängen, ist Frau Jansen die Nachgiebigere, aber sie traut sich diese Haltung nicht konsequent zu vertreten, denn ihr Mann hat ja seinerseits auch gute Gründe. So entsteht scheinbar für die Töchter so etwas wie eine Narrenfreiheit, die aber von der Mutter jederzeit widerrufen werden kann. Aus Angst vor zu viel Großzügigkeit spricht sie hin und wieder auch harte Strafen aus, deren Kriterien für die Töchter nicht durchschaubar sind.

„Jeden Tag sind die weg, in letzter Zeit wird mir das zu dick. Die Barbara wird jetzt 16. Und da geht sie in die Pils-Stuben und ins Eiscafe. Aber sie darf doch noch nicht so lang' fortbleiben! Es ist ja nicht erlaubt. Und die Christa darf auch nur bis zehn. Und wie oft sind sie bis um elf weg! Mein Gott, ich bin da halt ein bißchen großzügig. Ich geh' wieder zurück auf meine Jugend, weil ich hab' halt gar nicht fort dürfen. Da denk' ich , ich gönn' den Mädle ein bißchen mehr, als wie ich gehabt hab'. Und mein Mann ist wieder entgegengesetzt. Er sagt: ‚Das gibt's nicht.' Der ist Polizeibeamter, wissen's schon, da kann man nicht, da reden die Leut': ‚Die Kinder, die dürfen fort'. Da gibt's dann schon schwere Diskussionen (lacht). Jetzt haben wir gesagt, also so geht's nicht weiter. Ausgangsverbot, das zieht am besten. Früher, wo sie noch klein waren und in die Schule gegangen sind, da war es das Fernsehverbot. Das war da schlimm. Und jetzt sind sie ja in dem Alter: Ausgangsverbot, das ist so was von schlimm! Christa hat schon gesagt: Mama, lieber eine Tracht Prügel als Ausgangsverbot. Das tät' wieder vergehen,..." (lacht).

Frau Jansen kann nicht verstehen, warum ihre Töchter aus dem Elternhaus ausziehen wollen. Aus ihrer Sicht kann dieser Schritt den Töchtern keine Vorteile bringen, und doch streben diese weg von zu Hause und träumen von einem Leben ohne elterliche Kontrolle.

„Ich hab' gesagt: ‚Wenn du ausziehst, da kannst du dann nicht mehr jeden Tag fortgehen. Schau mal, da brauchst du Geld für das Zimmer, Strom, Waschen, Essen, alles'. Die haben ja hier auch alles. Jede hat ihr eigenes Zimmer. Ja, die haben es schöner als wir es gehabt haben."

Auch wenn sie großen Wert auf die berufliche Qualifikation ihrer Töchter legt, ist für Frau Jansen klar, daß die Berufstätigkeit nur so lange dauern sollte, bis sie eigene Kinder haben. Andernfalls müßte — nach ihrer Vorstellung — die Kinderbetreuung und die Hausarbeit von der Großmutter übernommen werden. Die Erwerbsarbeit würde demnach die junge Mutter wiederum abhängig machen von der eigenen Mutter. Materielle Unabhängigkeit würde ‚bezahlt' mit Bevormundung in der Mutter- und Hausfrauenrolle. Andere Modelle für die Vereinbarkeit von Beruf und Familie wie z.B. Tagesmütter oder Aufteilung der Kinderbetreuung sind ihr nicht bekannt und für sie auch nicht vorstellbar.

„Ach, wenn sie Kinder haben, dann sollen sie schon aufhören, weil ich seh's ja oft. Die Kinder werden hin und her geschoben. Das ist keine Familie dann. Also für das bin ich nicht. Wenn die Kinder mal so weit sind, daß man sagen kann, sie können in den Kindergarten halbtags, ja dann kann sie ja wieder einen halben Tag wohin gehen. Die Mutter macht dann den ganzen Haushalt und hat Zeit tagsüber, und selber kommt man dann abends heim und kann dann vielleicht nicht mehr so schaffen. Dann kommt die Mutter daher und sagt: Ja, du könntest ja jetzt das und das auch noch machen. Also, ich möchte das nicht haben. Lieber ein bißchen sparen, zurückstehen, und den Haushalt und alles selber machen."

Frau Jansen kann gut benennen, wo sie die Probleme in ihrem Leben sieht; sie ist keine Frau, die eine glatte Fassade präsentiert. Sehr anschaulich schildert sie, daß sie von ihrem Mann keinerlei Anerkennung und Unterstützung bekommt, sondern er ihr ganz im Gegenteil mit seiner Hobbykocherei auch noch ihren Status als gute Hausfrau streitig macht. Daß sie keinen Beruf erlernt hat, nimmt ihr jedes Selbstbewußtsein, und sie gibt das auch offen zu.

Sie wünscht sich zwar einen guten Beruf für ihre Töchter, aber diese Frau, die sich selbst so wenig anerkannt fühlt und zu wenig Wertschätzung erfährt, traut auch ihren Töchtern nichts zu: Trotz der Empfehlung des Lehrers unterläßt sie es, die mittlere der Töchter auf die Realschule anzumelden aus Angst, diese könnte es vielleicht doch nicht schaffen. Bei ihrer jüngsten Tochter ist sie ganz erstaunt, daß die sogar unter Prüfungsbedingungen wunderschön nähen kann und ihre Sache so gut macht, daß sie auf Anhieb eine Lehrstelle bekommt.

Frau Jansen steht für viele Mütter dieser Generation, die sich für ihre Töchter das wünschen, was sie selbst nicht bekommen haben: eine gute Ausbildung. Dabei verharren sie in einer abstrakten Anspruchshaltung und können nicht verstehen, warum die Töchter diesen Erwartungen nicht entsprechen, obwohl „denen ja gar nichts abgeht". Sie bedauert es sehr, daß ihre Jugend durch strikte Verbote und Verzicht gekennzeichnet war. Sie merkt etwas hilflos an, daß heute ja alles ganz anders sei und sie ihren Töchtern etwas mehr gönnen möchte. Aber wenn die Jüngste einen Freund hätte, dann würde sie ihr den schon ausreden, denn die Tochter muß ja eine Lehre machen. Auch hier werden Vorstellungen deutlich, die in dieser Müttergeneration verbreitet sind: Die Freundschaft mit einem Jungen lenke zwangsläufig von beruflichen Interessen ab, mache leichtsinnig, unberechenbar und flatterhaft. ,,Die hat ja dann nur noch den Freund im Kopf und kümmert sich um sonst gar nichts mehr" ist eine weitverbreitete Befürchtung der Mütter. Daß Mütter oft so denken, kann verstanden werden auf dem Hintergrund einer Frauengeneration, die mit einem ganzen Packen ungelebter sexueller Wünsche und Ängste zurechtkommen muß und mit der relativen Freizügigkeit und vergleichsweise lockeren Art der nachwachsenden Mädchengeneration schwer umgehen kann.

Frau Jansen kann zwar genau benennen was ihr fehlt, und sie kann auch darüber schimpfen, aber sie hat keinerlei Vorstellungen darüber, was sie anders machen könnte. Für sich selber hat sie kaum etwas, wofür sie sich einsetzt und was sie anpacken könnte. Die Bauernmalerei in der Volkshochschule ist eher so etwas wie ein Versuch, diese Tatsache zu verschleiern. Sie hat kaum Freundinnen oder andere soziale Kontakte, die ihr wichtig sind und ihr bei der Lösung ihrer Probleme hilfreich sein könnten.

Als Mutter steht sie zwischen den Töchtern und ihrem Mann. Mal versteckt sie sich hinter ihm, mal verbündet sie sich insgeheim mit den Töchtern. Ihr Mann ist als Vater streng, und in dem Punkt ist sie auch scheinbar mit ihm einig: Ordnung muß sein, und die Kinder müssen wissen, was sie dürfen und was nicht. Das ist die Vorderseite der Medaille. Die Kehrseite ist die, daß sie den Töchtern unter der Hand vieles durchgehen läßt und deshalb die Töchter mit ihren Sorgen und Wünschen eher zu ihr kommen. Sie genießt es, für ihre Töchter die verständnisvolle Mutter zu sein, während der Vater eher abgelehnt wird. Wenigstens in diesem Punkt dem Ehemann gegenüber einen Vorsprung zu haben, ist ihr eine stille Genugtuung.

Als Frau kann sie ihren Töchtern wenig Selbstbewußtsein vermitteln. Sie kann zwar mitleiden, wenn sie sieht, daß ihre Töchter unfair behandelt werden, aber sie ist nicht in der Lage, ihnen vorzuleben, wie man sich als Frau offen für die eigenen Interessen einsetzt. Damit bleibt sie letztendlich in der Tradition ihrer Herkunftsfamilie, denn auch dort war der Vater der ,Herr im Haus'. Trotz gewandelter gesellschaftlicher Rahmenbedingungen für Frauen wirkt das alte Rollenmuster weiter. Ihr Beispiel zeigt deutlich, wie machtvoll gelernte Erfahrungen sind und wie wenig Unterstützung für neues Verhalten von außen kommt.

6.4 *Frau Klosters — wenn das leere Nest zum Problem wird*

Das Äußere von Frau Klosters ist sehr gepflegt, aber sie wirkt auf mich[1] ängstlich und unsicher. Sie freut sich sehr über mein Kommen und Interesse und bietet mir alle paar Minuten etwas anderes an: Kaffee, Saft, Plätzchen etc. Dabei versichert sie mir wiederholt, daß sie eigentlich gar nichts zu sagen hat. Sie spricht mit leiser und müder Stimme; bei mir bleibt der Eindruck einer eher alten Frau.

Frau Klosters ist 45 Jahre alt, das zweite Mal verheiratet, vom ersten Mann und Vater ihrer drei Kinder geschieden. Der Sohn ist 23, die ältere Tochter 21, beide sind verheiratet und aus dem Haus. Tochter Martina, 16, wohnt als einzige noch zu Hause. Frau Klosters hat keinen Beruf gelernt. Sie wohnt am Rande einer mittleren Stadt in Nordrhein-Westfalen. Der zweite Mann ist beim Militär im Rang eines Feldwebels.

Ihre Biographie: viel gegeben, wenig bekommen

Frau Klosters hatte vier Geschwister, und damit begründet sie, daß sie schon früh Geld verdienen mußte, obwohl sie gerne einen Beruf gelernt hätte.

„Schon mit 14 Jahren bin ich arbeiten gegangen. Ich habe 17 Jahre im Krankenhaus gearbeitet, in der Diätküche gelernt erst, nachher so im Bügelzimmer, was so alles angefallen ist... Leider war das keine Lehre..."

Mit 20 hat sie geheiratet. Es war eine ‚Mußehe'. Nach der Geburt ihrer zwei ersten Kinder war sie weiter erwerbstätig, weil ihr Mann das so wollte. Die Kinderbetreuung übernahm die Schwiegermutter.

„Wir haben gebaut damals... da hatten wir Geld nötig, da mußte ich ja mit arbeiten gehen. Mein Mann wollte damals schon, daß ich arbeite. Ich mußte damals heiraten. Ich wollte nicht heiraten, aber das Kind ist auch so schnell gekommen."

Erst das dritte Kind, Martina, bedeutete für sie die Möglichkeit, mit der Erwerbsarbeit aufzuhören, da es der Schwiegermutter zu viel wurde. Es ist deutlich, daß sie selbst gerne bei ihren Kindern geblieben wäre, aber sie formuliert auch im Rückblick nicht ihre eigenen Wünsche, sondern schiebt das Wohl der Kinder vor, wenn sie die damalige Situation bewertet.

„Wenn ich es noch einmal zu tun hätte, bliebe ich sofort zu Hause. Also ich würde das nicht nochmal machen, nee, das ist nichts für die Kinder, auf keinen Fall... Ich bin gerne arbeiten gegangen, ich war aber auch gerne bei den Kindern. Ich meine, wenn man sich finanziell gut stellt, dann soll man doch zu Hause bleiben, solange die Kinder klein sind."

Als Martina 13 war, nahm Frau Klosters eine Stelle als Putzfrau an. Ihre erste Ehe ging in die Brüche, und aus inren negativen Erfahrungen heraus beneidet sie heute die junge Generation.

[1] Das Gespräch wurde von Gerlinde Seidenspinner geführt.

„Die Kinder haben ja heute viel mehr Möglichkeiten, würde ich schon sagen, die kriegen doch viel mehr geboten... Sehen Sie mal, wenn eine Ehe geschieden wird, sind die doch dann selbständig, die kommen doch dann eher voran... Ich hab' nix gelernt, was kann ich schon machen, putzen eben oder so wat. Ja, ist traurig."

Als ihre ältere Tochter heiratete, war Frau Klosters sehr dagegen; und sie sieht aus ihrem damaligen Verhalten, wie schwer es ihr fällt, sich von ihren Kindern zu lösen.

„Ich hab' mich immer an die Kinder geklammert, ich wollte sie für mich behalten, aber wir sind ja auch gegangen früher..."

Die Mutter als Aschenputtel — die Tochter als Prinzeßchen

Martina, die jüngste ihrer Kinder, die als einzige noch zu Hause wohnt, macht ihrer Mutter seit einiger Zeit Kopfzerbrechen. Sie entzieht sich ihr immer mehr, indem sie wenig zu Hause ist, und durch Pflichten im Haushalt läßt sie sich schon gar nicht festhalten. Im Gespräch wird deutlich, daß Frau Klosters es sich mit ihrer Jüngsten keinesfalls verderben will und sie deshalb keine klaren Forderungen an sie stellt. Insgeheim wünscht sie sich aber, die Tochter würde von sich aus ihren mütterlichen Wünschen entsprechen, ihr bei der Hausarbeit helfen und mehr mit ihr als mit jungen Burschen zusammensein.

„Ich müßte die Martina mehr ranholen, ich weiß, es ist falsch... Wenn sie nämlich auf eigene Füße zu stehen kommt, die kann nix, es ist schwer für das Kind... bei der anderen Tochter war ich strenger. Ich hätt' das gerne, wenn sie aus sich kommt und sagt, ich mach dat; wenn ich nicht sage, los geh Spülen, dann macht die dat nicht. Da bin ich selber schuld, mein Mann schimpft auch... Ach, ich möchte gerne, daß die Martina etwas mehr zu Hause bliebe, ne, aber sie will immer weg, will immer raus, der fehlt nix... die will mit uns nicht mehr mit... seit einem Jahr ungefähr so, mit 15 fing das an. Woran dat liegt, ich weiß es nicht..."

Frau Klosters weiß, daß Martina Kontakte zu Jungen hat und in Diskotheken geht, aber einen Freund mit nach Hause bringen darf sie nicht. Das will die Mutter nicht. Auch die Pille würde sie ihrer Tochter verbieten.

„Mein Mann ist da ganz anderer Meinung als ich. Die Pille würde ich ihr nicht so geben: ‚Jetzt biste Freiwild, jetzt kannste mit jedem Mann' — für mich würde das dat schon heißen, ich gäbe sie nicht so ohne weiteres, ich weiß nicht, ich bin eben zu altmodisch für sowas... Mein Mann sagt: ‚Die soll sich austoben'."

Aufklärung ist für Frau Klosters ein heikles Thema. Sie fühlt sich überfordert, spürt aber, daß die Tochter gerne mit ihr reden würde. Letztendlich ist sie froh, wenn Martina andere Gesprächspartner findet.

„...Martina aufklären? Das könnte ich nicht, nee. Ich glaub' ich könnt's nicht. Also ich finde das gut, wenn das 'ne Mutter tun kann. Ich bin zu Haus streng erzogen worden... wir sind viel belogen worden in dem Sinne... drum sage ich, ich fühl' mich da zu alt zu. Ich glaube auch, die Martina wünschte sich, daß ich doch ein bißchen offener mit ihr sprechen würde. Na... aber jeder kann es nicht, mein Mann schon eher, und wenn sie was wissen will, denn geht sie zur großen Schwester..."

Obwohl Martina den qualifizierenden Hauptschulabschluß nicht geschafft hat, hält Frau Klosters ihre Tochter für geeignet, um auf eine weiterführende Schule zu gehen. Frau Klosters und ihr Mann möchten liebend gerne, daß Martina noch den Realschulabschluß macht und keine Lehre anfängt. Aber sie können sich nicht durchsetzen.

„Die Martina ist noch alleine hier. Mit der habe ich viel vor, aber sie muß es selber wissen, denn man kann ja kein Kind zwingen... Ich hätte wohl gerne, daß aus ihr was wird. Die kann wat, die ist nicht dumm... Sie hat ja den Kopf... Martina war eine sehr gute Schülerin, das kann ich ruhig sagen. Der fällt alles leicht und es wäre wirklich schade, wenn sie ihr Leben so vergeudet, wäre zu schade, ich wünsch' mir dat nicht..."

Martina, so erzählt die Mutter, hätte gerne, daß sie mit ihr aufs Arbeitsamt geht. Aber die Mutter ist nicht bereit dazu. Sie fühlt sich zu alt. Auf sich allein gestellt, ist Martina bisher zu keiner Entscheidung gekommen, wohl auch deshalb, weil sie — ebenso wie die Mutter — unrealistische Vorstellungen von ihren beruflichen Möglichkeiten hat.

„...Sie macht gar nichts, hat noch keine Stelle. Sie kriegt zwar immer Stellen als Verkäuferin angeboten, aber das will sie nicht, eher kaufmännische Angestellte, Drogistin, in dem Bereich... Sie möchte gerne, daß ich mitgehe, z.B. beim Arbeitsamt, ich habe meiner Tochter gesagt, mach das mal selber. Ich weiß nicht, ist das richtig oder ist das verkehrt, aber die beim Arbeitsamt sehen das nicht gerne, wenn die Mutter mitkommt. Die Kinder sollen selber sich ausdrücken und den Beruf wählen. Vielleicht meine das aber auch nur ich, und ich bin schon zu alt dafür, ich weiß nicht, manchmal frage ich mich das."

Aus ihren Schilderungen wird deutlich, daß Frau Klosters wenig Bewußtsein über eigene Fähigkeiten und Stärken besitzt. In allen Lebensbereichen fühlt sie sich erfolglos, hilflos und unsicher. Ihre Identität als berufstätige Frau ist eher negativ. Sie hat als Ungelernte keinerlei Anhaltspunkte für Anerkennung, kein Bewußtsein von Fähigkeiten und Qualitäten, die sie aus der beruflichen Arbeit ziehen könnte.

Ihre Identität als Partnerin ist ebenfalls brüchig. Ihre erste Ehe ist für sie so etwas wie ein Fehltritt gewesen, und auch die jetzige Ehe scheint nicht dazu beizutragen, daß sie selbstbewußter werden könnte. Bleibt die Identität als Mutter: ihre ersten beiden Kinder mußte sie — eher gezwungenermaßen — der Schwiegermutter überlassen. Eine Tatsache, die sie ihrem geschiedenen Mann nie verziehen hat. Die einzige, die sie selbst aufgezogen hat, ist Martina. Frau Klosters ist jedoch den Problemen mit einer Tochter, die gerade die Pubertät durchlebt und eine junge Frau werden will, nicht gewachsen. Dies gibt sie selbst ganz offen zu; und das heißt, daß sie sich auch als Mutter wenig kompetent fühlt.

Sie hat ihr Leben lang hart und schwer gearbeitet, mußte nebenbei drei Kinder großziehen, hatte aber nie eine Eigenständigkeit — weder im Beruf noch in der Familie. Dazu paßt auch, daß Frau Klosters fast nichts über sich selbst erzählt, sondern nur mittelbar im Zusammenhang mit Martina einige Details berichtet. Sie zeigt viel Hilflosigkeit und Verlegenheit, lacht dann aber auch wieder drüber und macht den Eindruck einer Frau, die ausgepumpt und müde ist... Für sich selbst hat sie keine Lebensperspektiven. Weder beruflich noch in ihrem Partnerverhältnis, noch im Hinblick auf Freizeitaktivitäten und soziale Kontakte wirkt Frau Klosters auf irgendeine Weise aktiv, interessiert oder unternehmenslustig. Für vieles fühlt sie sich zu alt. Frau Klosters hatte nie die Chance zu lernen, wie sie als Frau ihr Leben selbst in die Hand nehmen kann. Sie hat keine Ziele und Wertvorstellungen, von denen sie überzeugt ist, daß sich der Einsatz für sie lohne. Sie macht den Eindruck einer Frau, die mit 45 Jahren schon mit ihrem Leben abgeschlossen hat.

Von der Tochter bekommt man aus den Erzählungen der Mutter zunächst den Eindruck eines verwöhnten Prinzeßchens, das der Mutter auf der Nase herumtanzt. Frau Klosters möchte ihre Tochter nicht verlieren, und sie hofft, indem sie nachgibt und ihr vieles durchgehen läßt, könnte sie sie halten. Diese Tochter scheint viele ihrer wenig erfüllten Wünsche nach Kontakt und Nähe zu ihren Kindern zu mobilisieren — zu einem Zeitpunkt, an dem es vermutlich zu spät ist. Frau Klosters hat viele Bedürfnisse an diese jüngste Tochter, aber auch hier wirkt sie eher resigniert. Die Jüngste wächst ihr über den Kopf. Sie kann ihr keine Grenzen setzen, und ihr eigenes Verhalten stellt sie immer gleich wieder in Frage. Sie sagt sehr oft „ich weiß nicht, war das richtig, war das falsch?" Sie versteht auch nicht, warum Martina so vehement von zu Hause wegstrebt und steht der Entwicklung ihrer jüngsten Tochter hilflos gegenüber. Frau Klosters möchte zwar ihre Tochter festhalten, doch gerade dort, wo Martina wirklich die Unterstützung ihrer Mutter braucht, kann diese sie ihr nicht geben: Martina muß mit den für sie brisanten Problemen ihrer Berufsperspektive und ihrer Sexualität alleine fertig werden.

Wir wissen von ihrem Lehrer, daß Martina den qualifizierenden Hauptschulabschluß nicht geschafft hat und sich schon deswegen die Lehrstellensuche schwierig gestaltet. Diese Probleme sieht die Mutter aber gar nicht. Einerseits schürt sie illusionäre Vorstellungen der Tochter, indem sie sie unbedingt auf die Realschule schicken möchte, andererseits verweigert sie ihr aber die Unterstützung, wenn es darum geht, beim Arbeitsamt eine angemessene Ausbildungsstelle zu finden. Es ist nur konsequent, daß Martina — trotz schlechter Noten — die begehrtesten Lehrstellen haben will. Da macht sie ein Stück weit die illusionäre Überschätzung der Realität mit, die ihre Mutter in bezug auf die Tochter an den Tag legt. Beider Erwartungen müssen notwendigerweise enttäuscht werden: Als wir zu einem späteren Zeitpunkt noch einmal anrufen, erfahren wir, daß Martina eine Lehrstelle als Verkäuferin in einem

Warenhaus angenommen hat, also genau das, was sie auf keinen Fall wollte. Sie tat dies mit dem Gefühl, daß sie eigentlich etwas Besseres verdient hätte.

Im Bereich der sexuellen Entwicklung von Martina ist das Problem ähnlich. Nach der Wahrnehmung ihrer Mitschüler ist Martina in dieser Hinsicht durchaus kein unbeschriebenes Blatt und hat bereits einschlägige Erfahrungen. Frau Klosters weiß zwar einerseits, daß Martina Jungenbekanntschaften hat, will aber andererseits diese Jungen nicht kennenlernen und auch nichts näheres wissen. Ferner erwartet sich Frau Klosters, daß Martina möglichst spät heiratet, aber sie verweigert ihrer 16jährigen Tochter kategorisch die Mittel zur Empfängnisverhütung und dies, obwohl sie selbst offensichtlich aufgrund einer ungewollten Schwangerschaft heiraten mußte.

Frau Klosters will nicht sehen, daß ihre jüngste Tochter langsam eine erwachsene Frau wird, denn das bringt zwangsläufig mit sich, daß sie als Mutter nicht mehr gebraucht wird. So treibt sie unbewußt ihre Tochter dem Schicksal entgegen, das ihr selbst widerfahren ist. Sie steht als Beispiel für viele Mütter ihrer Generation, für die die Kinder der einzige Lebensinhalt darstellten und denen das Leben scheinbar nichts mehr zu bieten hat, wenn die Kinder aus dem Haus sind.

6.5 Frau Rose — die schwierige Balance zwischen Familie und Beruf

Wir[1] bekamen Kontakt zu Frau Rose über ihre Tochter Rita, die wir bei einer Gruppendiskussion mit Gymnasiastinnen kennenlernten. Frau Rose war gerne bereit, über sich und ihre Töchter zu sprechen. Sie wirkte gelassen und sicher und hatte gleichzeitig etwas Jugendlich-Jungenhaftes in ihrem Auftreten.

Frau Rose ist 42 Jahre alt. Sie ist Gynäkologin und arbeitet halbtags. Sie hat zwei Töchter, Rita, 17 Jahre, Gymnasiastin; Jutta, 13 Jahre, Gymnasiastin und einen Sohn Markus, 9 Jahre. Er geht noch in die Grundschule. Frau Roses Mann ist wesentlich älter und ein erfolgreicher Industrieller. Die Familie lebt in einer süddeutschen Großstadt in einem Haus mit Garten.

Ihr Elternhaus

Frau Roses Eltern waren wohlhabend und gebildet. Der Vater war Architekt mit Hochschulabschluß. Ihre Mutter hatte ebenfalls ein Studium begonnen, aber als Halbjüdin war sie später von der Universität ausgeschlossen worden.

[1] Das Gespräch wurde von Angelika Burger geführt.

Die Familie hatte mehrere Hausangestellte, und Frau Roses Mutter arbeitete im Geschäft ihres Mannes mit. Frau Rose schildert ausführlich, wie schwer es ihre Eltern hatten, weil ihre Mutter Halbjüdin war, aber ihre Sympathie gilt dabei eher dem Vater.

„Das war für meinen Vater nicht einfach, denn seine Familie hat sich sehr gewehrt gegen diese Heirat, und die haben die beiden wirklich ausgestoßen…"

Frau Roses Vater ist sehr früh in die NSDAP eingetreten mit der Vorstellung, sich und seine Frau schützen zu können. Das hat ihm nach Kriegsende beruflich sehr geschadet. Den realen Hintergrund der ständigen Angst ihrer Mutter kann Frau Rose rückblickend nicht mehr so deutlich sehen:

„Sie war nie irgendwelchen Gefahren ausgesetzt — tatsächlichen Gefahren, aber sie hat immer in der Angst gelebt, daß ihr was passieren könnte. Sie sagte, bei jedem Klingeln an der Tür hätte sie Angst gehabt, jetzt steht die Gestapo vor der Tür."

Frau Rose hat ein kompliziertes Verhältnis zu ihrer Mutter. Viele ihrer Äußerungen zeichnen das Bild einer egoistischen und herrschsüchtigen Frau. Ein Beispiel dafür ist die Art, wie sie die Arbeit ihrer Mutter kommentiert.

„Meine Mutter war Hausfrau, ja (lacht) also im weiteren Sinne, was man so Hausfrau nannte, wenn man sich als was Besseres fühlte. Sie hatte immer Angestellte. Also ich bin mit Kindermädchen aufgewachsen, meine Geschwister hatten Kindermädchen, eine Köchin war da, ein Dienstmädchen, aber sie mußte das eben alles organisieren (lacht). Sie war wohl auch ganz froh, daß sie das in der Firma meines Vaters machen konnte. Da sie ja nicht ausgebildet war, hat sie nur Büroarbeiten machen können, im Hintergrund arbeiten können. Sie war eigentlich die Sekretärin meines Vaters. Ich glaube, daß sie das gerne machte, weil sie dann im Hintergrund dirigieren konnte."

Frau Roses Eindruck ist, daß ihr Vater viel für seine Frau getan hat und daß diese ihm das in keiner Weise gedankt hat. Im Gegenteil, diese sei mit ihm unzufrieden gewesen, denn sie hatte sich erhofft, daß er eine Spitzenkarriere mache. Daraus ist nichts geworden. Ihr Vater sei zwar zufrieden gewesen, wie alles lief, aber die Mutter hätte, weil sie ihre eigenen Karrierepläne nicht verwirklichen konnte, von ihm alles das verlangt, was für sie selbst unerfüllt blieb.

Daß Frau Rose mit zwölf ins Internat geschickt wurde, führt sie auf die Schwierigkeiten zurück, die ihre Mutter mit ihr hatte, obwohl die offizielle Version anders lautete.

„Daß ich ins Internat kam, haben meine Eltern so bestimmt. Da gab's also zwei Gründe, denke ich. Einer, der laut gesagt wurde, und einer, der tatsächlich war. Einer, der laut gesagt wurde, und was auch sicher z.T. stimmte, ich war immer groß und sah blaß aus und war dürr und mußte so und soviel wiegen. Und da war eben die Stadtluft ganz schlecht für mich, und ich mußte auf's Land. Das sei gesünder. Das war also die offizielle Erklärung. Tatsächlich denk' ich, daß meine Eltern, also meine Mutter, zunehmend Schwierigkeiten hatte, wie sie mit mir fertig werden sollte. Ich war zu schwierig."

Frau Roses Mutter hatte selbst wiederum eine schlechte Beziehung zu ihrer eigenen Mutter. Im Verlauf des Interviews entsteht der Eindruck, daß sich vieles wiederholt, was in der Generation vorher schon passiert ist.

„Meine Mutter hat das wohl so empfunden, daß sie ihrem Bruder gegenüber sehr benachteiligt wurde von ihrer Mutter, und daß, wann immer der Vater versucht hatte, ihr was Liebes zu tun, das von der Mutter strikt unterbunden wurde. Sie sagt, die Mutter hätte eifersüchtig darüber gewacht, daß sie nicht zuviel kriegt. Und andererseits hätte sich ihre Mutter bei ihr immer alles geholt an Bequemlichkeit, an Versorgtwerden."

Frau Rose hat ebenfalls von ihrer Mutter den Eindruck, daß diese ihr nichts gegönnt und auch verhindert hat, daß der Vater gut zu ihr war. Nach der mittleren Reife sollte Frau Rose auf Wunsch der Eltern die Schule verlassen und eine Lehre als Dekorateurin beginnen. Daß es überhaupt zu dieser Überlegung im Elternhaus kam, lastet Frau Rose letztlich ihrer Mutter an.

„Daß ich von der Schule gehen sollte, hängt mit dem persönlichen Schicksal meiner Mutter zusammen. Die hat nämlich Abitur gemacht, hat auch studiert, aber als Halbjüdin mußte sie nach dem zweiten Semester von der Uni gehen und konnte nicht weiterstudieren. Da hat sie ziemlich dran geknabbert und hat dann eigentlich Angst gekriegt, daß wir Töchter besser wären als sie. Ich denke, daß das eine große Rolle gespielt hat."

Frau Rose schildert am Beispiel ihrer Situation während ihrer Studienzeit, wie in ihrer Familie der gutbürgerliche Schein gewahrt werden mußte, auch wenn die Wirklichkeit ganz anders aussah. Obwohl die Eltern ihr keinen Pfennig zum Studium gaben, durfte es nicht publik werden, daß sie mit ihrem Freund zusammenlebte, der sie finanziell unterstützte. Der Zwang, das gewünschte Bild zu wahren, ging so weit, daß Frau Rose, die bereits mit ihrem zukünftigen Mann zusammenwohnte, von ihrem sauer verdienten Geld selbst noch eine Studentenbude bezahlte, die sie de facto gar nicht bewohnte.

„Ja, das war sehr zwiespältig, denn so lange wir nicht verheiratet waren, durfte er eigentlich nicht für mich sorgen. Daß er das dann getan hat, nahmen meine Eltern an. Aber das war ihnen im Grund dann wieder arg, weil das natürlich an den Familienstolz ging, daß man seine Tochter nicht selbst ernährt, daß sie sich aushalten läßt. Und da war's ihnen aber auch ganz wichtig, daß ich immer noch eine eigene Adresse hab', damit also der Schein gewahrt war. Die haben also nie was dagegen gesagt, auch nichts dagegen unternommen, aber es sollte eben für die Öffentlichkeit, also sprich für ihre Freunde, sollte es nicht so klar sein. Und daran hab' ich mich gehalten! Ich hatte eine eigene Studentenbude, und hab' in Wirklichkeit immer bei Reiner gelebt."

Frau Rose kann auch heute noch nicht verstehen, daß ihre Eltern so geizig waren und ihr damit unnötig das Leben und das Studieren erschwerten.

„Wir konnten gar nicht so ein ungebundenes Leben führen, weil wir kein Geld hatten."

Sie betont immer wieder, daß die Lieblosigkeiten ihrer Eltern durchaus nicht offen zutage traten, sondern daß alles unter dem Deckmantel wohlbegründeter Argumentation lag. Als sie von zu Hause weg in eine andere Stadt zog, war ihre Einschätzung:

„Die waren froh, daß ich weg war, aber laut sagen durften sie es nicht."

Der Kampf um ein Studium

Frau Rose bekam von ihren Eltern keinerlei Unterstützung für ihre Bildungs- und Berufswünsche. Für sie hatten die Eltern eine dreijährige Ausbildung mit Lehre und dafür auch das nötige Geld vorgesehen, aber nicht mehr. Da jedoch die Lehrer im Internat Frau Rose's Ausbildungswünsche unterstützten und ihr sogar zu einem Stipendium verhalfen, konnte sie die Schule beenden.

„Ich war sehr stolz, daß ich dieses Abitur nun gemacht habe, gegen ihren Willen."

Die nächste Hürde war dann das Studium. Die Eltern waren von vornherein dagegen.

„...obwohl das Geld da war für jedes Studium. Es ist wirklich Geld da gewesen. Das war nicht der Punkt. Sondern weil ich nicht das gemacht habe, was sie wollten... Ich würd' ja doch heiraten, Kinder kriegen und damit wär' das ja sowieso alles für die Katz'. Und in diesen handwerklichen Berufen da wär' viel mehr Bedarf, wenn man dann da gescheit wäre, da würde man es zu viel mehr bringen. Das war eigentlich ein bißchen widersprüchlich (lacht), das ist mir damals aber noch nicht so aufgegangen. Aber ich denke, dahinter steckte diese persönliche Enttäuschung von meiner Mutter."

Der ursprüngliche sehr ausgeprägte Wunsch von Frau Rose war es, Medizin zu studieren. Aber die elterliche Einstellung — insbesondere gegen ein Medizinstudium — führte dazu, daß sie akzeptierte, was ihre Eltern gegen ihren Berufswunsch vorbrachten und sie diesen nicht weiter verfolgte.

„...das war mir von ihnen eingeredet worden, daß für mich als Frau Medizin völlig witzlos ist, daß das überhaupt nicht geht. Da müßte man Nachtdienst machen, das wär' ein sehr harter Beruf und so. Und das hatte ich akzeptiert... Dann hab' ich überlegt: Soll ich Krankengymnastin werden oder Schwester. Die Schulen waren Gottseidank alle voll und konnten mich nicht aufnehmen. Und dann lernte ich über Freunde einen Medizinstudenten kennen, und der hat die gescheite Frage gestellt: Warum eigentlich nicht Medizin? In den Ferien kannst du jobben, das ist zwar nicht so üppig, aber da kannst du doch Medizin studieren, wenn du das so gerne willst. Und so hab' ich's dann gemacht. Dann hab' ich einen Stenokurs gemacht, damit ich als Sekretärin arbeiten konnte und hab' in den Ferien gejobbt. Und hab' mir das Geld selber verdient... In Marburg hab' ich dann ein Stipendium bekommen, was mein alter Schuldirektor noch angeleiert hat, ein Industriestipendium, das nicht an die Einkommensverhältnisse meines Vaters geknüpft war. Aber die erste Zeit hab' ich sehr arm gelebt."

Frau Rose empfand es als große Erleichterung, daß dieses von ihrem Schuldirektor besorgte Stipendium nicht an Leistung geknüpft war. Dieses Verhalten des Direktors unterschied sich wohltuend von dem ihrer Eltern und kam — wie alle anderen Hilfestellungen — von außen: von Lehrern, von Freunden. Diese offenbar ganz wichtige Unterstützung gab ihr den Mut, sich für ihre eigenen Vorstellungen und Wünsche einzusetzen und auch schwierige Zeiten durchzustehen. Bei ihrer Schwester konnte sie dann ihrerseits helfend und unterstützend eingreifen.

„Und wie es dann bei meiner Schwester so weit war, daß sie's Abitur hatte und sagte, daß sie eigentlich studieren will, da hab' ich mit meinen Eltern gesprochen und habe gesagt, daß ich das richtig fände. Ich habe gesagt, das wäre in meinem Sinne, und daß sie jetzt nicht denken sollen, weil ich kein Geld gekriegt hätte, dürfte meine Schwester auch kein's kriegen. Und das habe ich durchsetzen können..."

Beruf und Muttersein

Als Frau Rose heiratete, waren sie und ihr Mann sich einig, daß sie Kinder wollten. Allerdings war für Frau Rose die Reihenfolge klar: erst das Staatsexamen, dann die Kinder. Als sich doch früher als geplant Nachwuchs anmeldete, wollte sie zunächst die Prüfung verschieben. Aber ihr Mann unterstützte sie sehr darin, noch vor der Geburt des Kindes das Studium abzuschließen. Zunächst schämte sie sich zwar wegen ihres Zustandes, aber als ihr klar wurde, daß keiner von den angehenden Medizinstudenten etwas merkte, machte sie eine Art Spiel daraus.

„Mit dickem Bauch bin ich dann ins Staatsexamen gegangen, und zuerst war mir das ganz furchtbar, daß ich da mit dickem Bauch rumgelaufen bin. Ich hatte so ehrgeizige Männer in meiner Gruppe drin. Deshalb hab' ich am Anfang nicht gesagt, daß ich schwanger bin. Später war das dann ganz lustig, da hab' ich allmählich gedacht, also wie ich dann dicker und dicker wurde, mal gucken, wann sie's merken. Und dann hab' ich so einen Sport draus entwickelt, nichts zu sagen. Das war in der Frauenklinik, da hab' ich mir gedacht, jetzt beschäftigen die sich so mit diesem Thema, da müssen sie's merken. Wir lernten in der Frauenklinik, und bei mir rumpelte und pumpelte es schon im Bauch herum, das war mir dermaßen komisch, diese Vorbereitung, weil ich dachte, die lernen nur für das Staatsexamen und bei mir rumpelts und pumpelts (lacht), das war ganz toll.

Dann hinterher hab' ich ihnen eine Geburtsanzeige geschickt, und bei der nächsten Gelegenheit kamen sie also an: Wie ich das denn gemacht hätte, das wär' sicher viel zu früh gekommen. Da hab' ich gesagt: Nein, es ist eine Woche zu spät gekommen. Meine Schwangerschaft hätte auch neun Monate gedauert, wie alle anderen auch."

Die Genugtuung darüber, ihre eigenen männlichen Kollegen getäuscht zu haben, ist ihr heute noch — 17 Jahre später — anzumerken. Nach der Geburt von Rita schaffte sie es mit Unterstützung ihres Mannes, die Medizinalassistentenzeit zu absolvieren. Mit Aushilfsjobs oder Halbtagsstellen versuchte sie über Jahre hinweg, trotz der drei Kinder, beruflich den Anschluß nicht zu verlieren. Das glich einem schwierigen Balanceakt, in dem sie immer darauf bedacht war, dem Beruf gerade so viel wie nötig zu geben und den Kindern so viel wie möglich.

„Ich mußte die Medizinalassistentenzeit machen und da haben wir's dann so gemacht, daß ich keine feste Stelle angenommen habe, sondern immer so aushilfsweise für zwei, drei Monate gearbeitet habe und dann dazwischen wieder Pause gemacht hab', daß ich wieder bei der Rita war. Die Zeit dauert im allgemeinen zwei Jahre, und ich hab' das also in drei Jahren gemacht und hab' dann auch ein Mädchen gehabt, die sich um die Rita gekümmert hat, wenn ich nicht da war. Die letzte Zeit vor der Medizinalassistentenzeit habe ich sie hier in so eine Art Krippe für Studentenkinder gegeben. Ich hatte eine unbezahlte Stelle angenommen, da brauchte ich nur halbtags zu arbeiten, und da war die Rita halbtags dort. Und ich dachte eigentlich, daß das eine gute Lösung wäre, aber das war für Rita zuviel gewesen. Die ist dann in der Entwicklung wieder etwas zurückgefallen, das hatte ich damals nicht so bedacht. Ich dachte, das wär' schon schön, die ist so gern unter Kindern, aber das war zuviel. Wenn ich mir heut' überlege, was das für ein Schwachsinn war! Und danach, als ich fertig war, hab' ich gesagt, jetzt muß ich erst mal aufhören und erst mal schauen, daß die Rita wieder richtig ins Lot kommt. In der Zeit ist dann auch die Jutta geboren. Dann hab' ich länger nicht gearbeitet. Ich hab' dann wieder angefangen zu suchen und hatte mehrere Möglichkeiten, und jedesmal wenn dann die Entscheidung anstand, daß ich zusagen sollte, dann hab' ich im letzten Moment gesagt: ‚Nein, daß du dann die Rita allein läßt, das ist die Sache nicht wert.' Bis ich dann das Halbtagsangebot hier hatte, da hab' ich dann nicht mehr gezögert."

Aus der ganzen Art, wie Frau Rose von der Zweigleisigkeit ihrer Interessen erzählt — hier die Kinder, da der Beruf — wird zweierlei deutlich: Sie will zum einen auf jeden Fall vermeiden, daß ihre Kinder aufgrund ihres beruflichen Engagements zu kurz kommen, und zum anderen hat sie ein klares inhaltliches und langfristig gedachtes Berufsinteresse, wofür sie auch finanzielle Einbußen in Kauf nimmt. Zwar muß sie auf die direkte Frage, was ihr der Beruf bedeutet, lange über eine Antwort nachdenken:

„Ich würd' doch sagen, daß das was Eigenes ist von mir, wo ich unabhängig von meiner Familie und von meinen Kindern was Eigenes von mir geben und verwirklichen kann."

Aber ihr Verhalten und die Organisation ihres Alltags machen deutlich, daß sie immer beides wollte: den Beruf und die Kinder.

„Das was ich verdient hab', ist am Anfang immer für Kinderfrauen draufgegangen. Denn diesen halben Tag, den ich weg war, mußte ich ja jemanden haben, weil ich ja die Kinder nicht weggeben wollte, und ich wollte es ja nicht so machen, daß es auf Kosten der Kinder geht. Drum habe ich auch immer halbtags gearbeitet."

Berufliche Fortbildungen „leistet" sie sich erst jetzt, weil die Kinder in einem Alter sind, in dem die Abwesenheit der Mutter eher verkraftet werden kann. Nur konsequent ist es, daß Frau Rose, die so sehr um ihre schulische Qualifikation und um ihr Studium kämpfen mußte, ihre beruflichen Möglichkeiten trotz großer familienbedingter Schwierigkeiten so gut es geht ausbauen möchte. Damit will sie sich — und wahrscheinlich auch der Mutter — beweisen, daß sie trotz Berufstätigkeit eine gute Mutter sein kann. Anerkennend erwähnt sie dabei auch stets ihren Mann, der ihr die berufliche Profilierung neben der Mutterrolle ermöglichte ohne den Anspruch, daß sich ihre Berufstätigkeit auch materiell ausbezahlt — Emanzipation einmal anders betrachtet!

„Letzten Endes habe ich ja auch sehr profitiert, daß Reiner das Geld für die Familie verdient hat und ich nur ein bißchen Zulieferer war, also in dem Sinn nicht darauf angewiesen war, jetzt das Geld auch wirklich verdienen zu müssen. Dadurch stand ich nie so unter Druck. Ich hab' also als emanzipierte Frau einen unheimlichen Nutzen gezogen, was — denke ich — in der ganzen Emanzipationsbewegung auch nie laut genug gesagt wird, daß das ein Aspekt ist, der ganz wichtig ist. Ich hab' jeden Morgen, wenn ich zur Klinik fuhr gesagt: ‚Fahr' ich gerne hin, fahr' ich nicht gerne hin', ich hätte mich jederzeit entscheiden können, nicht mehr hinzufahren, weil ich nicht das Geld verdienen mußte, nicht unter dem Zwang stand... Ja, und er ist immer eingesprungen, wenn ich nicht konnte, auch bei den Kindern."

Auf der anderen Seite sieht sie, daß seine Großzügigkeit auch ihren Preis hat. Sie fühlte sich über lange Strecken in ihrer Ehe doch sehr abhängig von ihrem Mann, und dies nicht nur in materieller Hinsicht.

„Ich habe mich eigentlich, abgesehen von dem Beruflichen, sehr nach ihm orientiert, und seine Aktivitäten waren automatisch meine Aktivitäten. Finanziell fühlte ich mich auch immer abhängig."

Frau Rose und ihre Tochter Rita

Frau Rose beschreibt die Entwicklung ihrer ältesten Tochter Rita als einen Prozeß, in dessen Verlauf sie sich auch mit sich selbst auseinandersetzen mußte. Der Übergang vom Kind zur Jugendlichen, also die Zeit, in der Rita 13 bis 15 Jahre alt war, brachte eine Art Krise zwischen beiden mit sich. Die alten Verhaltensweisen zwischen Mutter und Tochter stimmten nicht mehr. Rita fing an, Forderungen nach Eigenständigkeit zu stellen und brachte Frau Rose damit zunächst sehr unter Druck, denn nicht nur das abendliche Wegbleiben war ein Problem, sondern Rita brachte aus der Schule auch brisante Themen mit wie Rauchen und Drogenkonsum, und natürlich stand auch die Frage der Sexualität im Raum.

„In bezug auf die Frage von intimen Erfahrungen bin ich zwiegespalten, weil ich einerseits denke, zu rigorose Verbote, das ist natürlich schlecht, auf der anderen Seite hatte ich eine Zeitlang die Angst, wenn sie zu liberal damit umgeht — also von einem Bett ins andere marschiert — das ist auch nichts. Das fände ich also nach wie vor nicht gut. Sie hat aber bis jetzt noch nie mit jemand geschlafen. Das ist eigentlich das, woran ich merke, daß ich diese Angst gar nicht haben muß bei ihr, und sie deshalb auch wirklich nicht mehr habe. Und ich weiß jetzt, wenn sie mit einem schlafen würde, dann wäre das o.k., da kann ich auch dazu stehen.

Eine Vorerfahrung hab' ich bei der Rita schon gemacht über's Rauchen und Drogennehmen. Die kam ja mit 13 Jahren an und hat erzählt, daß die ganze Klasse raucht, und wie das eigentlich wär', ob sie auch rauchen dürfte, und da war ich ziemlich schockiert. Und dann hab' ich gedacht, wenn ich ihr's jetzt verbiete, das bringt natürlich gar nichts, im Gegenteil. Dann habe ich ihr gesagt: ‚Also verbieten tu ich's dir nicht, weil ich das Quatsch finde, und du gehst dann zur nächsten Häuserecke und rauchst dann heimlich, aber du weißt was ich davon halte. Ich übergebe dir die Verantwortung, entscheide du.' Und dann kam sie am nächsten Tag wieder und sagte: ‚Stell dir vor, ich bin die einzige aus der Klasse die rauchen darf'. Und dann dachte ich mir: Mensch (lacht), Verantwortung übergeben, das ist sehr einseitig auch. Und dann kam hinterher: ‚Und ich bin die einzige aus der Klasse, die nicht raucht!' Und auch mit 13/14, da hat sie ihre ersten Drogenangebote bekommen und hat das bis jetzt wirklich abgelehnt.

Zuerst war das auch gekoppelt mit meiner Angst vor der sexuellen Aktivität. Aber wie ich merkte, daß sie wirklich am Rauchen und an Drogen vorbeigehen kann, schwand eigentlich auch meine Angst in dem Bereich, weil ich dann wußte, sie würd' so entscheiden, wie's für sie richtig ist. Aber wie sie 14/15 war, da war ich lange in dem Dilemma, wenn sie abends auf ein Fest ging, soll ich sie lassen oder nicht."

Frau Rose schildert ihre eigene Entwicklung im Verhältnis zu ihrer Tochter, und dabei wird deutlich, daß sich die Beziehung inzwischen sehr entspannt hat.

„Sie ist in ihrer Clique, und da ist bis jetzt nichts gewesen. Da ist es auch nicht gut, ihr etwas zu verbieten aus meiner Angst heraus. Und dann hab' ich's ihr zwar erlaubt, abends wegzugehen, hab' aber auch Grenzen gesetzt, daß sie zu einer bestimmten Zeit wieder da war. Aber wie sie dann 16 wurde, hab' ich auch da keine Grenzen mehr gesetzt. Ich mein', ich frag' sie, wann sie kommt, wie lang sie bleibt, aber ich kontrollier's auch nicht. Also dann schlaf' ich auch oft schon, wenn sie kommt. Und das weiß sie auch, daß ich das nicht kontrolliere. Daß ich mich da auf sie verlass', und das ist ihr offensichtlich auch ganz wichtig, daß sie das Vertrauen hat, und von daher hat sie auch, denk' ich, einen Teil ihrer Kraft. Daß sie dann auch wirklich nein sagt, wenn's nicht gut ist für sie."

Rita hatte eine Zeitlang Schulschwierigkeiten, und das war für Frau Rose schwer zu ertragen, waren doch für sie selbst Schule und Studium Privilegien, die sie sich schwer hatte erkämpfen müssen.

„Die schwierigste Zeit war, als sie in der Schule so schlecht war. Sie hat die Klasse wiederholt, und daran hab' ich eigentlich ganz schwer geknabbert. Ich war in der Schule immer gut und hatte natürlich denselben Ehrgeiz für sie. Und da habe ich mich wirklich schwer auseinandersetzen müssen. Sie war auch sonst so, daß ich dachte: Jetzt müßte sie sich doch für das und das interessieren. Es kam eigentlich nicht so, wie ich mir das vorgestellt hatte, und ich hatte stets stark das Gefühl, ich muß jetzt alles dazu tun, damit sich's ändert. Das war mir sehr schwierig, das war eine ganz schwierige Zeit. Ich war allein für ihre Schulleistungen verantwortlich und sie gar nicht. So hab' ich das empfunden, und irgendwann mußt' ich anfangen, gottseidank, — sie hat mich gezwungen — zu sagen: O.k., du hast auch mitzuentscheiden, wie du dein Leben leben willst und was du aus dir machen willst. Und irgendwann konnt' ich ihr das auch lassen. Natürlich war das dann im einzelnen anders, als ich für den Moment gedacht hatte. Das Erstaunen jetzt bei mir ist, nachdem ich locker gelassen hab', da hat sie im Grunde das gewählt, was ich meinte. Nur ich darf's ihr nicht suggerieren. Ich muß wirklich warten können, bis es kommt. Siehe da, plötzlich ist es da. Dieses Loslassen war für mich ganz wichtig."

Das Thema Schulleistungen spielte sich hauptsächlich zwischen Frau Rose und ihrer Tochter ab. Herr Rose hat sich wenig darum gekümmert. Im Rahmen ihrer Absprachen war es Frau Roses Aufgabe, sich um die Hausaufgaben zu kümmern, Schulaufgaben vorzubereiten etc. Heute ist dieses Problem zwar überstanden, aber Frau Rose wünscht ihrer Tochter nach wie vor, daß sie mehr aus sich macht:

„Da denke ich, daß sie sicherlich mehr Qualitäten hat, als sie wahrhaben will und sie einzusetzen traut. Und da würde ich ihr eigentlich wünschen, daß sie das mehr einsetzen kann. Aber in vielen Bereichen tut sie das inzwischen sehr viel mehr als früher."

Rita ist 17. Da steht irgendwann die Frage an, wann sie das Elternhaus verläßt. Frau Rose ist das bewußt und steht der Situation mit gemischten Gefühlen gegenüber. Einerseits traut sie ihrer Tochter das Selbständigsein zu und ist stolz darauf, andererseits möchte sie sie noch nicht so schnell „hergeben".

„Am liebsten würde sie's gleich, aber das fänd' ich eigentlich jetzt noch zu früh. Und sie drängt auch nicht so, daß ich das Gefühl hab', jetzt muß es sein. Ich möcht' sie schon noch ein bißchen in der Familie lassen. Ich denk' da noch nicht näher drüber nach, weil mir das auch wirklich sehr schmerzhaft ist. Aber wenn die mal 18 ist, 19 ist, also irgendwann wird die ausziehen. Und ich denke, daß das auch richtig ist für sie, also ich würde sie gerne noch hierbehalten. Das ist überhaupt keine Frage. Aber wenn sie das Gefühl hat, sie muß jetzt raus, dann soll sie das auch tun. Sie ist sehr selbständig, steht wirklich sehr gut auf ihren zwei Beinen, möcht' wirklich ihr eigenes Leben leben, und das kann ich sehr gut verstehen." (Lacht)

Frau Rose ist eine Frau, die vom beruflichen Status her eine Spitzenposition erreicht hat. Obwohl sie aus einem Akademikerelternhaus kommt, war es durchaus nicht selbstverständlich, daß sie das Abitur machen konnte und danach studierte. Darin, daß sie sich dieses Studium trotz objektiv guter Voraussetzungen — sie war eine gute Schülerin, und ihre Eltern hatten genügend Geld — erkämpfen mußte, ist sie sicherlich ein Stück weit typisch für ihre Generation; denn von Frauen wurde solcher Ehrgeiz seinerzeit weder erwartet noch war er erwünscht. In der sozialen Schicht, aus der sie kommt, gab es eher für die Söhne den Erwartungsdruck, Karriere zu machen und erfolgreich zu sein. Töchter sollten sich „gut verheiraten". Ihr großes berufliches Engagement, das in ihrer Generation noch eher untypisch ist, und der eigene Anspruch, gleichzeitig auch eine gute Mutter sein zu wollen, machen Frau Rose immer wieder zu schaffen. Gerade aufgrund ihrer Schwierigkeiten in der Beziehung zu ihrer eigenen Mutter muß sie sich stets als Mutter ihrer Kinder beweisen und bemüht sich sehr, diese Rolle gut zu erfüllen. Sie kümmert sich selbst um ihre Kinder und überläßt sie nicht — wie ihre Mutter — einem Kindermädchen.

Sie will auch jetzt, da Rita älter wird, ihr nichts aufzwingen sondern sie unterstützen, daß sie ihren eigenen Weg finden kann. Aber um diese Haltung muß sie sich immer wieder sehr bemühen. Denn sie, die sich so sehr für eine eigene qualifizierte Ausbildung anstrengen mußte, kann nur schwer nachvollziehen, warum z.B. ihrer Tochter die Schule nicht so wichtig ist. Im Gespräch mit Frau Rose bleibt der Eindruck, daß viel Bemühen vorhanden ist, die Tochter zu verstehen. Zwischendurch spricht sie von sich und ihrer Tochter wie von einem ,,Fall", den sie analysiert, um die richtige Diagnose stellen zu können. Dahinter wird die Angst erkennbar, als Mutter zu versagen und es vielleicht nicht zu schaffen, zu ihrer Tochter eine gute Beziehung zu behalten.

6.6 Frau Freitag — Loyalität als Lebensstrategie

Es ist einigermaßen schwierig, Frau Freitag und ihre Familie in dem Gewirr von gleichaussehenden Hochhäusern zu finden. Die geräumige Wohnung ist hell und gemütlich. Frau Freitag wirkt in ihrer Umgebung sehr gelöst und freut sich, durch das Gespräch mit mir[1] allen Hausfrauenpflichten enthoben zu sein. Sie spricht lebhaft und selbstbewußt und ist dabei ruhig und gelassen.

Frau Freitag ist zum Zeitpunkt der Befragung 42 Jahre alt. Sie ist gelernte Buchbinderin, arbeitet aber seit langem nicht mehr in ihrem Beruf, sondern geht jetzt stundenweise putzen für 300,— DM monatlich. Herr Freitag (41) ist Facharbeiter und aufgrund einer schweren Krankheit arbeitsunfähig. Die beiden haben zusammen sechs Kinder, drei Jungen und drei Mädchen. Die älteste Tochter Marianne (20) ist Büroangestellte. Sie ist bereits verheiratet und lebt nicht mehr in der Familie. Sie hat ein Kind im Alter von 20 Monaten, und da sie halbtags berufstätig ist, betreut Frau Freitag das Kind mit. Der älteste Sohn, 19, ist im zweiten Lehrjahr Maler und Lackierer. Die zweite Tochter Grit, 18, ist gelernte Textilverkäuferin. Die dritte Tochter ist Tina, 16, am Beginn einer Hauswirtschaftslehre. Nach Tina kommen noch zwei Söhne, der jüngste ist zwölf Jahre alt. Die Familie wohnt in einem sozialen Brennpunkt einer mittleren Großstadt in Nordrhein-Westfalen.

Ihre Biographie: am Anfang war die Armut

1946, als sie sieben Jahre alt war, kam Frau Freitag mit ihren Eltern aus Schlesien direkt nach M. und lebte dort in einer Notunterkunft. Jetzt stehen an dieser Stelle Sozialwohnungen, und Frau Freitag wohnt heute noch dort mit ihrer Familie in einer 4 1/2-Zimmer-Wohnung. Mit 14 Jahren kam sie aus der Schule (7. Klasse) und arbeitete anschließend ein Jahr im Haushalt. Mit 15 bekam sie eine Lehrstelle als Buchbinderin. Nach dreijähriger Lehre machte sie ihre Gesellenprüfung und arbeitete anschließend drei Jahre in ihrem Ausbildungsbetrieb. Mit 21 heiratete sie und schied einen Monat später aus dem Betrieb aus, ,,weil gleich das erste Kind kam." Frau Freitag und ihr Mann lebten in der ersten Zeit ihrer Ehe in einem Zimmer bei Frau Freitags Mutter.

[1]Das Gespräch wurde von Gerlinde Seidenspinner geführt.

„...Schlechte Zeiten haben wir ja erlebt, klar, ...Mein Mann mußte noch Büchsen sammeln und Holz holen im Wald."

Die Ehe: eine Solidargemeinschaft

Frau Freitag ist seit Jahren mit dem Problem konfrontiert, daß ihr Mann schwere gesundheitliche Schäden hat. Immer wieder ist er längere Zeit arbeitsunfähig. Er war bereits drei Jahre in Rente, arbeitete dann aber wieder. Seit einem Jahr hat sich sein Zustand so verschlechtert, daß unklar ist, ob er je wieder arbeiten kann, und ob der 41jährige überhaupt noch lange zu leben hat!

„Die Krankheit ist seit über einem Jahr trotz der Kur nicht besser geworden. Er ist immer wieder beim Vertrauensarzt, und bei der AOK hat ihm der Arzt gesagt, daß das mit ihm ja sowieso nichts mehr werden würde, er soll doch lieber zum Arbeitsamt gehen, da bekäme er ja das gleiche Geld wie bei der AOK. Das Arbeitsamt hat gesagt, so geht das auch nicht. Sie sind nicht vermittlungsfähig, und jetzt werden Sie erst mal von uns noch untersucht. Das Arbeitsamt weigerte sich, Arbeitslosengeld zu zahlen. Auch haben sie ihm schon gesagt, er soll sich auf eine Rente vorbereiten. Inzwischen heißt es nur: ‚Wenn Ihnen das Geld nicht reicht, dann gehen Sie zum Sozialamt.' Ich bin jetzt noch nicht am Sozialamt gewesen, ich will noch wenigstens bis zum 10. abwarten. Vielleicht hat sich dann etwas entschieden. Wenn nicht, bin ich gezwungen, zum Sozialamt zu gehen, denn wir haben vom 1. Juni an (Gesprächstermin 8. Juli!) noch kein Geld gekriegt... Die Ärztin bei der AOK meinte, ‚das wird ja sowieso nichts mehr mit Ihnen'. Die Klebedämpfe beim Fußbodenverlegen — und er hat das ja 20 Jahre lang getan — sind sicher auch schuld, daß die Leber so schlimm geworden ist. Mein Mann kam manchmal abends nach Hause, als wenn er besoffen wäre von diesem Dunst."

Frau Freitag spricht sehr verständnisvoll von ihrem Mann, sie läßt nichts auf ihn kommen. Ihre Erfahrung ist, daß er sie im Haushalt unterstützt, wenn sie das braucht: Als er zwischenzeitlich Rentner war, arbeitete sie einige Monate halbtags wieder in ihrem alten Betrieb. Dies ging aus ihrer Sicht nur deshalb gut, weil er den Haushalt führte und immer gekocht war für sie und die Kinder. Die familiären Entscheidungen trifft im wesentlichen Frau Freitag, und diese Rollenaufteilung wird von ihrem Mann mitgetragen. Er anerkennt die Fähigkeiten seiner Frau, zu organisieren und mit Geld umzugehen und ist froh, wenn er damit nicht belastet wird.

„Im großen und ganzen möchte ich sagen, daß ich vielleicht mehr entscheide, daß ich manchmal meinem Mann sage, das und das... was eben so anfällt. Ich kümmere mich eben so um alles, auch um den Papierkram. Da hat mein Mann wieder den Nerv nicht für. Er sagt immer: ‚Mach du das'. Und auch mit dem Geld, er geht jahrelang nicht auf die Sparkasse (lacht), er sagt: ‚Das machst du schon richtig'."

Ihr Hauptanliegen in der Erziehung der Kinder ist, daß diese nicht auf die schiefe Bahn kommen sollen:

,,Beschweren können wir uns über die Kinder überhaupt nicht, Ärger haben sie bisher noch keinem gemacht.“

Über den ältesten Sohn, der jetzt eine Lehre macht, sagt sie, daß er sie bis jetzt noch nicht enttäuscht hat und noch nie betrunken nach Hause gekommen sei. Auch in Aussagen über ihre jüngste Tochter Tina kommt zum Ausdruck, wie sehr sie sich Mühe gibt, ihre Kinder vor schlechten Einflüssen zu bewahren.

,,Tina ist jetzt 16, und bis jetzt hat sie noch keinen Freund wie viele schon in dem Alter..., wenn sie einen Freund hätte, dann soll sie ihn lieber mit nach Hause bringen, lieber hier zu Hause, als wenn sie sich irgendwo in den Ecken treffen, wo es vielleicht keiner sehen soll... das möchte ich dann doch lieber überblicken können und wissen, mit wem man es zu tun hat, denn es ist ja nicht so einfach in der heutigen Zeit, Kinder zu anständigen Menschen zu erziehen. Man kann zu Hause mitunter reden, was man will und kriegt sie woanders erzogen. Hier oben hat schon manch einer ein bis zwei Wochen absitzen müssen. Man versucht eben, daß die Kinder nicht so viel mit solchen zusammenkommen. Ich weiß genau, daß die Eltern nicht alles wissen, was da so läuft, aber ich sage dann eben: ‚Haltet euch da fern‘.

Der Beruf: ein Stück ungelebte Identität

Frau Freitag sagt, daß sie ihrem Beruf manchmal nachtrauert, und sie träumt davon, halbtags wieder in einer Buchbinderei zu arbeiten, wenn auch die jüngsten Kinder aus der Schule sind. Ihr Berufsstolz wird deutlich:

,,Ich würde gerne wieder in den Beruf zurück, mir hat der Beruf viel Freude gemacht... Wir haben ja früher alles noch mit der Hand geheftet, und heute wird meistens nur der Rücken abgeschnitten und geleimt, und da hat man ja oft die losen Blätter in der Hand... Bei uns wurde jeder Buchdeckel mit der Hand gemacht, ich habe das wirklich sehr gerne gemacht. Ich sag’ immer, wenn man schon etwas gelernt hat und soll dann putzen gehen — man hat ja im eigenen Haushalt genug zu tun — auf Dauer möchte ich das nicht. Da möchte ich schon lieber was machen, wo ich meinen Kopf gebrauchen kann. Es ist ja keine Kunst, einen Fußboden sauber zu machen.“

Es ist ihr wichtig zu erzählen, daß sie nach zwölf Jahren noch mal im gleichen Betrieb für ein Vierteljahr halbtags ausgeholfen hat. Sie spricht jetzt noch begeistert davon. In den übrigen Jahren versuchte sie in der knapp bemessenen Zeit, die ihr neben der Arbeit für die vielen Kinder bleibt, etwas dazuzuverdienen. Seit einiger Zeit putzt sie zwei Stunden täglich im Kindergarten in der Siedlung für 300,— DM im Monat. Das ist für sie — weil der Kindergarten nur um die Ecke ist — relativ bequem verdientes Geld. Aber sie träumt von einer Tätigkeit, in der sie auch Verantwortung hat.

,,Der Jüngste ist jetzt zwölf. Wie schnell vergeht die Zeit! Dann sind die Kinder aus der Schule, dann kann ich für mich selbst wieder was machen.“

Ihr größter Wunsch ist eine Rückkehr in ihren alten Beruf, wenn die Kinder größer sind, und sie tröstet sich damit, daß die Zeit ja sehr schnell vergeht.

Das Problem wird dann sein, daß die technologische Entwicklung in ihrem Beruf alles überrollt hat, was sie sich in ihrer Ausbildung aneignen konnte. Es ist vorauszusehen, daß sie im Alter von 45 oder 47 Jahren erfahren muß, daß sie einen qualifizierten Arbeitsplatz, der ihrer Ausbildung entspricht, nur schwerlich bekommen wird. Sie hat zwar im Laufe einer langen Familienphase viel Kompetenz erworben, die aber gesellschaftlich nicht anerkannt ist und für Geld nicht „verkauft" werden kann.

Drei Töchter — drei Plätze

Zu ihrer ältesten Tochter hat Frau Freitag eine konflikthafte Beziehung, seitdem diese geheiratet hat und trotz Kind einer Erwerbsarbeit nachgeht.

„Für meinen Mann war das damals von vornherein klar, daß, wenn ein Kind da ist, die Frau nach Hause gehört... Und ich sehe das jetzt an meiner Tochter, die geht auch arbeiten. Deshalb habe ich den Kleinen ja oft genug hier. Ich meine, wenn der Mann genug Geld verdient — bei den hohen Mieten ist zwar jeder Pfennig zu gebrauchen — gehört die Mutter eben doch zum Kind, wenn es klein ist. Diese Frühaufsteherei und Rumreiserei von klein auf ist für das Kind bestimmt nicht gut. Es müßte nicht sein. Unser Schwiegersohn hat 2.000,— DM im Monat und mehr manchmal. Ich habe gesagt: ‚Bleib doch zu Hause, bis der Kleine in den Kindergarten geht...' Der Kleine muß in der Früh raus, es geht dann alles ein bißchen hektisch zu... Wir hatten mit einem Zimmer angefangen, und meine Mutter lebte im gleichen Haus, das ging alles, und man war irgendwie zufriedener. Wenn ich das heute so sehe, die meinen, sie müßten alles haben... Dann muß die Drei-Zimmer-Wohnung auch gleich eingerichtet sein; wenn das Geld nicht reicht, wird eben Kredit aufgenommen. Aber wir früher, wir hätten doch keinen Kredit aufgenommen für 10.000,— DM, z.B. um uns Möbel kaufen zu können. Wir sind jetzt 21 Jahre verheiratet, und was die heute schon haben! Ich habe zu meiner Tochter gesagt: ‚Spart euch doch lieber was, es muß doch nicht unbedingt der Stereoturm sein.' Nur gut, daß sie nicht alle so sind. Mein Mann war noch mehr sauer als ich, aber ich sag' mir, wenn sie es will, kann man sie ja nicht festhalten. Die Große hat mit 18 schon geheiratet. Mein Mann ist da heute noch nicht ganz drüber weg."

Die sonst eher gesammelte und ruhige Frau wird ganz aufgebracht und vorwurfsvoll, wenn sie über die frühe Heirat der ältesten Tochter spricht. Frau Freitag berichtet auch, daß ihr Mann „die Große" schwer gehen lassen konnte und heute noch darunter leide. Aber auch sie selbst ist damit nicht einverstanden gewesen und sieht sich hierin von ihrem Mann nur bestärkt.

Der zweiten Tochter gegenüber empfindet Frau Freitag ganz anders. Von ihr spricht sie liebevoll und fast bewundernd. Sie hält beispielsweise der Ältesten vor, daß sie noch überhaupt nichts von der Welt gesehen habe, während Grit schon in Spanien, Rumänien, in der Schweiz usw. gewesen sei. Grit ist ihre Lieblingstochter, mit der sie sich am meisten verbunden fühlt. Frau Freitag hat sich z.B. bemüht, für Grit eine Lehrstelle in dem Beruf zu finden, den sie selbst gelernt und gerne ausgeübt hat. Sie bedauert es sehr, daß damals beim Arbeitsamt keine Buchbinderlehre angeboten wurde.

,,Denn man muß ja dafür auch ein bißchen Fingerspitzengefühl haben und auch Geschmack usw., und da hatte ich gedacht, die Grit würde sich dafür eignen..."

Auch in den übrigen Lebensbereichen verhält sich Grit so, wie es sich Frau Freitag wünscht.

,,Grit war noch in keiner Disco, geht fast überhaupt nicht ins Kino, vielleicht in zwei Jahren einmal. Samstags ist sie in der Mädchenjungschar Gruppenleiterin. Einen Freund hat sie bis jetzt noch nicht."

Tina ist diejenige, über die wir Kontakt zur Mutter bekamen. Es war jedoch sehr schwer, die Aufmerksamkeit von Frau Freitag auf Tina zu lenken. Häufig beantwortete sie Fragen, die Tina betrafen so, daß sie sie auf die beiden anderen Töchter ummünzte — hauptsächlich auf Marianne. Frau Freitag ist froh, daß Tina noch keinen Freund hat wie andere mit 16. Mit der Lehrstelle als Hauswirtschafterin, die sich Tina selbst gesucht hat, ist die Mutter einverstanden.

,,So im Umgang mit Kindern kommt sie wirklich gut zurecht. Sie hat schon während ihrer Schulzeit gelegentlich im Haus bei einer Familie die Kinder gehütet und hat sich dabei sehr gut angestellt... Ich bin auf jeden Fall dafür, daß ein Mädchen auch eine Lehre machen sollte. In diesem Berufsvorbereitungsjahr hat Tina auch einiges gelernt dafür. Ich meine, es ist immer besser, wenn man was gelernt hat... eben für später meine ich, kann man es immer gebrauchen."

Dieser kurzen Auskunft über Tina folgt dann eine lange empörte Rede darüber, daß Marianne nicht bei ihrem Kind zu Hause bleibt. Mit keinem Wort erwähnt die Mutter die Probleme, mit denen sich Tina herumschlagen muß. Wir wissen von Tina, daß sie keinen qualifizierenden Hauptschulabschluß hat und deshalb — so deren Sicht — ihren Traumberuf ,,Floristin" nicht erlernen kann. Während Grit die mütterliche Aufmerksamkeit bei der Lehrstellensuche bekam, mußte Tina diese Hürde allein bewältigen. Die Lehrstellensuche war für Tina gar nicht so unproblematisch, wie das aus den Erzählungen der Mutter erscheinen mag. Tina berichtet, daß sie fünfmal zu Termingesprächen beim Arbeitsamt war und sich mit ihrer Freundin zusammen insgesamt achtzigmal telefonisch beworben hat. Tina hat eigentlich keinen Platz in der Gedankenwelt ihrer Mutter. Sie bekommt keine Kritik aber auch keine Aufmerksamkeit. Diese erhält sie übrigens aus ihrer Sicht auch nicht vom Vater: ,,Der interessiert sich mehr für die Jungen und den Fußball und so...".

Tina macht der Mutter keine Probleme. Ihre Zukunftsperspektive enthält das, was Frau Freitag in bezug auf die älteste Tochter für richtig gehalten hätte. Tina will später mal heiraten und mit 25 Jahren Kinder bekommen. Sie stellt sich vor, daß sie die ersten Jahre ganz zu Hause bleibt und dann, wenn die Kinder in den Kindergarten gehen, wieder halbtags erwerbstätig wird; sie glaubt, daß sie beispielsweise in einem Altersheim oder in einem Krankenhaus auch halbtags einen Arbeitsplatz finden kann. Tina kann sich nicht vorstellen, ganz ohne Beruf zu leben. Sie ist der Meinung, wenn sie schon eine Ausbildung macht, möchte sie auch etwas davon haben.

Frau Freitag hat als junges Mädchen eine Ausbildung in einem qualifizierten Beruf gemacht, und dies erfüllt sie mit Stolz. Auch objektiv ist das eine Leistung, vor allem wenn man berücksichtigt, daß sie in ihrer neuen Heimat keine besonders guten Startchancen hatte. Anders als ungelernte Frauen ihrer Generation zieht sie aus ihrer Ausbildung und Berufstätigkeit ein Kompetenzbewußtsein und auch bestimmte Erwartungen an eine Erwerbsarbeit.

In der Ehe mit ihrem Mann sieht sie eine Art Schutz- und Trutzbündnis: Beide waren arm, beide wohnten in einer Notunterkunft und beide wollten es schaffen, gemeinsam die Aufgabe einer Familie zu bewältigen. Dabei waren für beide die Rollen klar: Er war der Ernährer der Familie, sie die Mutter der Kinder. Wenn einer seine Rolle nicht mehr so gut wahrnehmen kann, springt der andere eben ein. Mit keinem Wort erwähnt sie, ob sechs Kinder für sie und ihren Mann ein Problem sind und ob sie überhaupt so viele Kinder wollten. Sie beklagt sich auch nicht über zuviel Arbeit. Diese Haltung entspricht ihrer Vorstellung von der Ehe als Solidargemeinschaft zwischen Mann und Frau. Kinder sind hier nicht das Ziel der Ehe, sondern gehören naturgemäß dazu. Insofern führen Herr und Frau Freitag keine kinderzentrierte Ehe; sie überlegen sich nicht, welche Lebensbedingungen und welche Erziehung für die Kinder am besten wären. Sie sind vollauf damit beschäftigt, die anstehenden Lebens- und Überlebensprobleme gemeinsam zu bewältigen.

Auch wenn Frau Freitag das Drama der Krankheit ihres Mannes eher herunterspielt, steht sie doch unter einer massiven Belastung. Zwar wird dies durch die solidarische Haltung ihres Mannes teilweise aufgefangen, aber auch das kann nicht darüber hinwegtäuschen, daß die Familie sich auf einer Gratwanderung befindet. Frau Freitags Aufgabe ist es hierbei, darauf zu achten, daß die Situation nicht kippt. Der Gang zum Sozialamt ist für sie deshalb so problematisch, weil er sie aus ihrer Sicht an die Grenze der Asozialität bringt. Sie hat keine materielle Sicherheit, und drohende Einbrüche wie finanzielle Not oder soziale Auffälligkeit der Kinder kann sie nie ganz ausschließen. Deshalb braucht sie Kontrolle, beispielsweise über die Freunde, mit denen die Töchter umgehen, um die Situation „im Griff" zu behalten.

Frau Freitag hat den Anspruch an sich, ihren Kindern eine gute Mutter zu sein, und sie versorgt in der Tat ihre Familie ruhig und selbstbewußt. Ihre Familie, vor allem ihr Mann und ihre beiden jüngeren Töchter vermitteln ihr das Gefühl von Kompetenz. Die Kraft für ihre Aufgaben in dieser großen Familie bezieht sie offenbar aus einem gemeinsam mit ihrem Mann gelebten Wertkodex. Sie hat die Erfahrung gemacht, daß Loyalität die beste Basis für das Zusammenleben ist, daß sie Unterstützung von ihrem Mann bekommt, wenn sie sie braucht, und sie ist auch bereit, selbst Unterstützung zu geben. Dabei rechnet sie nicht auf. Loyalität versteht sie nicht als Tauschgeschäft, sondern als Haltung, die das Leben in einer Familie erfordert.

Von ihrer ältesten Tochter bekommt Frau Freitag vorgeführt, daß eine Frau sich trotz Kind für eine Erwerbsarbeit entscheiden kann. Da sie selbst es als großen Verlust empfindet, ihrer Erwerbsarbeit nicht mehr nachgehen zu können, muß diese Tochter sehr provozierend auf sie wirken, nicht zuletzt dadurch, daß sie selbst noch auf deren Kind aufpaßt. Gefühlsmäßig verspürt sie hauptsächlich Ärger gegenüber ihrer ältesten Tochter, der sich in massiver Kritik äußert. Sie versteht nicht, warum ihre Tochter nicht — wie sie selbst — des Kindes wegen auf ihre Erwerbsarbeit verzichtet und faßt diese Weigerung nur als Egoismus auf. Die Konkurrenz zwischen Mutter und Tochter macht sich fest an der Frage, wer die ,,bessere" Mutter ist.

Frau Freitag wünscht ihren Kindern — speziell ihren Töchtern — zwar mehr Freiraum als sie selbst hatte, aber aus ihrer Sicht muß der Freiraum dann aufhören, wenn die Töchter selbst Mütter werden. Während die älteste Tochter Marianne durch ihr frühes Weggehen und die Art, wie sie jetzt lebt, ihre Mutter ausgesprochen provoziert, bemüht sich Tina, ihre Mutter nicht zu beunruhigen.

Grit ist die Lieblingstochter der Mutter. Sie hat die Freiheit, manches von dem zu leben, was die Mutter sich für sich selber gewünscht hätte (z.B. Reisen, Gruppenleiterin sein, usw.). Grit ist klug genug, sich nicht schon früh an einen Freund zu binden, hat aber in einer Clique und als Jugendleiterin einen festen Platz unter Gleichaltrigen. Damit führt die zweite Tochter ein Leben, wie es der Mutter selbst nicht möglich war, woran sie aber sicherlich viel Spaß gehabt hätte.

Tina paßt sich an und verschont die Familie mit eigenwilligen Ideen, die insbesondere der Mutter Schwierigkeiten machen könnten. Ihre Probleme sucht sie allein oder zusammen mit der Freundin zu lösen. Sie ist solidarisch mit ihrer Mutter, indem sie in ihrer Unauffälligkeit verbleibt. Tina macht einen eher stillen Eindruck und scheint ein Mädchen zu sein, das zunächst wenig Ansprüche an das Leben hat. In einem Punkt ist sie ihrer Mutter sehr ähnlich: Auch sie hat die Loyalität als Lebensstrategie gewählt.

6.7 Resümee

So verschieden die hier vorgestellten Mütter sind, so haben sie doch eines gemeinsam: Sie vermitteln ihren Töchtern widersprüchliche Botschaften über Erwerbstätigkeit und Mutterschaft. Die eine Botschaft lautet: ,,Du sollst es einmal besser haben als ich. Lerne einen guten Beruf, mach was aus dir!" Die andere Botschaft ist: „Wenn Kinder da sind, gehört eine Frau in die Familie."

Für den beruflichen Einstieg und die berufliche Qualifikation bekommen die Töchter die Unterstützung und Solidarität der Mütter. Dabei stehen die Mütter oft fassungslos vor der Tatsache, daß ihr ganzer guter Wille — die Tochter kann lernen, was sie will und braucht nicht gleich arbeiten zu gehen — nicht ausreicht, um den Wunsch nach der „besseren Zukunft" für die Töchter auch zu verwirklichen.

Die Unterstützung für eine gute berufliche Basis gilt jedoch nur für die Zeit, in der die Töchter selbst noch nicht Mütter sind. Die Einstellung der Mütter, daß ihre Töchter die Erwerbstätigkeit zumindest unterbrechen sollten, wenn sie Kinder haben, fanden wir durchgängig in allen Interviews. Die meisten argumentieren damit, daß die Erwerbsarbeit der Mütter den Kindern schade. Aus ihrer Sicht müßten Frauen für ihre Kinder zu Hause bleiben, wenn sie gute Mütter sein wollen. Es gibt nur wenige, die einen „Frauenstandpunkt" einnehmen. Solche — meist erwerbstätigen — Mütter plädieren für eine Entlastung der Frauen, weil die Doppelrolle aus ihrer Sicht zu anstrengend ist.

Dabei bleibt unbeantwortet, warum gerade diese Mütter, die selbst meist unmittelbar vor einer neuen Lebens- und Familienphase stehen, nicht klarsichtiger die Zwickmühle ihrer Töchter erkennen können. Denn sie müssen sich aktuell mit der Frage auseinandersetzen, was ihnen im Leben bleibt, wenn die Kinder aus dem Haus sind, wenn ihre Mutterrolle sie nicht mehr fordert.

Das Dilemma, in das die Töchter unweigerlich kommen werden, wenn sie selbst Kinder haben, ist den Müttern seltsam fremd. Wie auch immer die Töchter sich entscheiden, bleibt die Situation schwierig. Kleine Kinder brauchen tatsächlich Nähe und Betreuung, und die jungen Frauen der nachwachsenden Generation möchten gute Mütter sein. Andererseits haben sie eine andere Einstellung zur Erwerbsarbeit, die für sie ein eigenständiges Stück Identität verkörpert, und das Aufgeben eines guten Arbeitsplatzes wäre ein Verlust.

In der unterschiedlichen Einstellung zu Beruf und Mutterschaft liegt der Zündstoff für einen Generationenkonflikt zwischen Müttern und Töchtern.

7. Töchter — familiäre Loyalität und Ablösung

War es unser Anliegen bisher, die unterschiedliche Situation der Töchter und Mütter und das Verhältnis dieser beiden Generationen zueinander aufzuzeigen, so ist es Ziel dieses Kapitels, zum einen die Rolle der Väter genauer darzustellen und zum anderen herauszufinden, wie das Mutter-Tochter-Verhältnis durch Freunde und sexuelle Erfahrungen der Töchter beeinflußt wird. Das heißt, wir verlassen den engen Rahmen der Mutter-Tochter-Dyade und untersuchen folgende Dreier-Konstellationen:
Vater — Mutter — Tochter
Mutter — Tochter — Freund

7.1 Kulturelle Bilder der Ablösung

Die alten Mythen und Märchen unseres Kulturkreises beinhalten auf sehr elementarer Ebene symbolische Bilder über die Beziehung zwischen Müttern, Vätern und Töchtern, darauf weisen Arbeiten aus der Frauenforschung (vgl. *Göttner-Abendroth* 1980), aber auch aus der prähistorischen Forschung (vgl. *Ranke-Graves* 1960) sowie aus der an Jung orientierten Psychologie (vgl. *Neumann* 1980) hin.

Diese kulturellen Bilder thematisieren die weibliche Pubertät und das Erwachsenwerden beziehungsweise die mit dem Erwachsenwerden zusammenhängende Initiation. Dabei vermitteln diese kulturellen Bilder Einsichten über die Abhängigkeit der Mutter-Tocher-Beziehung von dem jeweiligen sozialen, kulturellen und religiösen Umfeld. So ist es beispielsweise keineswegs in allen Kulturen selbstverständlich, daß die Tochter von der Mutter weggeht. Auch die bei uns heute gängige Vorstellung vieler Töchter, von zu Hause auszuziehen und selbständig zu werden, wenn sie mit einer Berufsausbildung fertig sind und eigenes Geld verdienen, ist eine neue Form der Ablösung. Unterschiedliche ethnologische Studien lassen erkennen, von welch elementarer Wichtigkeit für die Mutter-Tochter-Beziehung die Frage ist: Folgt die Tochter dem Mann oder bleibt sie in der mütterlichen Familie?

Die „Ur-Beziehung“ zwischen Mutter und Tochter gründet auf einer frühen sozial-kulturellen Stufe, in der das Mutterrecht herrschte. Das Ausschlaggebende im Mutterrecht war, daß die Tochter bei der Mutter blieb, auch wenn sie eigene Kinder hatte. Die Gattenbeziehungen waren nachrangig oder es gab sie gar nicht. Der Mann hatte seine Autorität nicht etwa als Ehemann, sondern als Bruder. Ein Bruder der Mutter trug die männliche Autorität der Familie. Die Macht der Mutter ging auf ihre Tochter über, die den materiellen Besitz erbte und auch die weiblichen Fähigkeiten von der Mutter erlernte. Wenn die Tochter bei der Mutter bleibt und ihre Position übernimmt, ist es unerheblich, wer der Vater ihrer Kinder ist. Es bedarf keiner Gesetze, die von der Frau Jungfräulichkeit, Keuschheit und Treue verlangen; die Mütter müssen ihren Töchtern nicht vermitteln, daß Erotik und Sexualität verwerflich sind, sofern sie außer (männliche) Kontrolle geraten.

Während es in der mutterrechtlichen Gesellschaft wichtig ist, wer gebiert, ist in der vaterrechtlichen Gesellschaft entscheidend, wer zeugt. In der vaterrechtlichen Ordnung folgt die Frau dem Mann und trennt sich damit von der Mutter. Im Gegensatz zu diesen beiden Grundkonstellationen hat unsere heutige Kultur ein drittes Modell entwickelt: die Ablösung sowohl des Mannes als auch der Frau von der Herkunftsfamilie, die individuelle Verselbständigung. Auf der ökonomischen Ebene wird dieses Modell erst möglich durch die Lohnarbeit. Auf der psychischen Ebene erfordert das Modell der individuellen Verselbständigung ein hohes Maß an innerer Auseinandersetzung: Es gibt keine eindeutigen religiösen und kulturellen Gesetze, die den Handlungsrahmen abstecken. In dem Prozeß der „Individuation“ muß jeder seine eigenen Werte finden. Unterschwellig aber wirken die alten Grundkonstellationen weiter und werden auch real gelebt.

Märchen und Mythen sind entstanden — so die neuere Forschung — in einer Zeit des Kampfes zwischen Matriarchat und Patriarchat (vgl. *Göttner-Abendroth* 1980 und *Ranke-Graves* 1960), und sie enthalten oft Elemente von beiden. Frau Holle, Aschenputtel, Schneeweißchen und Rosenrot, Schneewittchen, Dornröschen aber auch die griechischen Mythen wie Demeter und Kore, Klytämnestra und Elektra zeichnen Bilder unterschiedlicher Konstellationen zwischen Müttern und Töchtern, deren idealtypische Strukturen auch heute noch Gültigkeit haben.

Weibliche Initiation: Die Mutter-Tochter-Beziehung im Mutterrecht

Das Märchen von Frau Holle symbolisiert die Beziehung der göttlichen Mutter und ihrer irdischen Tochter, wie sie im Mutterrecht verstanden wurde (vgl. *Göttner-Abendroth* 1980). Frau Holle als göttliche Erscheinung des Alters und der Weisheit gibt ihre Erfahrung und ihr Wissen an die junge Frau weiter. Als Herrscherin des Landes, in dem das junge Mädchen aufwacht, nachdem diese durch den Brunnen gesprungen ist, trägt sie ihren Namen nicht zufällig. Die germanische Erdgöttin Hel oder Hella stand in alten germanischen Kulturen für den Reichtum der Natur. Das Mädchen, das ihr begegnet, unterwirft sich freiwillig ihren Gesetzen. Sie bekommt drei Aufgaben gestellt und wird damit in drei wichtigen Bereichen weiblichen Könnens unterwiesen: Das Brot herausnehmen, wenn es gar ist, steht für die Kunst der Frauen, Getreide anzubauen, zu ernten und Brot zu backen. Die reifen Äpfel zu schütteln, symbolisiert einmal die Kunst der Pflanzenzucht, zum anderen aber ist der Apfel auch das Symbol der Liebesgöttin. Das Schütteln der Betten gilt als altes Fruchtbarkeitsritual mutterrechtlicher Kulturen. Daß „Pechmarie" eine unangenehme Strafe bekommt, weil sie nicht bereit ist, sich Frau Holle's Gesetzen zu unterwerfen, läßt auch die schreckliche Seite der Göttin sichtbar werden: Ihre Macht wirkt nicht nur zum Guten der Menschen, sie hat auch dämonische Züge.

Frau Holle unterweist ihre „Tochter" in all ihren Fertigkeiten und Künsten, so daß das Mädchen am Ende ihrer Initiation als „Goldmarie" reich und strahlend dasteht. Das Märchen von Frau Holle überliefert die Mutter-Tochter-Beziehung im Matriarchat und stellt sie als eine Beziehung der Einheit dar. Mutter und Tochter sind jeweils spezifische Ausdrucksformen der einen großen Göttin, die das junge Mädchen, die fruchtbare Frau und die weise Alte in ihrer Gestalt vereinigt. Durch die weibliche Initiation wird das Mädchen zur fruchtbaren jungen Frau. Dies vollzieht sich ohne männliches Zutun. Es handelt sich um einen Vorgang, der Mutter und Tochter nicht trennt, sondern deren Einheit stärkt. Elemente hiervon finden sich auch bei den heutigen Töchtern, die sich vor allem mit dem hausfraulichen Können ihrer Mütter identifizierten.

Auch in anderen Märchen sind mutterrechtliche Elemente überliefert wie z.B. in Sterntaler oder Aschenputtel, das von der Mutter im Jenseits reich beschenkt wird.

Es ist interessant, daß diese Elemente nur in den Kindermärchen überdauert haben. Unsere kulturelle und religiöse Tradition hat das mutterrechtliche Gedankengut weitgehend vergessen. In den christlichen Religionen ist die Vater-Sohn-Beziehung strukturierender Bestandteil. Das Gottesbild selbst beinhaltet diese Beziehung als Einheit von Vater und Sohn. Die Welt der Bibel ist die Welt des Patriarchats. In dieser Welt gibt es keine Mutter-Tochter-Beziehungen. Es gibt zwar eine Fülle interessanter Geschichten, in denen auch Frauen vorkommen. Die Frauen sind dann aber entweder Töchter von Vätern oder Mütter von Söhnen oder verführerische Frauen, die den Männern Unheil bringen. Im Alten Testament scheint es das Hauptanliegen der Erzähler zu sein, die männliche Abstammungslinie und die männliche Zeugungskraft deutlich zu machen — Stammbaum reiht sich an Stammbaum.

Der Raub der Tochter: Kampf zwischen Mutterrecht und Vaterrecht

Die Geschichte von Demeter und Kore in der griechischen Mythologie ist die Schilderung von Mutter und Tochter, die zunächst in harmonischer Einheit miteinander leben. Diese Einheit wird durch den gewaltsamen Einbruch des Mannes gestört, der mit dem Raub von Kore gegen die mutterrechtlichen Gesetze verstößt — Sinnbild für den historischen Einbruch patriarchaler Völker in die matriarchalen Stammesgemeinschaften: Die fremden Könige zwangen die einheimischen Priesterinnen zur Heirat. Die Untröstlichkeit der Mutter und die Weigerung der Tochter, sich dem Entführer hinzugeben, sind Ausdruck der engen Bindung zwischen Mutter und Tochter. Demeter und Kore stehen als Symbol des Übergangs: Die matriarchale Göttin hat ihre Macht noch nicht verloren, sie erzwingt die Rückkehr ihrer Tochter aus dem Reich der Schatten, wenn auch nur zeitweise. Dieses Arrangement erscheint als Symbol für die Gezeiten der Natur: Demeter, die Göttin der Fruchtbarkeit, läßt im Frühjahr alles erblühen, im Sommer reifen und im Herbst ernten. Im Winter, wenn die Tochter ins Reich der Schatten zurückkehren muß, trauert die Mutter, und die Erde bleibt kalt und unfruchtbar. Der Mann wird hier zur Bedrohung für die Mutter-Tochter-Beziehung. Es kommt zum gewaltsamen Einbruch, die Tochter wird aus ihrer Einheit mit der Mutter gerissen.

Die entsprechende vaterrechtliche Variante in der Bibel verdeutlicht den Unterschied zwischen den archaischen Ordnungen: Rebecca, Stammutter im Alten Testament, wird von Abraham für seinen Sohn Isaak zur Frau gewählt. Sie zieht freiwillig mit in ein anderes Land und weg von ihrer Mutter. Sie kommt in die Familie des Mannes, und um sich durchzusetzen, muß sie List und Betrug anwenden. Ihre Intrigen sind Ausdruck der verlorenen Macht der Frauen in der vaterrechtlichen Ordnung.

Die Liebe zwischen Demeter und Kore findet heute ihre Entsprechung bei den Töchtern, die ihre Mütter als stark und warmherzig erleben (vgl. Kapitel: Die Mutter in der Mutterrolle).

Vater-Töchter und Stiefmütter: Mutter-Tochter-Beziehungen im Vaterrecht

Athene, die Kopfgeburt des Vaters Zeus, ist der Inbegriff der schönen, klugen Frau, die sich jedoch keinem Mann hingibt, die keusch bleibt. Sie ist kämpferisch und weise, aber nicht fruchtbar. Ihre Keuschheit symbolisiert die Unbesiegbarkeit durch einen Mann. Der Preis für den weiblichen Platz im patriarchalischen Himmel heißt Aufspaltung. Nicht mehr die eine Göttin in ihren verschiedenen Erscheinungsformen wird verehrt, sondern Fruchtbarkeit und Liebesfähigkeit werden nun durch die Göttin Aphrodite verkörpert, Weisheit und Unbesiegbarkeit dagegen symbolisiert die Göttin Athene. Machtkampf und Konkurrenz unter Frauen sind damit programmiert. Athene ist eine Vater-Tochter, und auch die Bibel hat ihre Vater-Töchter. Sie zeichnen sich aus durch List, Keuschheit und prophetische Gabe. Sie sind nicht Töchter von Müttern, sondern „Töchter Gottes".

Als Beispiel aus der griechischen Mythologie für unversöhnliche Feindseligkeit zwischen Mutter und Tochter steht Elektra, die den toten Vater Agamemnon rächt, indem sie die eigene Mutter Klytämnestra durch den Bruder Orest töten läßt. Klytämnestra lebte nach mutterrechtlichen Gesetzen, Elektra aber erkannte die vaterrechtlichen Gesetze an, nach denen der Vater gerächt werden mußte. Aus mutterrechtlicher Sicht lud Agamemnon Schuld auf sich, weil er Klytämnestra zur Ehe zwang und ihre Tochter Iphigenie für einen guten Ausgang seiner Kriegsfahrt opferte. Elektra ist die Vater-Tochter, die sich in einem dramatischen Konflikt mit der Mutter befindet. Nichts mehr ist spürbar von den zarten Banden, die Demeter und Kore verbanden. Die Loyalität zum Vater stürzt die Tochter in einen unversöhnlichen Konflikt mit der Mutter.

Dieses Muster der Vater-Tochter, die sich mit ihm gegen die Mutter verbündet, existiert bis heute. Der Verbündung mit dem Vater entspricht eine Entwertung mütterlicher Werte und eine hohe Identifikation mit väterlichen Eigenschaften, wie z.B. berufliche Zielstrebigkeit. Mit einer Ablehnung der vorgelebten Mutterrolle geht die Anpassung an eher männliche Wert- und Normvorstellungen einher.

Das Stiefmutterthema — auch heute noch ebenso aktuell wie heikel — existierte in der mutterrechtlichen Kultur nicht. Die Tochter blieb in ihrer Familie, auch wenn die Mutter starb. Im Vaterrecht dagegen suchte der Mann sich eine andere Frau, und für die Tochter der ersten Frau begann dann oft ein schweres Leben, hatte sie doch keinerlei rechtlichen Status, der ihr einen standesgemäßen Platz in der Familie einräumte. Sie war dann tatsächlich auf die Gnade der Stiefmutter angewiesen. Ähnliches gilt auch für die Beziehung Schwiegermutter-Schwiegertochter.

Aphrodite, Amor und Psyche stehen für diese Dreieckskonstellation, in denen sich Konkurrenz- und Machtkämpfe von Frauen abspielen: Aphrodite, die starke Mutter von Amor, will ihren geliebten Sohn nicht an Psyche verlieren. Konkurrenz um Schönheit bzw. um den Mann/Sohn bestimmen hier das Bild. Bei Schneewittchen sind die Zusammenhänge ähnlich. Auch hier geht es um Konkurrenz „…wer ist die Schönste im ganzen Land?" und darum, daß die reife Frau die Schönheit der nachwachsenden Tochter nicht ertragen kann. Noch unverschlüsselter zeigt das Märchen Rapunzel diese Dynamik. Die Hexenmutter sperrt die Tochter in einen Turm, als diese 14 Jahre alt wird. Als aber doch ein junger Prinz das Mädchen findet, schneidet die Hexe ihr das schöne Haar ab und blendet den Prinzen: Das erwachende sexuelle Interesse der Tochter säht Zwietracht zwischen Mutter und Tochter.

Daß im Märchen nie die leibliche Mutter diesen konkurrenten, neidischen und bösen Teil verkörpert, ist ein Hinweis darauf, in welch starkem Maße die Probleme in der Mutter-Tochter-Beziehung — gerade was die Erotik anbelangt — tabuisiert sind. Es darf nicht sein, daß die Mutter in direkter Konkurrenz zur Tochter um den Mann/Vater stehen könnte, Erotik und Sexualität sind tabuisiert. In den Märchen lebt diese unbewußte Seite der Mütter in Form von Hexen, bösen Stiefmüttern und grausamen Schwiegermüttern. Die Aufspaltung in die „gute tote Mutter“ und die „böse lebende Stiefmutter“ besiegelt auch symbolisch die Unvereinbarkeit von Gut und Böse in der mütterlichen Person. Konkurrenz, Haß und Feindschaft zwischen Frauen finden sich in griechischen Mythen und in germanischen Sagen ebenso wie in den modernen Märchen einer Mediengesellschaft, wie beispielsweise in den Fernsehserien „Denver“ oder „Dallas“: Schöne Luxusfrauen spinnen ihre Intrigen gegeneinander ohne Rücksicht auf „Familienbande“ und sorgen damit für Spannung und action.

Aus den kulturellen Bildern werden verschiedene Muster der Mutter-Tochter-Beziehung sichtbar: die Einheit zwischen Mutter und Tochter, die Liebe zwischen Mutter und Tochter, die Trauer der Mutter um den Verlust der Tochter sowie die Zwietracht zwischen Mutter und Tochter. Schwierig wird die Beziehung immer dann, wenn der Mann/Vater ins Spiel kommt (vgl. Schneewittchen oder Demeter und Kore). Es entwickeln sich Loyalitätskonflikte und sexuelle Konkurrenz.

7.2 Das Dreieck Vater-Mutter-Tochter

Aus den kulturellen Bildern entsteht der Eindruck, als sei der Vater der störende Dritte in der Mutter-Tochter-Beziehung. Auch die psychoanalytische Forschung stellt die Dynamik zwischen Vater, Mutter und Tochter eher negativ dar, und in der Sozialisationsforschung kommen Väter im Zusammenhang mit Töchtern so gut wie nicht vor (siehe auch *Schablow* 1984, S. 51). Wir fragen uns, ob Väter tatsächlich so unerheblich für die Entwicklung ihrer Töchter sind, und ob es wirklich so sein muß, daß Töchter nur entweder den Vater oder die Mutter lieben können. Dem wollen wir nachgehen, indem wir die familiären Konfliktsituationen und -strategien daraufhin untersuchen, wie sich die Väter im Vergleich zu den Müttern einbringen.

In jeder Familie gibt es mehr oder weniger, größere oder kleinere Konflikte. Konflikte sind mühsam, anstrengend, zeit- und energieraubend; sie sind aber gerade für heranwachsende Töchter und Söhne auch notwendig. Es geht darum, ob und in welcher Weise Konflikte innerhalb der Familie ausgehandelt, akzeptiert oder auch unmöglich gemacht werden. In der Repräsentativerhebung (vgl. Kasten VI, S. xx) waren zu diesem Themenbereich verschiedene Fragen enthalten, deren Ergebnisse im Zusammenhang mit der Stellung des Vaters innerhalb der Familie ausgewertet wurden. Zum einen handelt es sich um Strategien von Töchtern und Eltern im Konfliktfall und zum anderen um Konfliktinhalte bzw. Konfliktanlässe, die es zwischen Töchtern und Eltern geben kann. Wie setzen die Töchter sich und ihre Interessen durch? Wie versuchen sie, ihre Bedürfnisse den Eltern gegenüber einzubringen? Wie gehen Väter und Mütter auf die Wünsche der Töcher ein? Setzen sie Grenzen und welche? In welcher Weise tragen die Eltern Konflikte und Interessengegensätze aus?

Von den Müttern werden — aus der Sicht der Töchter — einige Strategien besonders bevorzugt. Aber es gibt auch Strategien, die sowohl vom Vater als auch von der Mutter in gleicher Weise angewandt werden (vgl. Tabelle 6).

Tabelle 6: Elternstrategien: Wie reagieren Deine Eltern, wenn Du etwas tust oder tun möchtest, das ihnen nicht paßt?

	Mutter	Vater	
Mein Vater/meine Mutter sagt mir, daß er/sie das nicht findet und redet mit mir über alles	67 %	33 %	große Unterschiede zwischen Vätern und Müttern
Ich darf fast alles, mein Vater/meine Mutter vertraut mir	37 %	28 %	
Er/sie zeigt Unwillen, verbietet es mir aber nicht ausdrücklich und macht mir damit ein schlechtes Gewissen	32 %	22 %	
Mein Vater/meine Mutter bemüht sich, Verständnis für mich aufzubringen, aber er/sie hat zu altmodische Ansichten	29 %	28 %	Väter und Mütter reagieren sehr ähnlich
Er/sie hält mir eine Standpauke	23 %	26 %	

Die Mütter sind die innerfamiliären Ansprechpartner für die Töchter. Das wird aus den Ergebnissen sofort deutlich. Es besteht auch öfter ein Vertrauensverhältnis zwischen Müttern und Töchtern als zwischen Vätern und Töchtern. Bei indirekten Strategien der Eltern, die der Tochter Grenzen setzen sollen, haben ebenfalls die Mütter mehr Gewicht: Sie machen häufiger ein schlechtes Gewissen als dies offenbar die Väter tun (vgl. Tabelle 6). Demgegenüber ist das „Standpaukehalten" ein Verhalten, das Töchter an ihren Vätern etwas mehr sehen als an den Müttern.

Betrachtet man die Elternstrategien insgesamt, dann zeigt sich, daß viele Väter immer noch die klassische Rolle des gestrengen Familienoberhauptes innehaben, während die Mutter dann die Rolle der Verständnisvollen und Vermittelnden übernimmt.

Altmodischsein, sich zwar bemühen, aber nicht mehr flexibel genug sein, um sich auf die aktuelle Situation und die konkreten Bedürfnisse einer jugendlichen Tochter einlassen zu können — diese Haltung sehen die Töchter bei Vätern und Müttern gleichermaßen. Hier scheint ein eher stiller Generationengegensatz auf, in dem die Jungen den Eltern zwar nicht den guten Willen absprechen, ihnen aber doch Bequemlichkeit und Verharren in althergebrachten Werten und Mustern vorhalten.

Auch die Konfliktanlässe zwischen Eltern und Töchter zeigen eine klare Rollenverteilung zwischen Vätern und Müttern (vgl. Tabelle 7).

Tabelle 7: Konfliktanlässe: Wenn Du Probleme mit Deinem Vater oder Deiner Mutter hast, worum geht es dann? Kreuze es bitte in diesem Schema an.

	Mutter	Vater
ums Weggehen, weil ich zu wenig zu Hause bin	39 %	35 %
mein Verhalten: weil sie finden, daß ich zu schlampig bin/mein Zimmer zu wenig aufräume	43 %	15 %
um Hausarbeit oder um das Aufpassen auf kleinere Geschwister	40 %	10 %
um mein Verhalten: daß ich ihnen zu frech bin	32 %	28 %
um Freunde, die meine Eltern nicht mögen	29 %	22 %
ums Geld: daß ich ihnen zuviel ausgebe	31 %	19 %
um meine Zukunft, daß ich die Schule/Ausbildung angeblich zu wenig ernst nehme	27 %	24 %

Der eine große Konfliktbereich ist die Hausarbeit, das Aufpassen auf kleinere Geschwister, die Ordnung in Kleidung und Zimmer — Konflikte, die sich fast ausschließlich zwischen Mutter und Tochter abspielen.

Der andere familiäre Hauptanlaß für Konflikte mit 15- bis 19jährigen Töchtern ist das Weggehen, und hierbei schalten sich auch die Väter ein. Weitere wesentliche neuralgische Punkte, an denen sich Väter exponieren, sind die berufliche Zukunft der Töchter und ihr Benehmen.

Für Vater und Mutter gibt es also unterschiedliche Reizschwellen: Die Mutter ist ärgerlich, wenn die Tochter unordentlich und unwillig bei der Mithilfe im Haushalt ist und zuviel Geld ausgibt, der Vater ist, falls er sich überhaupt an Konflikten beteiligt, sauer, wenn die Tochter zuviel weggeht, sich auf Jungenfreundschaften einläßt, in der Schule oder Ausbildung zu wenig leistet und dabei auch noch frech wird. Den Vater interessiert es weniger, ob sie die Hausarbeit mitträgt oder nicht.

Durchgängig bleibt aber, daß bei allen Konfliktanlässen die Nennungen bei den Müttern höher sind als bei den Vätern — vielleicht ein Hinweis darauf, daß die Mutter als eine Art Clearingstelle vorab erstmal den Ärger hat, und der Vater, der ja in aller Regel weniger zu Hause ist als die Mutter, erst im nächsten Durchgang in die Auseinandersetzung eingeschaltet wird. Das bedeutet aber andererseits, daß die Mutter auch engeren Kontakt mit der Tochter hat und als Ansprechpartnerin eine wichtigere Rolle spielt als der Vater.

Die Art der Töchter, sich mit den Eltern auseinanderzusetzen, ist aus Tabelle 8 ersichtlich:

Tabelle 8: Strategien der Töchter: Wenn Du etwas möchtest, was Deiner Mutter oder Deinem Vater wahrscheinlich nicht paßt, wie verhältst Du Dich dann?

Ich versuche, meine Mutter zu überzeugen	60 %
Ich versuche, Kompromisse zu finden	42 %
Ich versuche, meinen Vater zu überzeugen	40 %
Wenn ich es geschickt anstelle, dann erreiche ich immer, was ich will	24 %
Ich frage meine Mutter, die bringt's dem Vater bei	22 %
Ich versuche, meinen Vater herumzukriegen, da habe ich die meisten Chancen	15 %

Aus der Tabelle läßt sich ablesen, daß die Strategien der Töchter vorwiegend vermittelnd-kommunikativ auf Verständigung und Einigung mit den beiden Elternteilen ausgerichtet sind. Ferner wird deutlich, daß die Mutter Hauptanlaufstelle in der Familie ist, daß aber auch der Vater für immerhin 40 % der Mädchen ein Ansprechpartner ist, den sie zu überzeugen suchen. Im Umgang mit den Eltern ergeben sich unterschiedliche Strategien der Töchter, die — darauf läßt unser Material schließen — symptomatisch sind für spezifische Vater-Mutter-Tochter-Konstellationen. Vier typische Beziehungsmuster lassen sich so aus den Ergebnissen herausarbeiten:

- die sog. ,,Eltern-Tochter'', die sagt ,,ich versuche, meinen Vater/meine Mutter zu überzeugen'' (35 %),
- die ,,Mutter-Tochter'', die sagt ,,ich frage meine Mutter und die bringt's dem Vater bei'' (22 %)
- die ,,Vater-Tochter'', die sagt ,,ich versuche, meinen Vater herumzukriegen, da habe ich die meisten Chancen'' (15 %),
- die ,,verletzte Vater-Tochter'', die sagt ,,mein Vater kümmert sich zu wenig um die Familie''[1] (17 %).

[1] Statement aus der Frage zur Familienatmosphäre ,,Was gefällt Dir an Deiner Familie und was nicht?''

Gegenseitiges Vertrauen — die Eltern-Tochter

Wenn ein Mädchen der Aussage ,,Ich versuche, meinen Vater/meine Mutter zu überzeugen'' zustimmt, dann heißt dies im Regelfall — so das Ergebnis der Untersuchung — daß sie beide Eltern als Gesprächspartner hat; beide sind greifbar und fühlen sich zuständig für die Probleme und Konflikte der Tochter. Bei 35 % der befragten Mädchen ist dies der Fall.

Was ist typisch für die „Eltern-Töchter"? Auffallend ist, daß diese Mädchen im gesellschaftlichen Engagement aktiver sind als andere. Für sie wird das Leben dann sinnvoll, wenn man sich für etwas engagiert, und sie tun dies auch. Sie haben einen wachen Blick für Ungerechtigkeiten und Not und sind bereit, sich im Rahmen ihrer Möglichkeiten zu engagieren. Auch im Umgang mit Jungen sind diese Töchter eher aktiv, und wenn ihnen einer gefällt, gehen sie auch auf ihn zu und warten nicht ab, bis er vielleicht von sich aus Interesse zeigt. In ihren Familien gibt es deutlich weniger Konflikte als anderswo. Vor allem im Hinblick auf soziale Kontakte und Kontakte mit Jungen können diese Eltern offenbar die Interessen der Töchter akzeptieren. Beide Eltern sind meist aus der Sicht der Töchter gesprächsbereit und lassen über alles mit sich reden. Sie streiten sich nicht wegen der Tochter und strafen auch nicht, indem sie nichts mehr mit ihr reden. Diese Mädchen haben die Sicherheit, daß ihre Eltern ihnen vertrauen, und zwar beide Elternteile. Aus dem Blickwinkel der Tochter ist auch die Partnerbeziehung der Eltern okay.

Die „Eltern-Töchter" schätzen noch mehr als andere Mädchen die Kompetenz der Mutter im Haushalt. Man kann sich vorstellen, daß in diesen Familien die Hausarbeit der Mütter anerkannt wird. Lediglich die erhöhte Tendenz zu der Aussage, sich später — im Gegensatz zur Mutter — auch für andere Dinge als Haushalt und Kinder interessieren zu wollen, scheint das Stück notwendige Distanzierung von der Mutter zu signalisieren.

Die Eltern-Töchter haben weniger soziale Ängste als andere. Beispielsweise ist die Angst, für andere langweilig zu sein, bei diesen Mädchen relativ gering, ebenso wie die Angst, später einmal nicht den richtigen Mann zu finden.

Töchter, die sagen können, daß sowohl der Vater als auch die Mutter als Ansprechpartner für sie da sind, haben viel Sicherheit und Selbstvertrauen, und sie haben gute Startchancen fürs Leben. Sie können sich auch mit dem männlichen Part in der Familie auseinandersetzen, das heißt, daß ihr Vater für sie als Ansprechpartner neben der Mutter wichtig und greifbar ist. Ihre Ablösungsphase wird nicht durch Loyalitätskonflikte belastet. Dies scheint offenbar eine wichtige Voraussetzung dafür zu sein, im unverkrampften Umgang mit dem anderen Geschlecht eine Partnerschaft aufbauen zu können, aber auch offen zu sein für soziale Zusammenhänge und gesellschaftliche Probleme.

Zum Beispiel: Erika, Tochter von Frau Peters

„Ich bin 15 Jahre alt, mein Vater ist Heizungswart, meine Mutter ist Arbeiterin und berufstätig. Mein ältester Bruder ist 29, ungelernter Arbeiter; er ist das ‚uneheliche' Kind meiner Mutter; meine älteste Schwester ist 23, Filialleiterin in einem Schuhgeschäft;

meine Schwester Cornelia ist 16, Gymasiastin und mein jüngster Bruder ist zwölf; er hat einen Minderwuchs und geht in die Hilfsschule.

Ich habe jetzt eine Lehrstelle als technische Zeichnerin für Maschinenbau. Ich war schon immer technisch interessiert und hab' oft mit den Spielsachen meiner Brüder gespielt. Später will ich weitermachen zum Konstrukteur-Ingenieur. Wenn mir die Arbeit gefällt, will ich arbeiten gehen, auch wenn ich mal verheiratet bin und selber Kinder habe. Jetzt wohne ich vorerst noch bei meinen Eltern. Ich muß in der Lehre kein Geld abgeben, aber meine Eltern haben mir gesagt, ich soll ein Sparkonto anlegen. Ich bin sehr zufrieden mit dem Ausbildungsplatz und mit meiner Berufswahl. Ich glaube, daß mir das Spaß macht. Ich möchte es mit der Arbeit mal nicht so schwer haben wie meine Mutter, aber berufstätig möchte ich sein, und ein guter Beruf ist mir wichtig. Ich finde es o.k., daß meine Mutter berufstätig ist, aber ich finde es nicht gut, daß ihre Arbeit so schwer ist.

Wir sind eine ganz normale Familie. Ich mag meine Familie und es würde mir schwerfallen, wegzugehen. Zu meiner Mutter habe ich viel Vertrauen, ihr würde ich alles erzählen, auch wenn ich die Pille bräuchte oder Liebeskummer hätte. Ich möchte später auch mal so eine Mutter werden wie sie es ist. Mein Vater kümmert sich auch sehr um uns, aber manchmal habe ich das Gefühl, daß er mich nicht ernst nimmt. Für die Hausarbeit haben wir Mädchen die Verantwortung; wir machen praktisch den ganzen Haushalt: Waschen, Putzen und Kochen. Meine Brüder und mein Vater helfen aber auch. Sie versorgen vor allem den Garten und machen Reparaturen im Haus. Mein Vater ist seit April daheim, er hatte einen Schlaganfall und ist bis Herbst krankgeschrieben, er fällt langsam allen auf den Wecker, weil er nicht weiß, was er tun soll. Als er den Anfall bekam, hatte ich große Angst, daß er sterben könnte. Ich streite öfter mit meinem Vater, ich gebe nicht so schnell nach, wie z.B. Cornelia. Mit Cornelia komme ich nicht so gut aus. Die geht aufs Gymnasium. Die macht mich mit klugen Worten fertig und drückt sich vor der Arbeit. Da fällt mir so schnell nichts Passendes ein, und da wünsche ich mir dann auch mehr Bildung. Ich war damals auch auf der Realschule, ein halbes Jahr, aber dann wollte ich wieder auf die Hauptschule zurück, weil da meine ganzen Freunde waren. Ohne die habe ich mich nicht mehr wohlgefühlt, und in der Realschule waren alle so hochgestochen. Meine Eltern haben mir zugeredet zu bleiben, vor allem meine Mutter, ich sollte es mal besser haben, aber sie haben dann auch gesehen, daß ich einfach nicht wollte. Mit meiner älteren Schwester komme ich sehr gut aus. Ich besuche sie oft, und wir waren schon manchmal miteinander im Urlaub. Mein älterer Bruder schaut darauf, daß mir die Buben nicht zu nahe kommen, aber das ist mir nicht immer recht.

Über die Ehe meiner Eltern habe ich noch nicht nachgedacht. Ich glaube, daß sie sich mögen, aber sie reden nicht viel.

Seit fünf Monaten habe ich einen festen Freund, der ist 16 und lernt Maschinenschlosser. Meine Eltern mögen ihn, er ist oft bei uns daheim, und wir machen viel gemeinsam. Ich nehme noch nicht die Pille. Ich will warten bis ich 16 bin. Ich habe das mit meinem Freund besprochen, und wenn ich mal zum Frauenarzt gehe — wegen der Pille — dann geht er mit. Meine Mutter hat mich aufgeklärt, aber von meinen älteren Schwestern und aus der Schule habe ich auch viel gehört und erfahren. Meine Mutter meint, ich soll mit dem „Schlafen" noch ein halbes Jahr warten.

Ich bin in einer katholischen Jugendgruppe. Da gehe ich gerne hin. Wir leiten die Gruppe reihum, außerdem habe ich zwei gute Freundinnen. Mit der ganzen Familie können wir wegen dem Geld keinen gemeinsamen Urlaub machen. Ich fahre öfter mit der Gruppe oder Freunden ins Zeltlager. Ich gehe auch gerne in Discos oder so zum Tanzen. Meine Eltern haben da auch nix dagegen. Manchmal komme ich später, als ich kommen soll, dann gibt es Krach mit meinem Vater, aber das ist nicht so schlimm. Sonst gehe ich mit meinem Freund oder mit meinen Freundinnen oder Geschwistern baden, Ausflüge machen oder einfach was unternehmen. Ich finde, daß mir meine Eltern viel Freiheit lassen.

Ich möchte mal heiraten und zwei bis drei Kinder haben. Von meinem Traummann wünsche ich mir: Er soll gut aussehen, sportlich, treu, nett, warmherzig sein; ich möchte über alles mit ihm reden können.

Mein größter Wunsch im Moment ist, daß ich in meinem Beruf weiterkomme. Angst habe ich auch: daß ich die Arbeit, die Ausbildung nicht schaffe. Außerdem habe ich Angst vor Krieg. Noch vor einem Jahr habe ich mich nicht für Politik interessiert. Ich finde unsere Politiker verantwortungslos, ein Atomkrieg kann morgen kommen. In unserer Jugendgruppe sprechen wir öfter darüber."

Die Koalition mit der Mutter

22 % der Töchter fragen — wenn sie etwas wollen — die Mutter, und die bringt es dann dem Vater bei. Dies signalisiert eine klare Koalition mit der Mutter. Was heißt das konkret über den Umgang mit dem Vater?

In den meisten dieser Fälle ist das Verhältnis zum Vater sehr konfliktreich. Er kommt insbesondere dann ins Spiel, wenn es um Jungen geht: Der Vater hat kein Vertrauen zur Tochter, er mag ihre Freunde nicht und findet, daß die Tochter mit Jungen zu weit gehe — im übrigen ist die Tochter dem Vater viel zu frech. Einig sind sich beide Elternteile hier meist nur in der Kritik, daß die Tochter zu wenig zu Hause sei.

Der Strategie der Tochter, nur über die Mutter zu verhandeln, entspricht es, daß nur die Mutter mit der Tochter über alles redet — der Vater dagegen hält Standpauken, macht ein schlechtes Gewissen, verhängt Strafen und schlägt auch manchmal zu. Sein Verhalten gleicht jemandem, der isoliert und ausgeschlossen ist, und der mit „Gewalt" — physisch und psychisch — versucht, seine Wichtigkeit zu demonstrieren. Der Vater ist hier in der Position des bösen Haustyrannen, der einengt und straft, aber nicht gesprächsbereit ist. Auch gibt es in diesen Familien häufiger Streit zwischen den Eltern um die Erziehung der Tochter, und dies kommt nicht von ungefähr. Der Vater ist mißtrauisch und weiß nicht, was hinter seinem Rücken vorgeht. Die Vertrauensbasis sowohl zwischen Vater und Mutter als auch zwischen Vater und Tochter ist empfindlich gestört. Mutter und Tochter stehen sich nahe, der Vater ist der böse Außenseiter — diese Konstellation hat Parallelen zu Demeter und Kore, die einander in Liebe verbunden sind und für die der Mann/Vater ein Eindringling ist. Diese Töchter haben oft die Einschätzung, daß die Mutter sich für die Familie abschuftet, und daß sie für ihre Anstrengung wenig Anerkennung bekommt.

Ein strafender Vater oder ein Vater, der mit der Tochter nicht mehr redet, verstärkt in der Tochter den Wunsch, sich — im Gegensatz zur Mutter — gegenüber dem zukünftigen Partner einmal besser durchsetzen zu können. In Konflikten aber ist die Mutter Mittlerin zwischen Vater und Tochter. Diese Familienkonstellation ist geradezu klassisch: Der Vater dominiert, die Mutter beschwichtigt. Die Mutter in der Vermittlerrolle — obwohl sich doch diese Mutter dem Partner gegenüber gar nicht so gut durchsetzen kann? Dies muß kein Widerspruch sein, denn es ist offenbar ein Merkmal dieser Mütter, daß sie sich zwar für andere, aber nicht für sich selbst einsetzen können. Die Tochter kritisiert zwar diese beschwichtigende Rolle, nutzt sie aber auch gleichzeitig für ihre Interessen aus. Da muß dann die Mutter dem Vater gegenüber helfen, die ihm mit ,,Diplomatie" auch Unerfreuliches beibringen soll.

Die Tatsache, daß diese Töchter viele Ängste haben, macht deutlich, daß diese Art der Nähe zur Mutter keine Sicherheit vermittelt. Sie haben Angst, für andere langweilig zu sein, aber auch, nicht den richtigen Mann zu finden und mit sich selbst nicht klar zu kommen. Ein Vater, der Standpauken hält, fördert Minderwertigkeitsgefühle und verstärkt den Eindruck, daß man mit den meisten Erwachsenen nicht reden kann. Die Strategie, lieber heimlich und hinter dem Rücken der Eltern ihre Wünsche und Vorstellungen in die Tat umzusetzen, bleibt oft als einzige Möglichkeit. Andererseits werden die Fähigkeiten der Tochter, selbständig aktiv zu sein, nicht gefördert, wenn die Eltern Schuldgefühle verursachen.

Auffallend ist in diesem Zusammenhang, daß der innerfamiliäre Konflikt die Mädchen so absorbiert, daß sie nicht sehr viel Sinn für gesellschaftliche Probleme entwickeln und sich auch weniger als der Durchschnitt engagieren. Sie sind stattdessen der Meinung, daß man aufpassen muß, um nicht für fremde Interessen ausgenutzt zu werden; sie sind auch der Meinung, daß es allenfalls Nachteile hat, wenn man sich beispielsweise politisch engagiert.

Zum Beispiel: Barbara, Tochter von Frau Jansen

,,Ich bin 15 Jahre alt, mein Vater ist Polizist, meine Mutter war früher Bedienung, heute ist sie Hausfrau, meine älteste Schwester ist 21 und arbeitet bei Quelle, meine mittlere Schwester ist 16 und Verkäuferin. Ich will Bekleidungsnäherin werden.

Alle sagen, daß ich eigentlich ein Bub sei, daß ich eigentlich ,Vaters Liebling' sei, was ich nicht bin und nicht sein mag, weil mir mein Vater nicht so gut gefällt. Ich finde ihn zu streng, er hat veraltete Ansichten, man kann nicht mit ihm reden. Weil er mit dem Nachhause-Kommen so streng ist, trickse ich ihn manchmal aus. Meine Mutter merkt das meistens, sagt aber nichts. Aufgeklärt wurde ich von meiner Mutter über Periode und Kinder und so, das andere haben mir meine älteren Schwestern und Freundinnen erzählt. Meine Mutter hat gesagt, als die Periode kam, jetzt bist du eine Frau. Darüber mußte ich lachen — wenn das so schnell geht! Zu meiner Mutter habe ich ein gutes Verhältnis. Ich mag sie gerne; aber oft tut sie mir leid, weil sie sich alles gefallen läßt. Ich helfe ihr im Haushalt, damit sie nicht alles alleine machen muß. Mein Vater macht nix im Haushalt, meine mittlere Schwester drückt sich auch und geht mit dem Hund spazieren. Mein Vater hat so einen Kommandierton. Was meine Eltern für eine Beziehung haben, kann ich mir nicht vorstellen, aber meine Mutter ist nicht so richtig glücklich.

Ich will mir, wenn ich 18 bin, mit meiner Schwester eine Wohnung nehmen. Das ist schon mit meinen Eltern besprochen. Die haben nichts dagegen, aber dann muß ich auch alles selber machen. Ich muß 50,— DM Kostgeld abgeben, wenn ich Lehrgeld beziehe. Das mache ich gerne, dann hat meine Mutter auch mal Geld. Meine große Schwester wohnt in W., da fahre ich öfter mal hin. Ich komme gut mit meinen beiden Schwestern aus, vor allem mit der mittleren.

Eigentlich wollte ich Einzelhandelskauffrau werden, aber dann hatte ich so schlechte Noten in Mathe. Den Quali[1] habe ich nicht geschafft. Dann habe ich das Zeitungsinserat für Bekleidungsnäherin gelesen. Ich habe mich beworben und die Stelle gleich bekommen. Später will ich weitermachen, Schneiderin werden oder Modezeichnerin oder so. Vielleicht auch auf die Modeschule in München. Ich weiß noch nicht so recht, ob mir das Spaß macht. Ich habe mich noch bei einer Chemiefirma beworben, aber da wurde ich abgelehnt. Ich hatte viel Angst, daß ich keine Stelle finde.

In meiner Freizeit bin ich meistens mit meiner Clique zusammen. Das sind meine mittlere Schwester und eine Freundin und zwei Mädchen aus der Nachbarschaft. Wir gehen zum Baden oder zum Tanzen oder machen Ausflüge. Vor vier Monaten hatte ich einen festen Freund, der war schon 20. Das fand ich gut, aber davon habe ich meiner Mutter nichts gesagt, weil ich mir nicht sicher war, ob sie meinem Vater gegenüber dichthält. Meinen Freund habe ich beim Baden kennengelernt, der hatte ein Moped und wir haben da tolle Sachen gemacht. Dann habe ich nach Monaten Schluß mit ihm gemacht, weil er mich so komisch behandelt hat; er hat mich manchmal gar nicht beachtet oder so rumgeschnautzt. Da wurde ich allergisch. Dann war ich nochmal einen Monat mit einem Klassenkameraden befreundet, das hat aber nicht lange angehalten. So richtig intime Kontakte hatte ich mit keinem von beiden, das wollte ich noch nicht."

Die Koalition mit dem Vater

15 % aller Mädchen machen die Aussage: „Ich versuche, meinen Vater rumzukriegen, da habe ich die meisten Chancen." Sie deutet auf eine Koalition hin zwischen Tochter und Vater, die gegen die Mutter gerichtet ist: Diese Töchter haben vor allem mit ihrer Mutter Konflikte und zwar deutlich mehr als der Durchschnitt der Mädchen. Inhaltlich geht es um die Hausarbeit, um die Freunde, um das äußere Erscheinungsbild und die Kleidung und darum, daß die Mutter die Tochter zu frech findet. Dies alles sind Konfliktbereiche, die bei diesen Töchtern fast ausschließlich über die Mutter laufen. Der Vater schaltet sich allerdings ein, wenn es um die Zukunft der Tochter geht: Diese

[1]Qualifizierender Hauptschulabschluß

Väter bemängeln überdurchschnittlich häufig, daß die Töchter sich zu wenig um ihre schulischen und/oder beruflichen Leistungen kümmern. Mit beiden Eltern ist das zu späte Nachhausekommen ein aktueller Konflikt.

Bei den Strategien der Eltern wird deutlich, daß hier nicht die Mutter, sondern der Vater mit der Tochter über alles redet. Bei diesen Vater-Töchtern ist häufig die Mutter diejenige, die straft, Standpauken hält und ihre Tochter mit Nichtachtung straft — Strategien, die hier der Vater überhaupt nicht anwendet. Das Beziehungsgefüge insgesamt zwischen Tochter, Vater und Mutter ist dadurch gekennzeichnet, daß wenig Vertrauen besteht, und daß das Mißtrauen insbesondere auf der Seite der Mutter groß ist. Es sind dies ganz offensichtlich Töchter, die mit dem Vater mehr Nähe und mit der Mutter eine spannungsreiche Beziehung haben. Sie erinnern an Elektra, die ihren Vater liebt und mit ihrer Mutter im Streit liegt.

Auch das Mutterbild dieser Töchter verdeutlicht die konflikthafte Beziehung zwischen Mutter und Tochter: Viele dieser Töchter möchten im Vergleich zu ihrer Mutter ihre eigenen Töchter einmal verständnisvoller erziehen. Die Tochter vermißt bei ihrer Mutter Verständnis und Wärme, die bekommt sie beim Vater. Hier scheinen sich die Rollen der Eltern umzukehren: Der Vater ist der weichere, verständnisvollere, die Mutter die härtere, unnachgiebe.

Ähnlich wie die Eltern-Töchter finden auch diese Mädchen das Leben erst dann sinnvoll, wenn man sich engagiert. Dies deckt sich mit anderen Ergebnissen, die alle auf die wichtige Rolle der Väter für die Entwicklung politischer Interessen bei den Töchtern hinweisen. Daß diese Mädchen aber auch skeptisch sind und befürchten, daß Engagement Nachteile haben kann, zeigt, daß ihr Engagement nicht so ungebrochen ist wie bei den Eltern-Töchtern.

In der Kontaktaufnahme mit Jungen gehen diese Töchter eher den indirekten Weg, indem sie eine Freundin einschalten. Mit sog. weiblicher Diplomatie, die sie vielleicht im Umgang mit dem Vater gelernt haben, versuchen sie, zum Ziel zu kommen.

Alles in allem bleibt der Eindruck von einer relativ kleinen Gruppe von Töchtern, die sich besser mit dem Vater verstehen und die sich bei ihm holen, was sie brauchen. Die Beziehung zur Mutter ist konfliktreich. Darüber hinaus scheinen beide Eltern die Tendenz zu haben, die Tochter festhalten zu wollen.

Die verletzte Vater-Tochter

Einige Mädchen (17 %) kritisieren an ihrem Vater, daß er sich zu wenig um die Familie kümmert. Töchter alleinerziehender Mütter haben überdurchschnittlich oft diese Meinung über ihren Vater.

In Konflikten zwischen Eltern und Tochter ist hier meist die Mutter diejenige, die mit der Tochter redet, kaum aber der Vater. Dagegen hält der Vater

Standpauken, er straft und schlägt auch einmal zu. Die Eltern streiten sich wegen der Tochter; Vertrauen hat hier allenfalls die Mutter zu ihr, nicht jedoch der Vater. Aber eigentlich wohl fühlt sich die Tochter mit keinem von beiden. Sie strebt massiv von zu Hause weg und möchte lieber heute als morgen ausziehen, wenn sie die materielle Basis dafür hätte.

Alle positiven Aussagen zum Mutterbild haben bei diesen Töchtern weniger Nennungen als im Durchschnitt, dagegen erhalten einige negative Aussagen sehr hohe Zustimmung. Diese Mädchen erleben ihre Mütter kaum als stark und warmherzig oder attraktiv und auch nicht als interessiert oder engagiert. Dagegen äußern sie häufig, daß ihre Mütter schlechte Erfahrungen mit Männern gemacht haben und sie selbst einmal nicht so viel allein sein möchten. Diese Töchter möchten sich dem Partner gegenüber einmal besser durchsetzen als die Mutter dies konnte, sie möchten nicht so ängstlich sein, mehr Anerkennung bekommen und mehr auf ihr Äußeres achten. All dies signalisiert auch Kritik der Tochter an der Mutter als Partnerin. Dies legt den Schluß nahe, daß diese Töchter einen Teil des väterlichen Desinteresses an der Familie ihren Müttern anlasten.

Vielleicht waren sie einmal Vaters Liebling — im qualitativen Material kommt diese Variante öfter vor. Aber aufgrund von Konflikten zwischen den Eltern, in denen die Tochter die Partei der Mutter ergreift, oder aus der Unfähigkeit des Vaters heraus, den Kontakt zur heranwachsenden Tochter auch über die Kinderzeit hinaus zu halten und die mit der Pubertät zusammenhängenden Krisen durchzustehen, bricht diese enge Beziehung auseinander. Die Tochter fühlt sich vom Vater im Stich gelassen, sie klagt ihn an oder verachtet ihn. Dennoch übernimmt sie manches von ihm, z.B. versucht sie, über eine berufliche Perspektive aus all dem herauszukommen: Der Beruf als Möglichkeit, um erfolgreich und materiell unabhängig zu sein, wird hier überdurchschnittlich oft genannt, und für diese Töchter ist die weitere Erwerbstätigkeit auch in einer Ehe ein klares Ziel. Ihre eigene Lebensperspektive ist eindeutig auf berufliche und materielle Eigenständigkeit gerichtet.

Diesen Töchtern ist der Freund ganz wichtig, und bei der Kontaktaufnahme mit einem Jungen sind sie sehr aktiv: Sie gehen von sich aus auf einen Jungen zu. Diese Mädchen haben im Beziehungsbereich große Ängste: Angst davor, nicht den richtigen Mann zu finden, später einmal völlig allein zu sein und Angst, mit sich selber nicht klar zu kommen.

Wenn die Väter sich zu wenig um die Familie kümmern, werden die Töchter sehr verunsichert. Sie möchten dann so schnell wie möglich von zu Hause weg, distanzieren sich auch von der Mutter, beziehen sich lieber auf einen Freund und versuchen, über eine berufliche Identität in ihrem Leben alles ganz anders zu machen. Die Aussage, daß der Vater sich zu wenig um die Familie kümmert, schließt auch Kritik an der Partnerbeziehung der Eltern mit ein. Die Tochter ist unglücklich mit beiden Eltern.

„Mein Vater ist Fernfahrer, meine Mutter Hausfrau, arbeitet aber zwischendurch stundenweise. Wir sind zu Hause vier Mädchen und ein Junge, ich bin 17, mein Bruder 16 und die jüngeren Geschwister sind zwölf, neun und sechs Jahre alt. Früher mußte ich immer auf die kleineren Geschwister aufpassen und hab' deshalb nie Zeit für mich gehabt.

Seit meinem Hauptschulabschluß geht's mir beschissen. Ich bin jetzt ein Jahr in die Fachschule für Ernährung und Hauswirtschaft gegangen, hatte in Deutsch dort 'ne Vier und in Mathe trotz Nachprüfung die Fünf nicht wegbekommen. Da hatt'ste quasi Angst, in die Schule zu gehen... Ich bin in diese Schule gegangen, weil ich eigentlich Krankenschwester werden wollte und nach erfolgreichem Abschluß in zwei Jahren die Mittlere Reife gehabt hätte. Inzwischen habe ich eine Lehrstelle in einem Friseurgeschäft angenommen. Ich fühle mich auch irgendwie verarscht, daß wir nicht genug über die Anforderungen informiert wurden, die da auf uns zukommen, und insofern ist dieses Jahr unwiederbringlich weg.

Jetzt freue ich mich aber auf die neue Stelle. Ich hab' ja unheimlich Schwierigkeiten mit meinen Eltern und mit meiner ganzen Umgebung gehabt. Ich mußte sehr drum kämpfen, daß ich überhaupt diese Schule machen durfte... Ich hab' ja nie einen gehabt, dem ich das alles sagen konnte, der da echt geholfen hätte, wie ich aus der Schule gekommen bin. O.k., wir haben die Seminare gemacht, ich war beim Arbeitsamt... und meine Eltern, die konnten auch nicht helfen. Die haben nur gesagt, Kind, du mußt wissen, was du tust — und wenn du was getan hast, hat ihnen das auch nicht gefallen... Ich hab' große Angst davor, irgendwann nur 'ne kleine Verkäuferin zu sein. Ich möchte halt einen Beruf, in dem ich lange arbeiten kann... und — ich will auch einen Beruf haben, der mir Spaß macht. Ich bin sicher, daß dies bei der Ausbildung zur Friseuse was wird...

In meiner Freizeit hat sich ganz viel geändert, seit ich von der Hauptschule weg bin. Wenn ich damals rausgegangen bin, bin ich ins Jugendheim, das ist inzwischen ganz anders geworden. Ich gehe mit meinem Freund Marc zusammen zu anderen Freunden, wir gehen spielen, spazieren, und mit manchen sind jetzt auch mehr Diskussionen... Wenn ich früher in der Schule auf 'ne Fete gegangen bin, da wurde rumgehopst, und da hab' ich mich drauf gefreut. Jetzt habe ich ganz andere Freunde als früher. Vor Marc war ich ein Jahr lang in einer Clique, in der alle entweder ins Gymnasium gingen oder eine Lehre machten, da waren Typen, die hatten alle Motorräder und tranken Bier, und das hat mir nicht gut getan. Es ging mir da eine Weile wirklich schlecht, weil ich nicht wußte, was ich will...

Als meine Mutter dahinterkam, daß ich die Pille nehme, hat sie eigentlich ganz vernünftig reagiert. Ich habe das damals alles selber gemacht, ging selber zum Arzt mit meinem Freund... Ich glaube, das hat ihr schon irgendwie imponiert, daß ich das selber gemacht habe — jetzt habe ich ein relativ gutes Verhältnis zu ihr...

Mit meinem Vater verstehe ich mich absolut nicht. Ich kann mit meinem Vater nicht so frei reden wie mit meiner Mutter, weil meine Mutter ist für uns immer die Bezugsperson gewesen... Früher als kleines Mädchen wäre ich eher zu meinem Vater als zu meiner Mutter gegangen, ich war früher der Liebling von meinem Vater. In der Zeit, als ich raus wollte und nicht immer zu Hause sitzen wollte, kam der Bruch mit meinem

Vater. Er hat alles kategorisch verboten, ließ weder mit sich reden noch mit sich handeln. Ich habe unheimlich kämpfen müssen, um überhaupt rausgehen zu dürfen.

Mein Bruder ist der einzige Sohn, und mein Vater war auch der einzige Sohn, und er möchte ihn hart erziehen. Ich möchte ehrlich nicht mit meinem Bruder tauschen. Mein Bruder leidet darunter, wie er erzogen wird, er wird einfach am kurzen Bändel gehalten. Im Gegensatz zu mir traut mein Bruder kaum, sich zu wehren und läßt sich gerade von seinem Vater sehr viel bieten.

Mein Vater ist Fernfahrer und das ist grauenhaft mit ihm. Es ist nicht das Wahre, der hängt nur hier rum, da weiß er nicht, was er tun soll... das ist einfach nix. Meine Eltern haben z.B. wegen mir heiraten müssen. Sie waren schon auseinander, und da hat meine Mutter gemeint, daß sie schwanger war, und da ist der Vater meiner Mutter zu meinem Vater gegangen, und da haben sie halt geheiratet. Hinterher kamen die vielen Kinder, und das hat die beiden kaputt gemacht, finde ich jedenfalls... Liebe kann man dazu jedenfalls nicht sagen. Ich will nicht werden wie meine Eltern, ich will nicht wegen 'nem Kind heiraten müssen und ohne Ausbildung sein. Mit meiner Mutter hab' ich auch schon über ihre Ehe gesprochen, nach einem großen Krach zwischen den beiden, wo meine Mutter ziemlich fertig war. Ich hab' sie gefragt, warum sie sich das alles gefallen läßt und noch länger bei diesem Mann bleibt. Sie meint eben, es sind die Kinder da und das Haus und alles. Ich glaube aber trotzdem, daß meine Mutter meinen Vater noch mag, sonst würde sie das alles doch gar nicht aushalten.

Meine Mutter ist jetzt 37 Jahre, die sieht doch aus wie bald 50, die ist total verhärmt im Gesicht, finde ich jedenfalls, und sie ist kaputt eben, das hat mich unheimlich abgeschreckt. Ich weiß, daß meine Eltern mir gar nix wollen, die können nur gar nicht anders, und das ist ja eben das Schlimme.

Vorstellungen über die Zukunft habe ich schon, aber ich weiß ganz genau, daß es nicht so eintrifft, wie ich es haben will. Heiraten will ich, ich will auch Kinder haben, aber ich möchte versuchen, den Überblick zu behalten und nicht einfach planlos zu leben. Ich möchte eine Lehre machen, ein paar Jahre im Beruf bleiben und möchte dann mal heiraten und Kinder haben. Die ersten Jahre will ich auf keinen Fall berufstätig sein, höchstens als Friseuse im Bekanntenkreis nebenbei was verdienen. Ich möchte z.B. nie, daß wenn meine Kinder noch klein sind, daß ich dann nie da bin. Ich möchte für meine Kinder eine Bezugsperson sein, jemand sein, wo sie hinkönnen, wenn sie was haben... Früher war meine Mutter noch am Arbeiten, und durch die vielen Kinder, da kann sich eine Mutter nicht so für ihr Kind einsetzen, wie sie das einfach müßte. Ich möchte, daß ich nicht nur ihre Mutter bin, sondern daß sie da auch hingehen können... Das war bei meiner Mutter früher unmöglich, ich hab' früher keine Beziehung gehabt zu meiner Mutter, erst seit ca. zwei Jahren, da hatte ich keinen Menschen... ich hatte früher keine Trau, mit irgendwas zu ihr zu gehen. Wenn mich meine Mutter mal in den Arm genommen hätte... heute ist es eher umgekehrt, da nehme ich meine Mutter in den Arm..."

Zusammenfassend können wir den Schluß ziehen, daß die Väter durchaus wichtig sind für die Entwicklung ihrer Töchter. Ein desinteressierter oder tyrannischer Vater kann für die Tochter verhängnisvoll sein, andererseits ist ein Vater, der seine Rolle ernst nimmt, eine große Unterstützung. Wenn ein Elternteil die Tochter als Koalitionspartner gegenüber dem anderen benutzt, wird die Ablösung schwierig und schmerzhaft, weil dies die Tochter immer in Loyalitätskonflikte bringt. Wenn Vater und Mutter die Elternrolle gemeinsam ausüben und beide für die Tochter erreichbar sind, ist dies ein großer Gewinn für sie. Solche Töchter können unbeschwert jung sein, vieles ausprobieren, und sie haben darüber hinaus den nötigen Spielraum für soziale Interessen und eventuell auch für gesellschaftliches Engagement.

7.3 Sexualität der Tochter und Ablösung von der Mutter

Die wenigsten Mütter der heutigen jungen Mädchen haben in ihrer Kindheitsfamilie gelernt, mit Körperlichkeit, Erotik und Sexualität unbeschwert umzugehen. Ausgesprochene und unausgesprochene Verbote, Heimlichkeiten, Schuldgefühle, verklemmte Neugier und Scham belasteten oft die Beziehungen zwischen Mutter und Tochter. Viele Mütter berichten, daß sie nicht zu Hause, sondern „auf der Straße" aufgeklärt worden sind.

Die Mütter der heutigen Mädchen und jungen Frauen gehören der ersten Frauengeneration an, für die Sexualität nicht mehr unausweichlich mit Fortplanzung verknüpft ist. Mit der Entwicklung präventiver Techniken der Empfängnisverhütung und einer gleichzeitigen Lockerung der Sexualnormen entstand bei vielen Müttern der Wunsch, dieses Thema möge ihre Beziehung zu den Töchtern nicht mehr in der Weise belasten, wie sie das in ihrer eigenen Jugend erfahren haben. Damit entstand allerdings ein neuer Anspruch. Das auch von den Medien lancierte Bild von „Mutter und Tochter als Freundinnen im Partnerlook" stilisiert die Mutter zur Vertrauten der Tochter in Liebesdingen und duldet keine Probleme zwischen Mutter und Tochter. Dieses Bild geht an der Realität vorbei. Es läßt die normalen Bedürfnisse der Töchter nach Abgrenzung und einem intimen Privatbereich genauso außer Acht wie die Lebenserfahrungen der Mütter, die nicht so glatt, harmonisch und locker waren.

Untersuchungen machten deutlich, daß die Beziehungen zwischen Müttern und Töchtern in bezug auf Sexualität durchaus nicht so problemfrei sind, wie dies vielleicht erwünscht, erwartet oder vermutet wird. So hat z.B. eine Untersuchung über Sexualität und Kontrazeption aus der Sicht der Jugendlichen und ihren Eltern (vgl. Schmidt-Thanwald 1983) herausgefunden, daß zwar 43 % der Mädchen ihre Mutter als Vertrauensperson bei sexuellen Fragen angeben, aber 25 % aller Mädchen überhaupt keine Vertrauensperson in diesen Fragen haben.

Wir haben untersucht, wie sich das Verhältnis zwischen Mutter und Tochter in Abhängigkeit von den sexuellen Kontakten und Beziehungserfahrungen der Töchter verändert. Die unterschiedlichen Abstufungen von Jungenfreundschaften und Sexualität werden in Tabelle 9 und 10 dargestellt.

Tabelle 9: Frage: „Hattest Du früher oder hast Du zur Zeit einen Freund?"

	Total in %	15 Jahre	16 Jahre	17 Jahre	18 Jahre	19 Jahre
Ja, ich habe z.Zt. einen Freund	49	29	41	35	61	71
Ich habe z.Zt. keinen Freund, hatte aber früher einen Freund	28	28	33	31	28	21
Nein, ich hatte noch nie einen Freund	22	43	27	14	11	8
Basis (100 %)	100	273	227	197	235	168

Tabelle 10: Frage: „Hattest Du schon oder hast Du zur Zeit mit einem Jungen oder Mann sexuellen Kontakt; ich meine mit sexuellem Kontakt auch petting?"

Teilgruppe: Ja, habe/hatte Freund

	Total in %	15 Jahre	16 Jahre	17 Jahre	18 Jahre	19 Jahre
Ja	66	28	39	71	78	90
Nein	31	68	38	27	18	7
Keine Angabe	3	4	3	2	4	3
Basis (100 %)	834	134	166	170	210	135

54 %[1] der 15- bis 19jährigen haben bereits sexuelle Erfahrungen gemacht. In dieser Altersphase hat jedoch jedes Lebensjahr einen eigenen Stellenwert. Mit 15 Jahren haben 16 % der Mädchen sexuelle Erfahrungen — zum größeren Teil in Form von petting —, mit 19 sind es 85 %. Die 15jährigen haben eher kurzdauernde Freundschaften: 60 % dauern unter drei Monate. Die 19jährigen dagegen sind mit ihrem Freund fast zur Hälfte schon länger als ein Jahr befreundet.

Mädchen ohne heterosexuelle Erfahrungen

Mädchen, die noch keinen Freund hatten (22 % = 246 Befragte)

Es sind dies eher die 15jährigen; außerdem finden sich in dieser Gruppe öfter Töchter von Hausfrauenmüttern und seltener Mädchen aus Großstädten. In ihrer Freizeit sind diese Mädchen häufiger zu Hause, verbringen viel Zeit mit Eltern und Geschwistern einerseits und mit der Freundin andererseits. Sie berichten weit seltener als der Durchschnitt, in einer Clique zu sein. Wenn ihnen ein Junge gefällt, warten sie lieber ab, als von sich aus aktiv zu werden.

In der Beurteilung ihrer Familie sind sie sehr positiv und machen sich wenig Gedanken darüber, wie sie sich ihren Eltern gegenüber durchsetzen könnten.

[1] Die Prozentangaben in diesem Absatz errechnen sich aus Tab. 9 und 10.

Konflikte mit der Mutter kommen kaum vor. Sie schätzen die Ehe der Eltern häufig als glücklich ein, empfinden ihre Mutter als warmherzige Frau und haben vergleichsweise wenig Kritik an ihr.

In ihrem Bewußtsein über ihre künftige Rolle als Frau sind sie eher konservativ: In dieser Gruppe sind häufiger die Mädchen zu finden, die keine Ehe auf Probe wollen und die auch öfter der Meinung sind, daß ein ‚Hausmann' lächerlich, daß Politik Männersache und Kindererziehung Frauensache sei. Bei ihnen finden die Aussagen, daß in einer Beziehung beide Partner sexuell befriedigt sein sollen, und daß es für Frauen wichtig ist, sexuelle Erfahrungen zu machen, wenig Zustimmung.

Diese Mädchen haben eine enge Mutterbeziehung; sie identifizieren sich weitgehend mit ihrer Mutter, und das heißt auch, daß sie sich ihr gegenüber wenig abgrenzen. In ihnen ist der Wunsch nach Eigenständigkeit in einer Partnerschaft nicht besonders ausgeprägt. Ihre Nähe zur Mutter gibt ihnen zwar Geborgenheit, macht ihnen aber wenig Mut, gegenüber Jungen und späteren Partnern aktiv und eigenständig aufzutreten. Ihre Einstellungen und Haltungen entsprechen zwar zum Teil den üblichen Einstellungen und Haltungen dieser Altersstufe, aber auch wenn man ihr Alter — bzw. ihre Jugend — berücksichtigt, bleibt, daß sie von ihren Müttern offenbar wenig Unterstützung bekommen im Hinblick auf die Entwicklung von Unabhängigkeit und Autonomie.

Mädchen mit Jungenfreundschaften[1] (24 % = 264 Befragte)

Die meisten Mädchen, die Erfahrungen mit Jungenfreundschaften ohne sexuelle Kontakte haben, sind zwischen 15 und 17 Jahre alt, die Freunde meist zwischen 17 und 18.

Diese Mädchen verbringen einen großen Teil ihrer Freizeit in der Clique (10 % über dem Durchschnitt). Die Gruppe der Gleichaltrigen ist ein wichtiger Bezugspunkt für diese Mädchen, und der Freund — wenn es gerade einen gibt — gehört meist zum gleichen Freundeskreis. Diese Mädchen schätzen an ihrem Freund besonders, daß sie gut mit ihm über alles reden können, und daß sie mit ihm viel Spaß haben. Ihre Freundschaften sind meist von kurzer Dauer; die Begründungen, sich in der Freundschaft mit einem Jungen nicht auf sexuelle Kontakte einzulassen, sind: „Wir kannten uns noch nicht lange genug" oder auch: „Ich wollte noch nicht".

Bei diesen Mädchen gibt es zunehmend Konflikte mit den Eltern — besonders ums Weggehen und um Jungen. Sie versuchen aber auch mehr als andere, ihre Eltern von ihrem Standpunkt zu überzeugen und berichten, daß beide El-

[1] Hier sind die Befragten anhand einer Kreuztabellierung zusammengefaßt, die angaben, noch keine sexuellen Kontakte zu haben aber aktuell oder früher mit einem Jungen befreundet (gewesen) zu sein (vgl. Tabelle 9 und 10).

tern mit ihnen reden und sich mit ihnen auseinandersetzen. Ihr Mutterbild ist positiv; an der Ehe der Eltern haben sie weniger auszusetzen als der Durchschnitt der Mädchen.

Mädchen mit heterosexuellen Erfahrungen

Mädchen, die zum Zeitpunkt der Befragung einen Freund hatten (39 % = 425 Befragte)

Sie sind meist älter als 15 Jahre und eher berufstätig oder in der Ausbildung. 7 % von ihnen wohnen nicht mehr zu Hause. Das durchschnittliche Alter des Freundes liegt bei knapp 21 Jahren.

In der Freizeit dominiert der Freund; der Stellenwert der Freundin tritt für Freizeitaktivitäten etwas zurück, steigt jedoch in bezug auf Gespräche, die den Freund betreffen. Mit der Freundin werden sexuelle Fragen besprochen, und auch bei Liebeskummer kann sie trösten und helfen. Diese Mädchen schlafen meist gerne mit ihrem Freund, können sich vergleichsweise oft vorstellen, ihn zu heiraten, und gehen mit ihm gemeinsamen Träumen und Phantasien nach. Mit ihrem Interesse an Jungen halten sie nicht hinterm Berg. Sie trauen sich auch eher, auf einen Jungen zuzugehen als beispielsweise die Mädchen, die noch keinen Freund hatten. Wenn es Konflikte mit den Eltern gibt, dann vor allem ums Weggehen.

Diese Mädchen kritisieren die Ehe ihrer Eltern oft sehr massiv: In deren Beziehung vermissen sie die Liebe, und sie möchten einmal mit ihrem Partner besser reden können und mehr mit ihm gemeinsam machen, als dies aus ihrer Sicht die Eltern tun. Weit seltener als bei den ersten beiden Gruppen beurteilen diese Mädchen die Ehe ihrer Eltern als glücklich.

Auch gegenüber der Mutter ist in dieser Gruppe mehr Kritik erkennbar. Die Mutter wird von diesen Mädchen mit anderen, ‚neuen‘ Augen gesehen: Sie wird mehr als Partnerin ihres Mannes, mehr in ihrer Persönlichkeit als Frau — und dies durchaus kritisch — weniger aber in ihrer Hausfrauenrolle wahrgenommen.

Mädchen, die momentan keinen Freund haben (13 % = 139 Befragte)

Auch diese Mädchen sind meist älter als 15 Jahre. Sie sind eher im Gymnasium, wohnen häufiger als andere nur bei der Mutter und leben eher in Großstädten. In ihrer Freizeit sind diese Mädchen wenig zu Hause, gehen zum Tanzen oder zu Freunden. Die Freundin spielt eine sehr wichtige Rolle; mit ihr verbringen sie einen großen Teil ihrer Freizeit. In der Kontaktaufnahme mit Jungen sind sie aktiver als Mädchen, die noch nie einen Freund hatten.

Es ist die Gruppe, die am häufigsten über Konflikte mit den Eltern berichtet: Die Eltern kritisieren an der Tochter, daß sie zu häufig weggeht, zuviel

Geld ausgibt, zu spät nach Hause kommt und zuviel raucht. Die Strategie der Mädchen liegt zwar hauptsächlich darin, zu versuchen, die Mutter verbal zu überzeugen; aber alles in allem setzen sie sich durch oder agieren heimlich. Insgesamt stehen diese Mädchen ihrer Mutter eher distanziert gegenüber, das heißt sie kritisieren sie zwar wenig, äußern aber auch nur selten Positives. Die Ehe der Eltern sehen diese Mädchen besonders kritisch: Immerhin ein Viertel möchte einmal nicht so zwangsweise zusammenleben wie dies aus ihrer Sicht die Eltern tun. Kritik gilt auch dem Vater: Nach Meinung der Töchter kümmert der sich zu wenig um die Familie.

Phasen von Nähe und Distanz zwischen Mutter und Tochter

Noch keine Erfahrungen mit Jungenfreundschaften zu haben, heißt für Mädchen, noch ganz die Tochter der Mutter zu sein. Diese Mädchen sind fast noch Kinder und haben noch keine abweichenden Vorstellungen von dem, was ihre Eltern ihnen vorleben und als Glück definieren. Die Beziehung zwischen Mutter und Tochter ist eng; die Tochter hat sich noch nicht getrennt: weder in ihrem Weltbild noch durch Kontakte mit Gleichaltrigen. Das Kind- und Tochter-Sein zeigt sich auch in der Zurückhaltung dieser Mädchen. Sie gehen nicht auf Jungen zu und haben wenig weibliches Selbstbewußtsein. Gegenüber ihren Eltern sind sie eher unreflektiert und haben noch keine eigenen Vorstellungen darüber entwickelt, was in einer Beziehung für sie „Glück" sein könnte.

Die Erfahrung einer Jungenfreundschaft ohne Sexualität findet hauptsächlich im Schutz der Clique statt. Die Gleichaltrigengruppe ist ein Schonraum, in dem die eigene Wirkung ausprobiert werden kann. Die Clique ist wichtiger als die Zweisamkeit. Das positive Bild von der Mutter besteht zwar noch, aber Konflikte ums Weggehen, bei denen sich auch der Vater einschaltet, sind an der Tagesordnung.

Wenn die Töchter sich in einer Freundschaft auch sexuell einlassen, verändert sich einiges grundlegend: Der Freund wird ganz wichtig, die Gleichaltrigengruppe tritt in den Hintergrund, und der Kontakt zur Freundin bekommt eine neue Qualität. Sexualität schafft Intimität zwischen Zweien. Dabei ist der Freundeskreis eher störend. Zwei ziehen sich zurück und werden dafür eventuell auch von der Clique mit Lächerlichmachen bestraft. Vor allem aber verändert sich mit eigenen heterosexuellen Erfahrunge der Töchter das Bild der Mutter und die Beurteilung der Ehe der Eltern.

Es ist ein durchgängiger Eindruck: Die Auseinandersetzung mit der Ehe der Eltern, mit den unterschiedlichen Rollen der Mutter, mit der Einschätzung dessen, was in der eigenen Familie abläuft, setzt meist mit viel Kritik ein, wenn die Tochter sexuelle Kontakte mit einem Jungen beginnt und Vorstellungen über die Gestaltung einer eigenen Beziehung konkret werden. Die kritische Haltung der Mutter gegenüber muß nicht mit häufigeren Konflikten verbunden sein. Die Tochter geht eher unmerklich auf Distanz zur Mutter. Was sich ändert, ist die Meßlatte, an der die Tochter die Ehe der Eltern und die Mutter mißt. Der Beginn einer eigenen Beziehung bringt auch die Auseinandersetzung mit eigenen Glücksvorstellungen und Wünschen an eine Partnerschaft mit sich. Die Tochter muß für sich herausfinden, was sie will — und dies kann sich durchaus unterscheiden von dem, was die Eltern ihr vorleben. Sie entwickelt Phantasien, wie das Leben für sie einmal sein sollte. Der Anspruch steigt und die Realität der Elternehe wird gemessen an den eigenen idealistischen Vorstellungen über romantische Liebe, glückliche Partnerschaft, totalem gegenseitigem Verständnis, etc. Auch die Mütter wünschen sich die Töchter als vollendetes Wesen, warmherzig und alles-verstehend, den Alltag glänzend bewältigend, als kuchenbackende und bratenzaubernde Hausfrau, als geistreiche und verständnisvolle Partnerin des Mannes und — last but not least — als attraktive, selbstbewußte Persönlichkeit mit viel weiblicher Ausstrahlung sowie als beruflich erfolgreiche und clevere Frau.

Eine solche Idealfigur gibt es natürlich nicht; das ahnt auch die Tochter. Die Phase der Abgrenzung ist jedoch für die Tochter notwendig, um eigenständige Vorstellungen vom Leben als Frau zu entwickeln, um von der unkritischen Übernahme dessen, was die Mutter gut und richtig findet, ein Stück Distanz zu gewinnen, auch wenn es für die Mutter oft kränkend ist, wenn die Tochter ihr so anspruchsvoll und wenig tolerant begegnet. Dies ist eine Entwicklungsstufe, die zum Erwachsenwerden der Töchter gehört: Die Entstehung eines eigenen Wertesystems ist gekoppelt mit meist unerbittlichen moralischen Maßstäben, mit einem ausgesprochenen Schwarz-Weiß-Denken; die Zwischentöne, die Grauzonen sind verpönt, Kompromisse gelten als Verrat.

Wenn die Tochter die Ehe der Eltern uneingeschränkt als glücklich empfindet und ihr die Mutter in allem Vorbild ist, wird sie das Kind der Eltern und in kindlicher Abhängigkeit von der Mutter bleiben. Sie kann nicht lernen, auf eigenen Füßen zu stehen und von der Mutter getrennte Vorstellungen vom Leben zu entwickeln. Sexualität scheint den Töchtern zu helfen, zu der für ihre Ablösung erforderlichen Abgrenzung von der Mutter zu finden. Dieses Wissen haben die Märchen bewahrt: Rapunzel, Dornröschen und Aschenputtel zeigen in unterschiedlicher Weise die Bedeutung der Sexualität für das Erwachsenwerden der Töchter und veranschaulichen in dramatisierenden Bildern die Kämpfe und Schwierigkeiten zwischen Mutter und Tochter um diesen Schritt in die Autonomie, in die Verantwortung für sich selbst.

8. Schichtspezifische Töchterperspektiven

Die Erwerbstätigkeit bzw. die Nichterwerbstätigkeit der Mütter ist ein wichtiger sozialstruktureller Zusammenhang (vgl. Kapitel 4.2) — ein anderer ist die jeweilige soziale Schicht, die ihrerseits Einfluß auf das Mutterbild und die Lebensvorstellungen der Tochter haben kann.

„Schicht" ist ein sozialwissenschaftlicher Arbeitsbegriff, der komplexe gesellschaftliche Phänomene zu beschreiben versucht. Es geht dabei um die Verteilung sozialer Chancen einerseits und andererseits um spezifische Lebensstile und Weltbilder, die sich im jeweiligen Schichtmilieu herausgebildet haben und dort tradiert werden.

Wir verwenden die nicht ganz unproblematischen Begriffe Ober-, Mittel- und Unterschicht. Die Leserin bzw. der Leser möge uns hier nachsehen, daß wir diese „Schubladen"-Begrifflichkeit um der Genauigkeit willen beibehalten, denn Versuche, mit Umschreibungen wie „Arbeitermädchen" oder „Bürgerliche" und „Höhere Tochter" davon wegzukommen, erscheinen uns auch nicht sehr gelungen und darüber hinaus viel ungenauer.

Die Schicht haben wir nicht nur anhand der Berufsposition der Väter bestimmt, wie dies sonst in vergleichbaren sozialwissenschaftlichen Untersuchungen üblich ist, sondern auch anhand der Schulbildung der Mädchen selbst (vgl. Kasten VIII). Die Mütter konnten wir für die Schichtzuordnung nicht berücksichtigen, da sie zum größten Teil einfache Schulbildung haben und nicht erwerbstätig sind (vgl. Kapitel 4.2).

Tabelle 11: Schichtverteilung

Unterschicht	8 %
untere Mittelschicht	37 %
obere Mittelschicht	25%
Oberschicht	9 %
Aufsteigerinnen	15 %
Absteigerinnen	6 %

Die folgenden Tabellen veranschaulichen, wie das Bild über die Mutter, über die Ehe der Eltern und über die eigene Zukunft sowie der Umgang mit familiären Konflikten jeweils schichtspezifisch variieren.

Kasten VIII

Schichtbestimmung der Töchter

Die Schichtzuordnung der Töchter

Unterschicht: berufstätig ohne Abschluß oder arbeitslos ohne Abschluß
untere Mittelschicht: Lehre oder berufstätig mit abgeschlossener Lehre oder Hauptschülerin
obere Mittelschicht: Realschule oder berufsqualifizierende Schule
Oberschicht: Gymnasium oder Hochschulstudium

Die Schichtzuordnung der Väter

Unterschicht: kleiner Selbständiger oder einfacher Angestellter oder Beamter im einfachen Dienst oder einfacher Arbeiter
untere Mittelschicht: mittlerer Angestellter oder Beamter im mittleren Dienst oder Facharbeiter oder Landwirt
obere Mittelschicht: mittlerer Selbständiger oder qualifizierter Angestellter oder Beamter im gehobenen Dienst
Oberschicht: leitender Angestellter oder Beamter im höheren Dienst oder großer Selbständiger oder freier Beruf

Aus der Kombination dieser Kriterien ergibt sich die Schichtzugehörigkeit der Mädchen, wobei die zusätzlichen Kategorien der Aufsteigerin und der Absteigerin dann entstehen, wenn die berufliche Position des Vaters und die Schulbildung der Tochter stark voneinander abweichen.

8.1 Mehr Spaß und weniger Belastungen als die Mutter — Mädchen in der „Unterschicht“ (8 % = 88 Befragte)

Unterschichtmädchen sind vor allem un- oder angelernt erwerbstätig, einige sind arbeitslos oder in berufsvorbereitenden Maßnahmen. Ihre Mütter haben sehr oft Volksschulbildung, ebenso ihre Väter, die ihr Geld meist als Arbeiter oder einfache Angestellte verdienen.

Tabelle 12: Das Mutterbild in der Unterschicht

	Unterschicht-töchter	alle Befragten
Meine Mutter schuftet sich ab für die Familie, ich möchte mal mehr an mich selbst denken können	52 %	41 %
Ich möchte später mal mehr auf meine Figur und mein Äußeres achten	41 %	19 %
Ich möchte im Haushalt so geschickt sein wie sie	54 %	49 %
Ich möchte auch einmal eine so starke und warmherzige Frau sein wie meine Mutter	38 %	31 %
Ich möchte nicht so ängstlich sein, meine Mutter traut sich nichts zu	4 %	13 %

Hier entsteht das Mutterbild einer ,,Babuschka", die sich für die Familie abschuftet, sehr tüchtig im Haushalt ist, aber darauf beschränkt bleibt. Sie ist aus der Sicht der Töchter wenig unsicher und ängstlich, eher stark und warmherzig. Diese Mütter sind offenbar nicht sehr auf ihr Äußeres bedacht, die Figur hat gelitten, auf Schönheitspflege werden keine Zeit und keine Gedanken verschwendet, was den Töchtern gerade in dieser Altersstufe besonders auffällt. Sie finden das nicht nachahmenswert, ebensowenig wie die Familienschufterei ihrer Mütter (vgl. Tabelle 12). Aber gerade letzteres werden sie nicht so leicht los: Unter diesen Töchtern sind auffallend viele, die es gut finden, wenn Mädchen hilfsbereit sind — und noch deutlicher: Diese Töchter übernehmen selbst einen großen Teil der Hausarbeit, wie z.B. Einkaufen und Kochen. Sie treten damit bereits in ihrer Herkunftsfamilie in die Fußstapfen der Mutter.

Tabelle 13: Beurteilung der Elternehe in der Unterschicht

	Unterschicht-töchter	alle Befragten
Ich möchte mit meinem Partner richtig reden können und mehr gemeinsam mit ihm machen	53 %	45 %
Ich möchte auch so eine glückliche Ehe führen wie meine Eltern	37 %	28 %
Ich finde die Ehe meiner Eltern gut, aber sie wäre nichts für mich	17 %	24 %
Ich möchte nicht so viel Streit	25 %	20 %

Die Mädchen der Unterschicht haben besonders ausgeprägt den Wunsch, mit ihrem Partner besser reden zu können und mehr mit ihm gemeinsam unternehmen zu können als ihre Eltern. Mehr als in anderen Schichten besteht bei ihnen der Eindruck, daß sich die Eltern zu viel streiten. Die Distanz zur Elternehe, die sich in der Aussage ausdrückt ,,gut, aber nichts für mich'', ist jedenfalls bei ihnen wenig ausgeprägt.

Dennoch stimmen sie oft der Aussage zu ,,ich möchte auch so eine glückliche Ehe führen'' (vgl. Tabelle 13). Dies erscheint zunächst widersprüchlich. Sind sie der Meinung, die Eltern sind auf ihre Weise dennoch ,,glücklich'' oder ist ,,glückliche Ehe führen'' eine so hohe soziale Norm, daß sie daran festhalten und nicht zugeben können, daß ihre Eltern vielleicht gar nicht so glücklich sind? Man könnte diesen Widerspruch aber auch als einen Hinweis darauf werten, daß Unterschichttöchter nicht dazu neigen, die Partnerbeziehung ihrer Eltern aus ,,neutraler'' Distanz zu beurteilen, sondern daß sie emotional beteiligt sind. Für sie ist die Ehe der Eltern entweder ,,gut'' oder ,,schlecht'', und sie trauen sich auch ein Urteil darüber zu.

Tabelle 14: Konfliktanlässe und Konfliktstrategien in der Unterschicht

	Unterschicht-töchter	alle Befragten
Konflikte um Jungen: meine Mutter/mein Vater hat kein Vertrauen zu mir	39 %	28 %
Konflikte um Freunde, die meine Eltern nicht mögen	49 %	38 %
Konflikte mit Mutter/Vater ums Nachhause-Kommen: weil ich zu spät nach Hause komme	59 %	40 %
Konflikte mit Mutter/Vater ums Zigarettenrauchen	43 %	31 %
Konflikte mit der Mutter um die Kleidung: weil sie findet, daß ich zu wenig Wert auf Kleidung lege	50 %	34 %
Meine Mutter/mein Vater bemüht sich, Verständnis für mich aufzubringen, aber er/sie hat zu altmodische Ansichten	59 %	43 %
Meine Mutter/mein Vater sagt mir, wenn sie etwas nicht gut finden und reden mit mir über alles	72 %	63 %
Meine Mutter/mein Vater hält mir eine Standpauke	45 %	38 %
Meine Mutter/mein Vater zeigt Unwillen, verbietet es mir aber nicht ausdrücklich und macht mir damit ein schlechtes Gewissen	28 %	43 %
Ich versuche, in Konflikten Kompromisse zu finden	30 %	42 %

In der Unterschicht ist die Angst der Eltern, die Tochter könnte moralisch abrutschen, unverkennbar. Daß die Eltern in dieser Hinsicht kein Vertrauen zur Tochter haben, findet sich in der Unterschicht vergleichsweise oft, ebenso wie der Krach, wenn die Tochter zu spät nach Hause kommt. Auch Alkohol und Zigarettenrauchen bieten reichlichen Anlaß zu Konflikten mit den Eltern. Die Mutter spricht dann auch schneller als in anderen Schichten Verbote aus; die Tochter findet im Vergleich zu anderen Schichten häufiger, daß die Eltern — und besonders die Mutter — altmodische Ansichten haben. In Konflikten etwas auszuhandeln, ist in diesen Familien weniger üblich. Da demonstrieren die Eltern schon eher ihre Macht. Aber sie rufen bei der Tochter auch nicht so häufig ein schlechtes Gewissen hervor. Als auffälliges Ergebnis ist einerseits festzustellen, daß die Unterschichttöchter wenig von Kompromissen halten und auch weniger versuchen, ihre Eltern zur Durchsetzung von Wünschen zu überzeugen. Andererseits aber haben diese Töchter durchaus den Eindruck, mit den Eltern unterschiedliche Standpunkte klären zu können. Die Väter schalten sich vor allem dann und meist für die Töchter in unangenehmer Weise ein, wenn sie merken, daß die Töchter am anderen Geschlecht Interesse finden. Ansonsten halten sie sich bei Konflikten meistens heraus, und die Tochter geht eher zur Mutter, wenn sie etwas will; die Mutter bringt es dann dem Vater bei: Diese Koalition mit der Mutter kommt im Schichtvergleich am häufigsten in der Unterschicht vor.

Bezüglich des „outfits" von Mutter und Tochter sparen beide nicht an gegenseitiger Kritik. Während die Töchter das Äußere der Mutter überdurchschnittlich oft bemängeln, sind es auch die Unterschicht-Mütter, die am meisten an der Kleidung/dem Äußeren der Tochter herummäkeln. Offenbar sind hier die sogenannten Äußerlichkeiten das Terrain, auf dem sich Mütter und Töchter gegeneinander abgrenzen und vielleicht auch Konkurrenzen austragen (vgl. Tabelle 12 und 14).

Tabelle 15: Zukunftsperspektiven und Ängste in der Unterschicht

	Unterschicht-töchter	alle Befragten
Ich möchte mit einem Mann zusammenleben	42 %	35 %
Ich möchte meinen Berufswunsch verwirklichen	39 %	64 %
Ich habe Angst, daß ich keine Arbeit finde	19 %	31 %
Ich habe Angst, finanziell nicht abgesichert zu sein	30 %	21 %
Ich kann mir vorstellen, mit einem Partner zusammenzuleben, ohne verheiratet zu sein — bis ich weiß, ob er der Richtige ist	72 %	52 %

Für die Unterschichttöchter steht die Verwirklichung des Berufswunsches nicht an erster Stelle. Unter ihnen sind vergleichsweise viele, die als nächsten Schritt vorhaben, von zu Hause auszuziehen und mit einem Freund zusammenzuleben — mit dem Ziel, herauszufinden, ob er der „Richtige" ist. Mädchen in der Unterschicht sagen offen, daß sie an Männern interessiert sind (vgl. Tabelle 15). Das machen auch andere Daten deutlich: Die Mädchen wollen auf sexuellem Gebiet Erfahrungen sammeln und haben auch gerne mal zwei Freunde gleichzeitig. Wenn überhaupt Mädchen in diesem Alter Angst vor finanzieller Unsicherheit haben, dann in der Unterschicht — Ergebnis langer Erfahrungen in ihrem sozialem Umfeld mit Arbeitslosigkeit und materieller Not, aber auch schon eigener Erfahrungen, für wenig Geld arbeiten zu müssen.

8.2 Sicherheit und Anerkennung als wichtigste Ziele — Mädchen in der „unteren Mittelschicht" (37 % = 303 Befragte)

Die Mädchen der unteren Mittelschicht sind meist Auszubildende oder erwerbstätig nach abgeschlossener Lehre. Einige sind auch noch Hauptschülerinnen. Die Eltern haben vorwiegend Volksschulbildung, die Väter sind oft Facharbeiter oder mittlere Angestellte. Da diese Gruppe die größte ist, prägt sie selbst stark den Durchschnitt. Von daher sind auch kleinere Abweichungen vom Durchschnitt aussagekräftig.

Tabelle 16: Das Mutterbild in der unteren Mittelschicht

	Untere Mittel-schichttöchter	alle Befragten
Ich möchte mal mehr Anerkennung	28 %	23 %
Ich möchte auch so lebendig und interessiert bleiben	26 %	30 %

Für die Töchter in der unteren Mittelschicht ist die Mutter nicht — wie in der Unterschicht — eine sich aufopfernde, aber starke Frau, sondern eine, die zu kurz gekommen ist und wenig Anerkennung findet (vgl. Tabelle 16). Wenn diese Töchter seltener als andere ihre Mütter als lebendig und interessiert sehen, könnte dies auf die mangelnden Perspektiven der Mütter hinweisen, die sich darin erschöpfen, mithelfen zu müssen, daß die Familie in geordneten Verhältnissen leben kann.

Tabelle 17: Konfliktanlässe und Konfliktstrategien in der unteren Mittelschicht

	untere Mittel-schichttöchter	alle Befragten
Konflikte mit der Mutter um Hausarbeit oder um das Aufpassen auf kleinere Geschwister	39 %	35 %
Konflikte mit der Mutter um die Kleidung: daß ich keine Röcke anziehen will	21 %	16 %
Konflikte mit der Mutter um das Verhalten: daß ich ihr zu frech bin	21 %	16 %
Ich versuche, meine Mutter zu überzeugen	55 %	60 %
Ich versuche, meinen Vater zu überzeugen	35 %	40 %
Meine Mutter hält mir eine Standpauke	17 %	13 %

Konflikte tragen die Töchter in der unteren Mittelschicht vor allem mit den Müttern aus. Die Väter sind hier noch mehr im Hintergrund als anderswo. Anlässe für Konflikte sind weniger das wachsende Interesse der Töchter am anderen Geschlecht, sondern es geht vorzugsweise um Hausarbeit, um ordentliche Kleidung und um das freche Verhalten der Mutter gegenüber (vgl. Tabelle 17). Die Mütter haben aus der Sicht der Töchter manchmal wenig Toleranz und lassen nicht mit sich reden, so daß die Töchter von vorneherein weniger versuchen, sie zu überzeugen. In dieser Schicht scheinen die Mütter einen besonderen Anpassungsdruck auf die Töchter auszuüben: Der gute Ruf muß gewahrt bleiben.

Den Mädchen der unteren Mittelschicht ist die finanzielle Absicherung wichtiger als die Verwirklichung ihres Berufswunsches, wohl auch deshalb, weil sie in absehbarer Zeit vorhaben, zu heiraten und eine Familie zu gründen. Dahin gehen ihre Wünsche, aber auch ihre Ängste (vgl. Tabelle 18). Andere Daten machen deutlich, daß die Mädchen in der unteren Mittelschicht auffallend

Tabelle 18:: Zukunftsperspektiven und Ängste in der unteren Mittelschicht

	untere Mittelschichttöchter	alle Befragten
Ich möchte heiraten und Kinder kriegen	60 %	50 %
Ich möchte finanziell abgesichert sein	60 %	56 %
Ich will erst Kinder, wenn ich finanziell abgesichert bin, und dann gehe ich auch nicht mehr arbeiten	32 %	26 %
Ich habe Angst, daß mein Freund mich sitzenläßt	22 %	15 %
Ich möchte meinen Berufswunsch verwirklichen	56 %	64 %
Ich habe Angst, daß ich beruflich nicht zufrieden bin	37 %	43 %

konservativ sind, sowohl im Hinblick auf ihr Selbstbewußtsein als Frau, als auch im gesellschaftspolitischen Bereich. So finden sie beispielsweise häufiger als andere einen Mann, der den Haushalt führt, lächerlich. In der Freizeit ohne den Freund etwas zu unternehmen, ist nicht ihr Interesse. Mädchen in der unteren Mittelschicht zählen sich selten zur Friedensbewegung oder engagieren sich wenig persönlich für eine Sache. Da sind ihnen z.B. Unterschichtmädchen weit voraus. Der fehlende Freiraum der Frauen in der unteren Mittelschicht wurde schon im Mutterbild deutlich. Was die Töchter an der Mutter kritisieren, holt sie selbst wieder ein, auch bei ihnen zeichnet sich eine relativ starre Lebenshaltung ab.

8.3 Der Wunsch nach Vereinbarkeit von Beruf und Familie — Mädchen in der „oberen Mittelschicht“ (25 % = 276 Befragte)

Die Mädchen der oberen Mittelschicht sind fast alle noch im allgemeinbildenden Schulsystem, entweder als Realschülerinnen oder als Gymnasiastinnen. Ihre Eltern haben sehr viel häufiger eine weiterführende Schule besucht als in der unteren Mittelschicht, die Väter sind meist qualifizierte Angestellte.

Tabelle 19: Das Mutterbild in der oberen Mittelschicht

	obere Mittelschichttöchter	alle Befragten
Ich möchte auch so lebendig und interessiert bleiben	37 %	30 %
Ich möchte auch einmal so aufgeschlossen und engagiert sein	25 %	18 %
Meine Mutter schuftet sich ab für die Familie, ich möchte mal mehr an mich denken können	35 %	41 %
Ich möchte mal mehr Anerkennung	18 %	23 %

Mädchen aus der oberen Mittelschicht sehen ihre Mütter interessierter und lebendiger als andere. Sie haben auch weniger den Eindruck, daß sie sich abschuften oder um Anerkennung kämpfen. Diese Mütter haben offenbar eher die Chance, eine Balance zwischen Familientätigkeit und Verwirklichung eigener Interessen herzustellen. Ein zusätzlicher Hinweis dafür ist, daß die Töchter in der oberen Mittelschicht an ihren Müttern vergleichsweise oft Aufgeschlossenheit und Engagement wahrnehmen (vgl. Tabelle 19).

Tabelle 20: Konfliktanlässe und Konfliktstrategien in der oberen Mittelschicht

	obere Mittelschichttöchter	alle Befragten
Konflikte mit Vater/Mutter um meine Zukunft: daß ich die Schule/Ausbildung angeblich zu wenig ernst nehme	48 %	37 %
Konflikte mit dem Vater um mein Verhalten: daß ich ihm zu frech bin	19 %	12 %
Wenn ich etwas will, versuche ich, meine Mutter zu überzeugen	66 %	60 %

Die Konflikte mit den Eltern in der oberen Mittelschicht drehen sich hauptsächlich um die Leistungen in Schule und/oder Beruf. Dies scheint jedoch die Beziehung zur Mutter weniger zu belasten als die Beziehung zum Vater, der dann manchmal dazu neigt, der Tochter Vorhaltungen zu machen, wenn sie seinen hohen Erwartungen nicht gerecht wird (vgl. Tabelle 20).

Tabelle 21: Zukunftsperspektiven und -ängste in der oberen Mittelschicht

	obere Mittelschicht	alle Befragten
Ich möchte meinen Berufswunsch verwirklichen	71 %	64 %
Ich habe Angst, in der Schule/Ausbildung schlecht abzuschneiden	38 %	33 %
Solange die Kinder klein sind, bleibe ich zu Hause, dann will ich wieder in meinen Beruf zurück	55 %	48 %
Ich möchte heiraten und Kinder kriegen	43 %	50 %

Die Mädchen der oberen Mittelschicht haben eine ausgeprägte Berufsmotivation, die sich sowohl in ihren Zukunftswünschen als auch in ihren Ängsten zeigt. Die hohen Erwartungen und die Befürchtungen der Eltern, die Tochter könnte es nicht schaffen, sind auch auf seiten der Töchter zu finden. Die Vorstellung, eine Familienpause einzulegen, aber zunächst einmal ein berufliches Standbein zu finden, entspricht dem Wunsch, sowohl „Beruf" als auch „Familie" leben zu wollen (vgl. Tabelle 21). Die Töchter der oberen Mittelschicht entsprechen am ehesten der Gruppe, die in „Mutter als Vorbild" beschrieben wurde (vgl. Kapitel 5.2).

8.4 Der Vater als Leitfigur und der Beruf als zentrale Perspektive — Mädchen in der Oberschicht (9 % = 103 Befragte)

Töchter in der Oberschicht sind fast alle im Gymnasium. Ihre Eltern haben zum größten Teil weiterführende Schulen besucht und höhere Abschlüsse gemacht. Ihre Väter sind meist leitende Angestellte oder Beamte im höheren Dienst.

Tabelle 22: Mutterbild und Elternehe in der Oberschicht

	Oberschicht-töchter	alle Befragten
Ich möchte meine Kinder verständnisvoller erziehen	26 %	20 %
Ich möchte auch so lebendig und interessiert bleiben	36 %	30 %
Ich möchte im Haushalt so geschickt sein wie sie	41 %	49 %
Ich möchte auch so eine glückliche Ehe führen wie meine Eltern	22 %	28 %
Ich möchte später mal mehr auf meine Figur und mein Äußeres achten	7 %	19 %

Zwar haben die Mädchen in der Oberschicht öfter den Eindruck, daß ihre Mutter lebendig und interessiert ist, unter ihnen sind aber auch oft diejenigen, die sich eine verständnisvollere Mutter wünschen. Es könnte sein, daß Mütter in der Oberschicht vielen Interessen und Aktivitäten nachgehen und die Töchter das Gefühl haben, ,,nebenher" zu laufen. Die Mütter sind weder als Hausfrauen noch als Ehefrauen für ihre Töchter ein großes Vorbild. Die Kritik am Äußeren der Mutter, die z.B. in der Unterschicht stark ausgeprägt ist, spielt für Oberschichttöchter kaum eine Rolle (vgl. Tabelle 22).

Tabelle 23: Konfliktstrategien in der Oberschicht

	Oberschicht-töchter	alle Befragten
Ich versuche, meinen Vater zu überzeugen	54 %	40 %
Ich versuche, meinen Vater rumzukriegen, da habe ich die meisten Chancen	20 %	15 %
Ich versuche, Kompromisse zu finden	60 %	42 %
Ich mache einfach, was ich will	19 %	11 %
Meine Eltern zeigen ihren Unwillen, verbieten es mir aber nicht ausdrücklich und machen mir damit ein schlechtes Gewissen	56 %	43 %
Ich darf fast alles, meine Eltern vertrauen mir	32 %	25 %

Die Konfliktanlässe sind in der Oberschicht nicht anders als in anderen Schichten, aber die Mädchen in der Oberschicht haben im allgemeinen weniger Konflikte mit ihren Eltern als andere Gruppen. Das Repertoire an Strategien, die von Eltern und Töchtern angewandt werden, ist jedoch durchweg vielfältiger und reichhaltiger. Oberschichteltern wollen nicht autoritär sein und tun sich schwer, den Töchtern direkt Grenzen zu setzen; sie machen eher Schuldgefühle. Das erzeugt Kompromißbereitschaft, aber auch Trotz, so daß in der Oberschicht der Anteil der Töchter, die machen, was sie wollen, am höchsten ist. Die Väter spielen für die Oberschichtmädchen eine viel entscheidendere Rolle als in anderen Schichten (vgl. Tabelle 23). Die Koalition mit dem Vater kommt in der Oberschicht vergleichsweise häufig vor. Auch der Anteil der ,,Eltern-Töchter" (vgl. Kapitel 7.2) ist hier am höchsten. Dazu paßt auch, daß Oberschichttöchter nur ganz selten der Meinung sind, ihr eigener Partner solle sich später mehr um die Kindererziehung kümmern als dies ihr Vater tut.

Tabelle 24: Zukunftsperspektiven und -ängste in der Oberschicht

	Oberschicht-töchter	alle Befragten
Ich möchte meinen Berufswunsch verwirklichen	82 %	64 %
Ich möchte Karriere machen	22 %	13 %
Ich möchte ins Ausland gehen und dort leben	37 %	18 %
Ich will nicht heiraten	18 %	10 %
Ich habe Angst, daß ich beruflich nicht zufrieden bin oder nicht das finde, was mir Spaß macht	58 %	43 %
Ich habe Angst, daß ich mit mir selbst nicht klar komme	35 %	27 %

Die Oberschichtmädchen sind besonders berufsorientiert. Einige von ihnen wollen nicht nur einen Beruf, sondern auch Karriere machen. Die Familienperspektive allein erscheint den Töchtern in der Oberschicht nicht erstrebenswert, und die Meinung, daß Kindererziehung Frauensache und Politik Männersache sein sollte, wird von ihnen — vergleicht man die Sozialschichten — am meisten abgelehnt. Viele wollen ins Ausland und dort neue Erfahrungen sammeln. Diesen Spielraum haben sie auch aufgrund der finanziellen Möglichkeiten ihrer Väter. Oberschichttöchter haben mehr Freiheiten als andere, aber Freiheit macht auch Angst, z.B. Angst, mit sich selbst nicht klarzukommen (vgl. Tabelle 24).

8.5 Die Verwirklichung des Berufswunsches als Abgrenzung von der Mutter — Die Aufsteigerinnen (15 % = 161 Befragte)

15 % dieser Mädchengeneration schaffen bildungsmäßig im Vergleich zu ihren Vätern einen großen Sprung nach vorne. Im Vergleich zu den Müttern ist der

Abstand noch größer. Die Erweiterung und Verbreiterung des Bildungsangebotes ist besonders von Mädchen genützt worden; sog. Aufsteigerinnen sind deshalb typisch für diese Mädchengeneration. Aufsteigerinnen sind zum allergrößten Teil Gymnasiastinnen, einige gehen in die Realschule. Die Eltern haben oft Volksschulbildung, einige auch weiterführende Schulen ohne Abitur. Die Väter sind einfache oder mittlere Angestellte, bzw. einfache oder qualifizierte Arbeiter. Hinzu kommen einige kleinere Selbständige. Auffallend ist zudem, daß die Mütter der Aufsteigerinnen überdurchschnittlich häufig erwerbstätig sind, und dies überwiegend in unqualifizierten Tätigkeiten.

Tabelle 25: Das Mutterbild der Aufsteigerinnen

	Aufsteigerinnen	alle Befragten
Ich möchte nicht so ängstlich sein, meine Mutter traut sich nichts zu	19 %	13 %
Mein Partner sollte sich mehr um Kindererziehung kümmern	31 %	25 %
Ich möchte auch einmal so aufgeschlossen und engagiert sein	10 %	18 %
Ich möchte auch so eine glückliche Ehe führen wie meine Eltern	22%	28 %

Aufsteigerinnen haben gegenüber ihren Eltern und besonders gegenüber den Müttern bildungsmäßig einen gewaltigen Vorsprung. Wenn sie ihre Lebensvorstellungen vergleichen mit dem Leben ihrer Mütter, kommen diese nicht besonders gut weg: Selten erleben sie ihre Mütter als aufgeschlossen und engagiert. Mehr als andere finden sie sie ängstlich — eine Frau, die sich nichts zutraut und die ihren Mann nicht dazu bringt, sich an der Kindererziehung zu beteiligen, sondern sie damit allein läßt. Weniger als andere sehen Aufsteigerinnen ihre Mütter in einer glücklichen Partnerbeziehung (vgl. Tabelle 25).

Die Mütter ihrerseits scheinen den Aufstieg ihrer Töchter insofern zu akzeptieren, als sie sie mit Anforderungen an Hausarbeit schonen. Aufsteigerinnen sind mit Abstand diejenigen, die am wenigsten Hausarbeit machen. Der Aufstieg der Töchter in der Unterschicht und in der unteren Mittelschicht wird durch die Erwerbsarbeit der Mütter gefördert, indem diese Mütter aus eigener schlechter Erfahrung heraus die Töchter ermuntern, sich zu qualifizieren mit der Botschaft: Du sollst es einmal besser haben als ich. Sie leben zwar die Erwerbsarbeit vor, und in dieser Hinsicht sind sie durchaus Vorbild für die Töchter. Aber dadurch, daß sie nicht qualifiziert sind, arbeiten sie an unattraktiven, schlecht bezahlten Arbeitsplätzen und sind damit ein eher abschreckendes Beispiel für die Töchter.

Aufsteigerinnen haben insgesamt sehr viel weniger Konflikte mit ihren Eltern als Töchter, die in der Unterschicht und unteren Mittelschicht geblieben

Tabelle 26: Konflikte und Strategien von Aufsteigerinnen und deren Eltern

	Aufsteige-rinnen	alle Befragten
Konflikte mit der Mutter: weil sie findet, daß ich zu schlampig bin/mein Zimmer zu wenig aufräume	39 %	34 %
Konflikte mit der Mutter: weil ich zu frech bin	10 %	16 %
Konflikte mit Vater/Mutter: um's Zigarettenrauchen	16 %	31 %
Konflikte mit der Mutter: weil ich zu spät nach Hause komme	9 %	14 %
Konflikte mit Vater/Mutter: die Eltern haben kein Vertrauen wegen Jungen	23 %	28 %
Ich versuche, meine Mutter zu überzeugen	66 %	60 %
Ich versuche, meinen Vater zu überzeugen	48 %	40 %

sind. Weder die Sexualität der Töchter noch mangelnde Disziplin und Ordnung sind hier Konfliktinhalte. Allenfalls regen sich die Mütter mal über das unaufgeräumte Zimmer auf und über die Sachen, die in der Wohnung herumliegen. Ansonsten scheinen die Töchter sich so zu verhalten, daß die Eltern wenig Anstoß nehmen oder besorgt sind (vgl. Tabelle 26). Auch bei den Aufsteigerinnen ist — ähnlich wie in der Oberschicht — der Vater ein wichtiger Ansprechpartner, ganz anders als bei den Töchtern aus der Unterschicht oder der unteren Mittelschicht, wo fast alles über die Mutter läuft.

Tabelle 27: Zukunftsperspektiven und Ängste der Aufsteigerinnen

	Aufsteige-rinnen	alle Befragten
Ich möchte meinen Berufswunsch verwirklichen	73 %	64 %
Ich möche ins Ausland gehen und dort leben	25 %	18 %
Ich möchte finanziell abgesichert sein	46 %	56 %
Ich möchte heiraten und Kinder kriegen	43 %	48 %
Solange die Kinder klein sind, bleibe ich zu Hause, dann will ich wieder in meinen Beruf zurück	65 %	48 %
Ich habe Angst, daß mein Freund mich sitzenläßt	6 %	15 %
Ich habe Angst vor der Abschlußprüfung, bzw. daß ich in der Schule schlecht abschneide	41 %	33 %
Ich habe Angst, daß ich keine Arbeit finde	38 %	31 %

In den Zukunftsperspektiven und -ängsten der Aufsteigerinnen kommt deutlich zum Ausdruck, daß sie aus ihrem Bildungsvorsprung etwas machen wollen, aber daß sie gerade, was ihre Berufsmöglichkeiten angeht, auch sehr verunsichert sind. Sie haben Angst, in Prüfungen schlecht abzuschneiden oder keine Arbeit zu finden. Ihre Ängste liegen weniger im Beziehungsbereich, wobei wir nicht wissen, ob dies mehr Sicherheit oder einfach in dieser Entwicklungsstufe mehr Desinteresse an Beziehungen bedeutet. In ihren Zukunftsperspektiven sind die Aufsteigerinnen — ebenso wie im Konfliktbereich — den Oberschichttöchtern sehr ähnlich. Offenbar prägt hier die Schullaufbahn stärker als die Schicht. Anders im Mutterbild und in der Beurteilung der Elternehe: Hier unterscheiden sich Aufsteigerinnen deutlich, sowohl von den Schichten, aus denen sie kommen, als auch von den Schichten, die sie durch ihren Bildungsaufstieg anstreben: Die Abgrenzung gegenüber dem Leben, das die Eltern führen, ist bei den Aufsteigerinnen am stärksten. Das heißt aber nicht, daß sie mit ihren Eltern im Krieg liegen. Im Gegenteil, unter ihnen sind auch vergleichsweise viele ‚Eltern-Töchter' (vgl. Kapitel 7.2) und ihr Aufstieg wird sowohl von der Mutter als auch vom Vater unterstützt. Die Abgrenzung von den Eltern ist eher vom Verstand her und nicht emotional begründet. Dies kommt beispielsweise auch darin zum Ausdruck, daß die Aufsteigerinnen nach den Mädchen in der Oberschicht am häufigsten der Meinung sind: „Die Ehe meiner Eltern finde ich gut, aber nichts für mich."

8.6 Mädchen proben den Ausstieg — die ‚Absteigerinnen'
(6 % = 71 Befragte)

Die Absteigerinnen sind ungefähr zu gleichen Teilen entweder in einer betrieblichen Ausbildung oder erwerbstätig ohne abgeschlossene Lehre oder arbeitslos. Die Väter haben sehr viel mehr als der Durchschnitt weiterführende Schulen besucht und das Abitur oder einen Hochschulabschluß gemacht. Die Mütter haben vergleichsweise oft weiterführende Schulbildung. Die Väter sind entweder Selbständige, arbeiten in freien Berufen oder — besonders häufig — als leitende Angestellte.

Tabelle 28: Das Mutterbild der Absteigerinnen

	Absteigerinnen	alle Befragten
Ich möchte auch so attraktiv sein wie sie	25 %	17 %
Ich möchte meine Kinder verständnisvoller erziehen	14 %	20 %
Ich möchte nicht soviel allein sein	25 %	17 %

Die Mütter werden von den Absteigerinnen sowohl als Frauen als auch in der Mutterrolle positiv bewertet, bzw. wenig abgelehnt oder kritisiert. Absteigerinnen haben dagegen häufiger als andere Probleme mit ihren Vätern als Partner der Mütter. Ein Viertel von ihnen ist der Meinung, daß der Vater die Mutter zuviel alleine läßt (vgl. Tabelle 28).

Tabelle 29: Konflikte und -strategien der Absteigerinnen und ihrer Eltern

	Absteige-rinnen	alle Befragten
Konflikte mit Vater/Mutter um das Weggehen: weil ich zu-wenig zu Hause bin	37 %	51 %
Konflikte mit Vater/Mutter um das Verhalten: daß ich ih-nen zu frech bin	30 %	44 %
Konflikte mit der Mutter um Jungen: meine Mutter meint, daß ich zu weit gehe	15 %	8 %
Mein Vater/meine Mutter zeigen Unwillen, verbieten es mir aber nicht ausdrücklich und machen mir damit ein schlechtes Gewissen	33 %	43 %
Meine Wünsche werden solange zerredet, bis nichts mehr davon übrig ist	25 %	15 %
Mein Vater kümmert sich zuwenig um die Familie	23 %	16 %

Der Umgang mit Konflikten entspricht bei Absteigerinnen in weiten Bereichen dem der Oberschicht oder der oberen Mittelschicht, also dem gesellschaftlichen Milieu, aus dem sie kommen. Es gibt insgesamt weniger Konflikte als im Durchschnitt. Die Töchter sind zu Kompromissen bereit. Die Eltern neigen allerdings weniger als bei Oberschichtmädchen dazu, ein schlechtes Gewissen zu machen. Ein weiterer Unterschied ist die erkennbare Angst der Mütter, die Töchter könnten sich zu sehr mit Jungen einlassen. Zu fragen ist, ob diese Angst immer dann auftaucht, wenn die Töchter keine Berufsperspektive haben?

Absteigerinnen haben auch häufiger als andere das Gefühl, daß ihre Wünsche von den Eltern zerredet werden. Oberschichteltern mit Töchtern, die bildungsmäßig nicht ihrem Niveau entsprechen, haben es offenbar schwer, die Wünsche ihrer Töchter zu akzeptieren. Sie versuchen dann solange zu argumentieren, bis die Tochter nicht mehr weiß, was sie eigentlich will. Ähnlich wie im Mutterbild kommt auch im Konfliktbereich zum Ausdruck, daß der Vater aus der Sicht der Absteigerinnen zu wenig gegenwärtig ist. Unter ihnen sind am meisten ‚verletzte Vater-Töchter' zu finden (vgl. Kapitel 7.2). In den oberen Schichten scheint eine enttäuschte Vaterliebe die Tendenz der Töchter zum Abstieg bzw. Ausstieg zu fördern.

Von den Zukunfsperspektiven her gewinnt man den Eindruck, daß es sich eher um Aussteigerinnen als um Absteigerinnen handelt. Unter ihnen sind sehr viel mehr Mädchen mit einem starken Unabhängigkeitsbedürfnis. Sie passen von ihrer Frauenperspektive her in keine gängige Norm. Sie befürworten weder das Drei-Phasen-Modell, noch teilen sie die negative Einstellung zu einer Kinderbetreuung außerhalb der Familie. Deutlicher als alle anderen wollen sie die Zweigleisigkeit der weiblichen Lebensperspektive verwirkli-

Tabelle 30: Zukunfstperspektiven und -ängste der Absteigerinnen

	Absteige-rinnen	alle Befragten
Ich möchte aufs Land ziehen und dort ein anderes Leben führen	14 %	9 %
Wenn ich Kinder habe, will ich weiter voll berufstätig sein, denn ich habe hoffentlich einen Beruf, der mir Spaß macht	16 %	5 %
Wenn ich Kinder habe, werde ich weiter arbeiten, denn ich will finanziell unabhängig sein	22 %	9 %
Ich werde aufhören zu arbeiten, denn ich will mein Kind nicht in fremde Hände geben	26 %	35 %
Solange die Kinder klein sind, bleibe ich zu Hause, dann will ich wieder in meinen Beruf zurück	36 %	49 %
Ich habe Angst, daß ich völlig allein bin	39 %	29 %

chen: Viele von ihnen wollen gleichzeitig Mütter sein und berufstätig bleiben. Sie wollen einen Beruf, der ihnen Spaß macht, aber nicht Karriere machen. Vielleicht grenzen sie sich damit auf ihre Weise von ihrer Schicht ab, aus der sie kommen. Im Gegensatz zu den Aufsteigerinnen, deren Weg von den Eltern unterstützt wird, ist ihr ,,Abstieg" Anlaß für Enttäuschungen der Eltern. Ihre Angst, allein zu sein, signalisiert auch die Befürchtung, daß die Enttäuschung der Eltern in einer Abkehr von der Tochter gipfeln könnte.

8.7 Zusammenfassung

Zunächst ließen sich einige typische Mutter-Tochter-Konstellationen herausarbeiten, die mit der sozialen Schicht zusammenhängen. Die Opferrolle der Mutter ist besonders in der Unterschicht für die Töchter ein Problem, während in der oberen Mittelschicht die Mutter häufig ein positives Vorbild für die Tochter ist. Die familiäre Bedeutung des Vaters ist abhängig von der Schicht. Je höher der soziale Status, umso wichtiger wird der Vater. In der Unterschicht ist eine Art ,,Mutterzentrierung" erkennbar.

Konfliktinhalte und -strategien sind ebenfalls schichtabhängig. In Unterschichtfamilien geht es um das sexuelle Interesse der Tochter, in der unteren Mittelschicht um Ordnung und Anpassung, in der oberen Mittelschicht um Leistung. Oberschichttöchter und Aufsteigerinnen haben den meisten Freiraum. Daß man Konflikte bespricht und durch Kompromisse zu Lösungen kommt, ist ein typisches Verhalten in den oberen Schichten. Dabei tendieren die Eltern aber auch zu Strafen durch Liebesentzug. In den unteren Schichten wird nicht so viel geredet, mehr angeordnet, aber dann auch klar und ohne der Tochter ein schlechtes Gewissen einzureden.

Die Zukunftsperspektiven der Töchter werden ganz besonders geprägt von der Schichtzugehörigkeit. Die Berufsorientierung steigt mit der Schicht beziehungsweise der Schulbildung. Töchter in der unteren Mittelschicht sind dagegen eher familienorientiert. Mädchen in der Unterschicht wollen einen Mann finden und mit ihm glücklich sein. Daß die Zukunftsplanung eng mit der Schicht zusammenhängt, ist nachvollziehbar, sind doch die Freiheiten und die sozialen Normen, sich als Jugendliche sein Leben als Frau vorzustellen und zu entwerfen, eng verknüpft mit dem Spielraum, den die Eltern bieten können, und mit den Perspektiven, die die eigene Schullaufbahn eröffnet bzw. versperrt.

9. Mütter und Töchter: Getrennte Welten

Ein prägender Eindruck aus vielen Gesprächen ist, daß Mütter und Töchter trotz täglichem Beisammensein und Miteinander-Reden, trotz Nähe und Vertrautheit in „getrennten Welten“ leben. Es scheint eine merkwürdige Fremdheit und Unfähigkeit, über Wesentliches miteinander reden zu können, zwischen Müttern und Töchtern zu geben. Durch die unterschiedlichen Auswirkungen des Ablösungsprozesses bei Müttern und Töchtern sind die Möglichkeiten der Verständigung eingeengt und schwierig. Die Mütter müssen die Ablösung von den Kindern bewältigen und sich umorientieren. Da die Kinder nicht mehr im Mittelpunkt ihres Alltags stehen, ist für viele ihr Leben zunächst nicht mehr ausgefüllt. Eine Sinnentleerung der Familienarbeit entsteht auch dadurch, daß die materiellen Möglichkeiten von „Besitz und Konsum“ ihre Grenzen erreicht haben.

Für die Töchter ist es wichtig, erwachsen zu werden und selbständig zu leben, und das heißt vor allem, Erfahrungen außerhalb der Familie zu machen.

In vielen Interviews werden diese „getrennten Welten“ zwischen Müttern und Töchtern sichtbar. Typisch dafür ist, daß die Mütter keine Ahnung haben von den Wünschen, Ängsten und Schwierigkeiten ihrer Töchter bzw. die Töchter nicht wissen, was ihre Mütter beschäftigt und sie häufig eine ganz andere Frau schildern als die, die uns dann begegnet. Auch wenn man mitberücksichtigt, daß Probleme und Schwierigkeiten vor Außenstehenden teilweise verharmlost werden, bleibt dieser Eindruck, denn manchmal hat die eine über die andere nicht einmal grundlegende Informationen.

Die Tochter macht beispielsweise einen heiteren Eindruck, ist glücklich, daß sie gerade noch eine Lehrstelle ergattert hat, der erste Liebeskummer — von dem sie ausführlich erzählt — ist so einigermaßen überstanden, mit den Eltern gibt es keine nennenswerten Probleme und Schwierigkeiten... Die Mutter dagegen wirkt nervös und unsicher. Sie hat schwerwiegende Probleme mit ihrem Mann, der im Laufe der letzten zwei Jahre zum Trinker wurde und im Rausch schon mehrfach die Mutter und das jüngste Kind verprügelt hat. Sie fürchtet jeden gemeinsamen Wirtshausbesuch, Vereins- oder Betriebsfeiern, weil sie stets in der Angst lebt, daß der Mann ausrastet. Gemeinsame Aktivitäten werden dadurch unmöglich. Das vom Mund abgesparte und hart erarbeitete Häuschen in einem tristen Vorort ist endlich fertig, gibt aber auch nichts mehr her für Gemeinsamkeiten. Das Haus ist gebaut, die Kinder gehen demnächst ihre eigenen Wege, der Mann säuft und riskiert permanent seinen Job; beruflich hat die Mutter längst resigniert — welche Perspektiven bleiben ihr noch? Nichts davon wird in dem Gespräch mit der Tochter deutlich.

Vom Liebeskummer und den Schwierigkeiten beim Berufseinstieg der Tochter weiß andererseits die Mutter nichts. Verbirgt jede ihren Kummer, um die andere zu schonen? Es hat den Anschein, daß sie darüber miteinander nicht reden.

Ein anderes Bild: die Tochter erzählt einfühlsam und ausführlich, wie sehr ihr die Mutter leid tut, weil der Vater nie nach Hause kommt und sie mit den wichtigsten Problemen alleine läßt. Nur mit zusätzlicher Putzarbeit der Mutter kann die Familie über die Runden kommen. Die Tochter selbst hängt durch, weil sie den Realschulabschluß nicht geschafft hat, keine Lehrstelle findet und momentan die Lust an allem verloren hat. Ihr großes Problem ist zudem, daß sie gerne einen Freund hätte, sich aber nirgends hintraut aus Angst, sie würde einen Jungen doch nur langweilen, aber auch aus Angst, daß der vielleicht mit ihr gleich ins Bett will. Die Mutter hat von alledem keine Ahnung. Sie scheint höchst zufrieden in der eigenen großen Wohnung und mit ihren Kindern, die alle „tüchtig“ in der Schule lernen. Sie erzählt ausführlich, wie gerne sie im Sommer putzt und im Winter Waffeln verkauft. Ihr einziger Kummer scheint die Schlamperei der Tochter zu sein, die ihr Zimmer nicht aufräumt. Die abgebrochene Realschule der Tochter ist ihr kein Problem, denn sie hat ihr ja gleich gesagt, daß das nichts wird. Wenn man nicht wüßte, daß sie Mutter und Tochter sind, könnte der Außenstehende den Eindruck gewinnen, daß die beiden Frauen von unterschiedlichen Personen erzählen, und dieser Eindruck zieht sich durch viele Gespräche. Jede erzählt uns das, was ihr am nächsten ist, und Mutter und Tochter setzen dabei völlig verschiedene Akzente. Ein wesentliches Ergebnis der qualitativen Interviews ist nicht nur, daß diese getrennten Welten bestehen, sondern auch, daß dies den Beteiligten nicht bewußt ist. Jede verabsolutiert ihren Standpunkt und sieht nicht, daß die andere mit ganz anderen Problemen beschäftigt ist. Dies verhindert, daß Mutter und Tochter über ihre jeweils wichtigsten Probleme miteinander sprechen können und erschwert den Ablösungsprozeß.

Aus den Interviews mit Müttern und deren Töchtern haben wir zwei solche Doppelinterviews ausgewählt. Sie sind exemplarisch im Hinblick auf die Art der mütterlichen Einmischung und Kontrolle sowie hinsichtlich der Möglichkeiten von Töchtern, sich zu verselbständigen, und zeigen dabei auch die unterschiedlichen Welten, in denen Mütter und Töchter leben. Darüber hinaus geben die Beispiele einen Eindruck, wie die Beziehung der Mütter zu ihren eigenen Müttern den Umgang mit den Töchtern prägt.

9.1 *Frau Blau und Tochter Ines — wenn die Mutter selbst noch Tochter ist*

Ines fiel mir[1] unter ihren Klassenkameradinnen auf, weil sie sich besonders oft zu Wort meldete, gekonnt mit den Jungen kokettierte und rundum ein erfreulich munteres, hübsches Mädchen war. Im Gespräch mit ihr wurden auch ihre emotionale Belastung und teilweise ihre Angst vor dem Leben deutlich.

Frau Blau — eine attraktive, sehr gepflegte Frau mit einer rauchigen, sinnlichen Stimme — ist gerne zu einem Gespräch bereit. Mit riesigem Wortschwall erzählt sie ihre Lebensgeschichte, so daß es schwerfällt, manchmal auch nur Zwischenfragen zu stellen.

Frau Blau ist 39 Jahre alt und gelernte Friseuse. Sie hat drei Kinder; zwei Töchter aus erster Ehe (Ines, 17 Jahre und Julia, 14 Jahre, Schülerinnen) und einen Sohn Max aus zweiter Ehe (10 Jahre). Von ihrem zweiten Mann — Großhandelskaufmann — ist sie erst wenige Monate geschieden.

Bis zur Trennung war Frau Blau Hausfrau. Jetzt hat sie nach vierwöchiger Anlernzeit eine Halbtagsstelle als „Warentechnikerin“ in einem Kaufhaus. Davor half sie ihrem Freund in dessen Kneipe aus. Das Gespräch mit Frau Blau fand drei Monate nach dem Gespräch mit Ines statt.

Ines wird in drei Monaten 17. Sie ist Schülerin der 10. Klasse Hauptschule. Ihren Vater hat sie nie bewußt kennengelernt. Zum Zeitpunkt des Gespräches mit ihr hat sie seit sieben Monaten einen festen Freund (Many). Frau Blau erzählt drei Monate später, daß die Freundschaft auseinandergegangen ist.

Frau Blau — Ines Mutter

Frau Blau als Tochter

Frau Blau hat ihre Berufsausbildung gegen den Willen ihrer Mutter durchgesetzt. Diese wollte ihre Tochter gerne in einer Bürotätigkeit sehen, z.B. in einem Steuerberatungsbüro. Deshalb hat sie mit ihrer knapp bemessenen Witwenrente und trotz Schulgeld ihre Tochter auf eine private Handelsschule geschickt. Als Frau Blau als Schülerin in den Ferien einmal in einem Friseursalon aushalf, war sie begeistert von diesem Beruf.

„Und ich wußte dann nach acht Tagen: du wirst Friseuse oder nichts! Und das hat meine Mutter mir bis zum heutigen Tag krumm genommen. Aber mir hat es Spaß gemacht! Weil ich ja mit sehr vielen Leuten zu tun hatte, ich durfte sie bedienen, ich durfte ihnen etwas herstellen, was man bewundern konnte.“

Als Frau Blau allerdings nach Berlin wollte, um einen Kosmitiklehrgang zu machen, gab sie den Plan wieder auf, weil sie großen Widerstand von seiten

[1] Das Gespräch wurde von Gerlinde Seidenspinner geführt.

ihrer Mutter befürchtete — sie war die Jüngste und wurde deswegen besonders ,,behütet"! Aber die Friseurlehre setzte sie durch; sie beschreibt den Gegensatz, den diese Ausbildung zu dem sozialen Milieu darstellt, in dem sie aufgewachsen ist.

,,Und das hat sie mir sehr krumm genommen, naja, ich bin in O. geboren und auch groß geworden, das ist ein furchtbar katholisches Beamtenstädtchen. Ich hatte meine schönen langen Fingernägel mit Nagellack beschmiert, ich hatte auch schon die Haare ein bißchen getönt. Sie glauben nicht, was wir angehängt bekamen. Ich habe immer wieder zu meiner Mutter gesagt: Der Charakter ist wichtig, jede Sekretärin kann mit ihrem Chef ins Bett gehen, ohne daß das jemand merkt."

Frau Blau beklagt sich bitter darüber, daß ihre Mutter mit ihrer Berufswahl nicht einverstanden war, und daß sie ihr diese eigenständige Entscheidung ihr Leben lang ,,krumm genommen" hat. Dabei merkt sie gar nicht, wie sie dabei ist, gegenüber ihrer Tochter Ines den gleichen Fehler zu machen: Sie kann nicht akzeptieren, daß Ines nur in die Hauptschule geht. Sie will diese Entscheidung der Tochter immer wieder korrigieren.

,,Ich bin nicht in den Beruf gegangen, der mir vorgeschrieben war. Ich habe da viele Komplexe eingejagt bekommen. Sie fassen etwas an, Sie wissen selber, wie gut Sie sind, und dann kommen Sie zu der wichtigsten Person ihres Lebens (die Mutter, Anm. d. Verf.), die akzeptiert das nicht. Das ist genau, wie wenn ich bei meiner Ines jetzt die Hauptschule nicht akzeptieren würde. Ich habe ihr wohl immer wieder vor Augen geführt, daß es leider für die Hauptschüler sehr schwer ist. Ich käme mir heute blöde vor, wenn ich zur Hauptschule ginge, weil ja ein Kind geprägt wird, indem es heißt: Du gehst zur Hauptschule — Realschule — Gymnasium; also bin ich bei ,Hauptschule' schon mal von der untersten Sorte, einwandfrei steht das fest!"

Frau Blau neigt dazu, ihre eigene Wahl zu idealisieren, und dies betrifft nicht nur die damalige Berufssituation sondern auch die heutige. Es klingt so, als müsse sie ihrer Mutter auch heute noch beweisen, daß ihre Entscheidungen richtig sind, bzw. daß sie ihr Leben geschickt meistert, auch wenn die Mutter anderes prophezeit hat.

,,Ich habe auch sehr viele erste Preise geholt, wir haben sehr viel Wettfrisieren gemacht, in Dortmund, in Hamm, in Düsseldorf, überall. Ich habe meinen Beruf über alles geliebt und ich habe sagenhaftes Geld damit verdient. Und dann wurde mir angeboten, einen Salon alleine zu führen. Und das habe ich mit 19 Jahren gemacht. Als ich 21 Jahre wurde, bin ich nach B., habe mich auf eigene Füße gestellt, habe mir ein möbliertes Zimmer genommen und bin dann auf Prozente arbeiten gegangen. Da haben wir gearbeitet! Nach einem Vierteljahr war ich dann im Wartezimmer der Ärzte, ich war fix und fertig mit meinen Nerven, weil als Essen gab es nur 'ne Zigarrette und 'ne Cola. Ich hab' da sofort aufgehört und bin dann in einen ganz exklusiven, tollen Salon gegangen. Da waren so viele Professoren, auch Frauen, die selber ihren Titel trugen — das war ganz toll!

Und jetzt läuft das ja auch gut. Ich wurde vier Wochen umgeschult zur Warentechnikerin, das ist mir lieber als Verkäuferin. Ich mache die monatliche Warenbestandsnahme, ich arbeite von 9 Uhr bis halb zwei, 30 Tage Urlaub, 13 Monatsgehälter, 800,— DM ausbezahlt netto, besser kann ich es gar nicht kriegen..."

Obwohl sie die Arbeit als Friseuse in den schönsten Farben schildert, hebt sie hervor, wie schwer sie es dabei hatte. Dies scheint auch an die Adresse ihrer Mutter gerichtet zu sein, der sie beweisen möchte, daß sie — verglichen mit ihr — das schwerere Schicksal zu tragen hat. Die folgende Aussage macht diesen Eindruck deutlicher:

„Was es heute heißt, mutterseelenallein drei Kinder großzuziehen und arbeiten gehen und kochen — und die Probleme der Kinder sowohl privat als auch schulisch als auch arbeitsmäßig — das muß alles ein Mensch fressen. Dann kriegt er noch Tritte vom eigenen Mann. Denn heute mit drei Kindern... früher im Krieg mit sechsen war nix dagegen, — meine Mutter hatte fünf."

Mit ihrer Mutter hatte Frau Blau auch später noch eine sehr schwierige Phase, und zwar zu dem Zeitpunkt, als ihr erster Mann sie verließ. Darüber erfahren wir jedoch erst etwas von Ines.

Die Scheidung: „... der Kinder wegen hätte ich die Ehe mit meinem Mann wieder aufgenommen."

Mit ihrem zweiten Mann war Frau Blau über zehn Jahre verheiratet. Aus dieser Ehe stammt auch ihr Sohn Max. Einige Monate vor unserem Gespräch war die Scheidung gewesen. Ihr geschiedener Mann hatte vor zwei Jahren die Familie verlassen und sich mit einer wesentlich jüngeren Frau eingelassen. Mit ihr hat er inzwischen ebenfalls ein Kind und ist auch wieder verheiratet. Für Frau Blau erscheint aus heutiger Sicht die Zeit ihrer Ehe völlig harmonisch und problemlos. Sowohl als Vater als auch als Ehepartner schildert sie ihren ehemaligen Mann ausgesprochen positiv, obwohl er bereits während der Ehe zu trinken angefangen hatte — eine Tatsache, die sie verharmlost.

„Das Trinken war eigentlich im Normalbereich, wenn wir mit Freunden zusammen waren... Aber man mußte schon großzügig sein, wenn's ihn hatte. Sicher, es ist zuviel gewesen wegen der Trinkerei, aber man hat's auch schön gehabt, Freitagabend zusammen gesessen und getrunken — ich nicht, weil ich gefahren bin — aber mein Mann war kein Säufer. Wir haben eine wunderbare Ehe gehabt bis zu dem Tag, als die andere Frau auftauchte..."

„Mein Mann war ein guter Vater, da konnten die Kinder nur von träumen, die haben noch keinen Handschlag von ihm bekommen, noch nie."

Auch die Zeit, in der sie nicht erwerbstätig sein mußte, weil ihr Mann für die Familie gesorgt hat, erscheint ihr heute in rosarotem Licht.

„Auch während der Ehe habe ich allein die Kinder erzogen. Aber wenn man verheiratet ist, hat man einen gewissen Halt, das heißt, die Kinder wissen, wenn sie was verpatzen bei der Mutter, da ist noch jemand da, der ihnen eine Rüge erteilen könnte. Mein Mann war sehr ruhig. Jede Mutter, die noch ihren Mann hat, soll dem lieben Gott danken, die zu Hause bleiben darf. Ich habe das 17 Jahre genossen, ich weiß, wie schön das ist. Wenn man die Kinder ernähren muß — eine größere Belastung gibt es gar nicht. Ich würde freiwillig auf 500 DM verzichten, wenn ich nochmal ein geordnetes Leben führen könnte."

Für Frau Blau ist auch heute noch ,,die Andere" schuld an ihrem Unglück, und sie käme nie auf den Gedanken, daß vielleicht ,,die Andere" deswegen so wichtig für ihren Mann wurde, weil ihre Ehe nicht gestimmt haben könnte.

Sie kämpfte mit allen — auch unfairen Mitteln —, um ihren Mann zurückzubekommen. So drohte sie beispielsweise ihrer Rivalin, gegen sie vorzugehen und sie bei ihrem Arbeitgeber anzuschwärzen, wenn sie ihren Mann nicht freigäbe.

,,Sie möchte mir bitte meinen Mann lassen, vor allem den Kindern den Vater, und wenn sie meinen Mann in eine Sackgasse dränge, wo er nicht wieder zurück könne, dann würde sie in M. schon Strümpfe verlieren, das verspräche ich ihr. Sie würde alles verlieren, was sie hätte..."

Diese Drohung machte sie auch wahr und wandte sich an den Vorgesetzten der Geliebten ihres Mannes, die Angestellte im Öffentlichen Dienst war.

,,...und da habe ich mich dann an den Höchsten gewandt und habe gesagt, das läuft ja nicht... Wenn einer im Öffentlichen Dienst steht, dann kann der ja nun nicht machen, was er will. Da verlange ich von solchen Personen, daß die nicht nach links und nach rechts sehen, weil man ja immer wieder gesagt bekommt: ‚Wir sind Beamte, da kann man dieses nicht und jenes nicht.' Und da hat man ihr gekündigt im Wohnheim und hat ihr nahegelegt, bei der Arbeit aufzuhören..."

Frau Blau kam dann in eine extreme Krise, die in einem Selbstmordversuch gipfelte, den ihre Tochter Ines entdeckte:

,,In der ersten Zeit hätte ich durch's Fenster springen können. Diese Frau hat sich ein Kind anhängen lassen, obwohl sie die Pille nahm. Sie hat also meinen Mann reingelegt... Er konnte nicht zurück, sie hatte ihn in den Klauen. Mein Mann hat diese Frau selbst früher als Nutte bezeichnet, aber das möchte er jetzt nicht mehr wahrhaben. (Plötzlich bricht es aus ihr heraus.) Ich habe ja Tabletten genommen, wenn ich Ines nicht hätte, dann wäre ich nicht mehr da..."

Ihre eigene Verletztheit kann sie nur schwer formulieren, dafür umso mehr die Verletztheit der Kinder:

,,Für uns ist das alles noch nicht ausgestanden, weil wir sind in einer Weise im Stich gelassen worden, die wir wirklich nicht verdient haben — in keinster Weise, menschlich gesehen schon mal überhaupt nicht. Und ich habe für seine Familie alles getan, was ein Mensch tun kann. Aber wenn ein Mann ein halbes Jahr sein Kind vergessen kann, was glauben Sie, was der noch alles kann, wenn er schon mal in dem Stadium ist. Ein Vater, der seine Familie im Stich läßt, oder eine Mutter ihre Kinder mit Familie, das sind glatte lebendige Morde, die da jeder auf dem Gewissen hat... Neulich ist der Vater einer Klassenkameradin gestorben, da sagen die Mädchen: ‚Ja und, die wissen wenigstens, wo er ist, können ihm Blumen hinbringen. Wer spricht denn von uns, wir müssen unseren Vater begucken, wie er sich mit einer anderen amüsiert, und das ist das Schlimmste.' Die erste Beziehung sind die Eltern, das ist das Wichtigste. Und die lassen einen im Stich, da könnte man doch schreien..."

Sie argumentiert aus der Position der moralisch integren Mutter, und das geht so weit, daß sie — wie sie sagt — ihren Mann zur Heirat mit der anderen Frau drängte, damit wenigstens dieses Kind einen Vater hat.

„Ich habe darauf bestanden, daß er sie heiratet. Wieviele Kinder will er denn noch im Stich lassen... Irgendwann muß man doch wieder eine gerade Linie in sein Leben bringen. Der Kinder wegen hätte ich die Ehe mit meinem Mann wieder aufgenommen, aber eben nur wegen der Kinder — und das wollte dann er nicht."

Auf die Frage, was sich in ihrem Leben verändert hat, seit sie mit ihren Kindern alleine lebt, kommt nichts mehr von ihrer Enttäuschung zum Ausdruck. Aus der Art, wie sie ihr jetziges Leben idealisiert, gewinnt man den Eindruck, daß sie unter einem Rechtfertigungsdruck steht, so daß sie nicht zugeben kann, wo sie Schwierigkeiten hat, vielleicht Hilfe braucht und wo sie in ihrem Leben auch Fehler gemacht hat.

„ Die Kinder dürfen auch Freunde mitbringen, oft ist die ganze Bude voll. Das hätte ich mit meinem Mann nie machen können; da hätte ich auch nicht so großzügig sein können, dann wären die Kinder nie allein in Urlaub gekommen oder der Many jeden Abend hier; das können Sie nicht machen, wenn Sie einen Ehemann haben. Das läßt sich ein Ehemann nicht bieten, man kann sich ja nicht gehenlassen und nicht hinlegen, wie man will, ein Bäuerchen machen und so... Ich bin ja frei, da fahre ich den ganzen Tag in den Wald, nehme Rollerskate und Rad mit... Ich meine, für mich und meine Kinder, ein schöneres Leben wie im Moment gibt es gar nicht."

Das Verhältnis zur Tochter: „...denn mein Kind müßte super sein nach dem, was ich ihr gebe..."

Daß Ines — sicherlich auch aufgrund der familiären Schwierigkeiten — eine Zeitlang in der Schule schlecht wurde, war für Frau Blau ein großes Problem. Aus ihren Aussagen gewinnt man den Eindruck, daß sie die schlechten Noten der Tochter als persönlichen Makel empfindet, den sie nicht auf sich sitzen lassen kann. Dieser Eindruck bleibt, auch wenn sie vordergründig damit argumentiert, daß sie die Startchancen von Ines verbessern will.

„...und das war nun bei unserer Ines, daß sie die 9. Klasse schlecht war, das war eine Katastrophe. Da war ich hart, da habe ich gesagt: Dieses Zeugnis kannst Du von mir aus zerreißen oder was auch immer, aber mit diesem Zeugnis gehe ich nirgendwo hin! Na, da habe ich sie dann mal aufs Arbeitsamt geschickt, um ihr zu zeigen, was man geboten bekommt, wenn man in der Schule eben nicht die entsprechenden qualifizierten Zensuren hat. Und das hat sie wohl auch zu spüren bekommen, also, sie war sehr enttäuscht; sie ist hier und da gewesen, hat sich vorgestellt. Hier ist ein schönes Pelzgeschäft, Modepelzgeschäft — die hätten sie evtl. genommen — aber ich wollte das gar nicht, ich wollte, daß sie erst mal einen qualifizierten Abschluß kriegt. Und in der 10.

jetzt war nicht eine Fünf mehr im Zeugnis; es war nur noch eine einzige Vier, alles andere waren Eins, Zwei und Drei. Das war ein Jahr eine andere Schule; in einem Jahr von allen Fünfen runter!!!"

Ines hatte kurz vorher einen Aufsatz geschrieben, der mit einer Eins benotet wurde. Frau Blau ist sehr stolz auf diese Eins. Sie hält diese gute Note ihrem eigenen pädagogischen Vorgehen zugute:

„Jetzt in der 10. Klasse auch, sie hat gestern die beste Arbeit geschrieben, und zwar ein Gespräch pro und kontra: Was sagen die Eltern dazu, sollen Jugendliche alleine Urlaub machen mit Freunden, Freundinnen etc. Hat sie sagenhaft gemacht, die Vor- und Nachteile beschrieben, weil sie hat es am eigenen Leib erfahren, wie es ist ohne Mutter. Sie hatten ihr Geld zur Verfügung — meine andere Tochter auch, die ist 14 und war mit — und ihr Freund auch. Und das Endergebnis habe ich in der Tasche, wenn Sie das lesen, was das Kind geschrieben hat, einen Roman hat sie geschrieben, das sind meine Worte, die das Kind da bringt! Eine Eins! Meine jüngste Tochter sagt: Mutti, deine Worte fliegen überall rum! Ja, sage ich, nun muß das die Ines langsam auch begreifen, sie muß sehen, daß das auch für sie gilt! Denn mein Kind müßte super sein nach dem, was ich ihm gebe."

Frau Blau's Art, sich selbst zu loben, indem sie sich von anderen abgrenzt, kommt am besten in der nachfolgenden Gesprächssequenz zum Ausdruck, mit der sie „andere Eltern" im allgemeinen und ihren geschiedenen Mann im besonderen kritisiert.

„Viele Eltern machen den Fehler, daß sie sagen: ‚Mein Kind soll es besser haben als ich. Da ist ein kleiner Fehler drin! Mein Kind soll es besser *machen* als ich, auf dem Standpunkt stehe ich. Und das einem Kind beizubringen, dauert vielleicht zwei Jahre länger. Aber dann sitzt es!"

ch bin mir nicht sicher, ob es sitzt (Interviewerin).

„Ach, irgendwann kommt es, lassen Sie es ruhig mit 20 Jahren kommen. Mein Kind darf solange bei mir wohnen, das ist ja mein Kind, das habe ich in die Welt gesetzt, da muß ich für gerade stehen. Das höchste für mich auf Gottes Erden ist ein Kind."

Ihre Vorstellung, daß die Mutter geradestehen muß für ihr Kind, läßt sie unsensibel werden für die Tatsache, daß die Tochter als Jugendliche langsam anfangen will, eigene Schritte zu tun ohne Einmischung der Mutter. Wie sehr sie sich in kontrollierender Weise in das Leben von Ines einmischt, wurde bereits bei den Schulproblemen von Ines deutlich. Noch klarer kommt dies beim Thema Sexualität zum Ausdruck.

„Ich ging zusammen mit ihr zum Arzt, ließ sie untersuchen und ihr die Pille verschreiben. Ich habe ihr gesagt, das soll nicht heißen, daß du jetzt Geschlechtsverkehr mit Männern haben sollst und darfst, das mußt du ganz alleine wissen. Dann habe ich sie mir beide gepackt und habe gesagt: Many, du bist zwar schon 18, fast 19, aber um eines bitte ich dich, wenn es dazu kommen sollte, nur mit Einverständnis der Ines. Er möchte das bitte nicht erzwingen und auch nicht irgendwie als Druckmittel benutzen im Sinne von ‚sonst gehe ich nicht mehr mit dir‘, weil man das sonst ein ganzes Leben lang nicht mehr los wird. Ich glaube, ich schlüge ihn zum Krüppel, wenn er mir mein Kind anfaßte und sie würde da nicht mit fertig. Und ich darf heute Gott sei Dank sagen, sie haben noch nichts zusammen gehabt, obwohl ich da ganz großzügig war, und ich muß sagen, ich bin da ganz toll damit gefahren. Ich kann mit ganzem Stolz sagen, daß meine Tochter — auch wenn sie sich rumgeknutschelt haben und Liebe, Zärtlichkeit ausgetauscht haben — aber meine Tochter hat die Unschuld noch, sie ist nicht mit ihm ins Bett gegangen, und da ist sie auch ganz stolz drauf. Ich habe ihr gesagt, du mußt bereit sein, du darfst dich dazu nicht zwingen lassen. Wenn du innen drinnen noch einen Funken hast, daß du Angst hast, oder du nicht weißt, was auf dich zukommt, laß die Finger davon.“

Ines: „Ich habe immer irgendwie Angst, daß mir dasselbe passiert wie meiner Mutter...“

Trennungen

Ines erzählt, daß ihre Mutter mit ihrem leiblichen Vater zusammen eine Wirtschaft mit Hotel betrieben hatte, daß dem irgendwann alles zuviel wurde, er zu trinken anfing und dann weggelaufen ist. Dies alles geschah, als sie zweieinhalb Jahre alt war, so daß sie selbst von ihrem leiblichen Vater überhaupt nichts mitbekommen hat und auch keinerlei Erinnerung an ihn besitzt. Aber sie weiß gut, wie es ihrer Mutter damals erging: Diese mußte wieder zurückkehren zu ihrer eigenen Mutter, die sich für die Tochter schämte.

„Meine Mutter hat dann wieder bei meiner Tante im Frisiersalon gearbeitet, und wir waren bei meiner Oma. Die hat meiner Mutter das Leben schwer gemacht. Die hatte ein Haus, und oben unterm Dach haben wir gewohnt und mußten trotzdem Miete bezahlen — ehrlich wahr! Die Julia war ja zu der Zeit unterwegs, wo mein Vater uns verlassen hatte. Meine Oma hat sich geschämt, weil meine Mutter einen dicken Bauch hatte: ‚Jetzt gehst'e wieder mit dem dicken Bauch über die Straße‘. Es hat sie immer geärgert. ‚Du bist die erste, die sich scheiden läßt in der Familie‘ — ach, meine Oma, die sah die Sache viel zu eng...“

Ines spricht auch darüber, wie ihr Stiefvater und ihre Mutter sich vor zwei Jahren getrennt haben. Sie war knapp 14, als es wegen einer anderen Frau zum offenen Eklat zwischen den beiden kam. Auch jetzt kann sie — obwohl sie immer wieder betont, daß sie mit dem Mann nichts mehr zu tun haben will — nur mühsam ihre Tränen zurückhalten, wenn sie davon erzählt.

„Der ganze Krach zu Hause, ewig waren sie am Streiten... dann flog der Koffer hinterher. Mein Bruder wird heute noch nicht fertig damit. Er ist in der Schule die ganzen zwei Jahre nur am Träumen... Ich hab's am Anfang ein bißchen abenteuerlich gesehen, wenn wir abends hinter ihm hergefahren sind oder ihn gesucht haben. Ich fand da immer ein bißchen Abenteuer dran. Erst so nach einem Vierteljahr wurde mir das so langsam bewußt... wenn ich mit ihr zusammen gewartet hab', wann er nach Hause kommt... Ich kann mir vorstellen, daß meine Mutter meinen Vater (damit meint sie ihren Stiefvater) sehr geliebt hat, daß es dann schwer ist, einen Menschen zu verlieren, an dem man einen Halt hat, mit dem man alles gemacht hat und aufgebaut hat… Max ist ja nicht mehr rausgegangen, er hat sich vielleicht ein bißchen geschämt wegen seines Vaters… Ach ja, die Leute haben mich auch immer so gefragt, ja was ist denn jetzt mit deinen Eltern?“

Ines schildert den Konflikt, in den Max immer dann kommt, wenn er seinen Vater besucht und angeboten bekommt, dort zu übernachten. Der Bruder schaut dann seine Mutter eindringlich an und fragt sie, ob sie auch nicht böse sei, wenn er beim Papa bleibt. Ines erzählt ganz ausführlich von den Problemen ihres Bruders, aber auf Befragen weiß sie nicht, wie ihre zwei Jahre jüngere Schwester Julia mit dem Problem umgeht, weil die beiden darüber eigentlich nie reden. Es ist nur soviel zu erfahren, daß Julia in der Schule keine Probleme hat.

Ines mochte ihren Stiefvater sehr gerne, aber jetzt verteufelt sie ihn, und zwar mit denselben Worten, wie ihre Mutter das tut.

„Er war für mich ein toller Vater. Ich habe ja meinen leiblichen Vater gar nicht gekannt. Aber wir wollen mit dem gar nichts mehr zu tun haben; ich bin schwer enttäuscht. Das ist ja schwer, wenn ein Mann die Mutter verläßt mit drei Kindern nur wegen so einer, weil die das Kind gekriegt hat. Das Schlimmste ist ja, das ist ja keine normale Frau, das ist ein Straßenmädchen. Die ist 24 und mein Vater ist 38. Am Geburtstag von Max kommt er zum Kaffeetrinken, und damit hat sich der Fall. Was hat er davon, wenn er 50 Mark in die Hand gedrückt kriegt? Da hat er viel mehr davon, wenn er mit dem Vater irgendwo hingehen kann, alleine, ohne diese Kuh immer dabei. Ich will ja gar nichts sagen über sie, aber leiden können wir sie alle nicht, das ist klar. Max hat immer mehr an seinem Vater gehangen, und er hat ihm auch gesagt, er hat ihn lieb, und so sind sie zusammen auf den Fußballplatz gegangen, und das vermißt er jetzt sehr. Ich bin grundsätzlich mit Problemen zu meiner Mutter gegangen, aber der Max ging immer zu seinem Vater, und jetzt wo er nicht mehr da ist, kommt er zu mir und Julia; das ist ja auch blöde…“

Ines erzählt, daß ihr Stiefvater fotografierte und Filme gedreht hat. Von ihm hat sie sich dabei viel zeigen lassen und hat durch Zuschauen gelernt. Das ist nun vorbei, und trotzig sagt sie:

„Das interessiert mich auch nicht mehr, ob der sich um mich kümmert. Ich bin jetzt alt genug und kann meine eigenen Wege gehen, wo meine Mutter bei mir ist. Mit der bespreche ich alles.“

Ines' Mutterbild: Tolle Mutter — verlassene Frau

Ines schildert sehr plastisch die Konfliktsituation, in der ihre Mutter als Jugendliche mit ihrer eigenen Mutter war.

„Meine Mutter durfte damals nicht Friseuse werden. Sie hat's aber doch gemacht, obwohl ihre Mutter dagegen war. Sie ging bei der Tante in die Lehre und hat auch mal die Nägel rot lackiert. Da hat die Oma immer geschimpft: ‚Du siehst ja aus wie ein Flittchen, wie ein Straßenmädchen. Was sollen die Leute von mir denken, meine Tochter mit roten Fingernägeln!‘ Die waren ja früher in der Lehre noch viel jünger. Abends ist Mutti mit der Tante weggegangen in die Kneipe. Dann ist sie einfach von zu Hause weggelaufen nach Berlin, kurz vor dem Mauerbau, zusammen mit ihrem Bruder, weil die Oma ihr das verboten hätte. Meine Mutter hat sehr gerne getanzt; meine Mutter muß früher viel Spaß gehabt haben, aber als sie zurückkam von Berlin, da hat sie Ärger gekriegt. Mit 21 bin ich gekommen.“

Am Schluß dieser Aussage klingt an, daß die schönste Zeit ihrer Mutter vorbei war, nachdem Ines auf die Welt kam. Diese Vorstellung, daß man das Leben noch genießen muß, bevor man Kinder hat, taucht auch in den Überlegungen zur eigenen Zukunft wieder auf. Nach Meinung von Ines geht es ihrer Mutter inzwischen wieder recht gut. Nach einem halben Jahr der Trennung hat Ines ihrer Mutter zugeredet, sie solle nicht immer zu Hause herumsitzen und auch wieder unter Menschen gehen. Daraufhin ging die Mutter wieder wie früher dienstags zum Schwimmen und danach in eine gerade eröffnete Gastwirtschaft. Dort lernte sie ihren jetzigen Freund, den Pächter der Gastwirtschaft kennen und fing bei ihm zu arbeiten an, machte ihm die Buchhaltung und investierte sehr viel Zeit in diesen neuen Job. Über ihre Beziehung zu ihrer Mutter sagt sie:

„Meine Mutter ist toll, die wünscht sich vielleicht manch einer; zu der kann ich kommen, wann ich will und sagen, was ich will. Sie ist kontaktfreudig; sie will jede Art von Menschen kennenlernen. Wir müssen auch ein bißchen Rücksicht auf unsere Mutter nehmen, die kann ja nicht ewig alleine bleiben. Unsere Mutter nimmt auch viel Rücksicht auf uns, wenn sie kann…, aber sie ist eben trotzdem oft nicht da; am Anfang hat uns was gefehlt. Aber ich habe mich daran gewöhnt. Ich würde mir's jetzt gar nicht mehr wünschen, daß sie den ganzen Tag da ist, weil ich dadurch auch etwas mehr Freiheiten habe.“

Wenn einiges nicht so läuft wie sie es sich wünscht, bleibt Ines sehr vernünftig und akzeptiert auch das Unangenehme — aus Rücksicht auf die Mutter.

„Für uns Kinder war es ganz bestimmt nicht gut, daß sie soviel in der Kneipe war; da waren wir Kinder auch immer alleine. Momentan ist meine Mutter mit Max und ihrem Freund in Italien. Normalerweise wollten wir alle dahinfahren, aber das ging dann mit dem Geld nicht. Meine Schwester und ich waren mit dem Zelt in H., aber das Wetter war da sehr schlecht…“

Ines in der Schule und in ihrem Freundeskreis

Ines war eine Zeitlang sehr schlecht in der Schule. Sie hat den qualifizierenden Hauptschulabschluß zunächst nicht geschafft, was aus ihrer Sicht heißt, daß sie „erstens mal sitzengeblieben“ ist.

„Dann hab' ich mich mit meiner Mutter zusammengesetzt und überlegt, daß ich die Schule wechsle und auf eine andere Hauptschule gehe und nochmal die neunte Klasse mache. Jetzt habe ich den Hauptschulabschluß und ein ganz tolles Zeugnis sogar. Ich bin froh, daß ich das gemacht hab: Das Lernen macht mir direkt wieder Spaß.“

Ines hat einen Freund Many. Er ist 19 Jahre alt und hat seine Lehre als Heizungsinstallateur abgeschlossen. Er hilft ihr, in der Schule besser zurechtzukommen und setzt sich mit ihr hin und hilft ihr bei Aufsätzen und Matheaufgaben.

,,Seit genau acht Monaten sind wir fest befreundet. In der Zeit hat er seinen Führerschein gemacht. Da habe ich ihm geholfen, und er hat mir sehr in der Schule geholfen. Wir haben Aufsätze geschrieben und uns über die Matheaufgaben gestritten.“

Der Freund hat festen Anschluß an ihre Familie; die Clique, in der sie sich kennenlernten, hat an Bedeutung verloren.

,,Aus der Clique sind wir rausgegangen, weil es in der Clique immer Schwierigkeiten mit uns gab: Er hing nur mit dem Chris rum und ich mit der Tanja... wenn er jetzt kommt um vier Uhr, hilft der mir bei den Hausaufgaben oder wir gehen mit meiner Mutter weg. Sie verstehen sich unwahrscheinlich gut, meine Mutter und Many, und der Max ist nur noch am Schwärmen von Many und singt immer noch abends im Bett: ‚Manybo macht Kinder froh‘... Neulich waren wir alle zusammen in Köln...“

Der Freundschaft mit Many räumt sie einen besonderen Platz ein, wenn sie sie mit früheren Jungenfreundschaften vergleicht:

,,Der Ady und ich, wir sind zusammen auf die Bäume geklettert, haben auch geschmust und so ausprobiert — na, Du weißt schon... Zwischen dem Many und mir ist das was ganz anderes. Mit dem schlafe ich auch, man wird erwachsener, man denkt jetzt vor allem auch schon weiter..., aber heiraten wollen wir nicht unbedingt, darüber sind wir uns schon einig...“

Ines und ihre Lebens- und Zukunftsperspektive

Ines hat viele und zum Teil diffuse Pläne: Sie will auf jeden Fall jetzt noch das zehnte Schuljahr machen und abends zusammen mit ihrer Mutter Schreibmaschine, Stenografie und Buchführung lernen. Sie will nach der zehnten Klasse ins Büro gehen und eine Lehre machen als Bürogehilfin, um sich später ,,zur Sekretärin hocharbeiten zu können“. In der Nachbarschaft hat sie eine Freundin, die Englischlehrerin wird, und sie ist fest entschlossen, bei ihr abends einen Englischkurs zu machen. Ursprünglich wollte sie nach einem Betriebspraktikum die Lehre in einem Fotolabor machen; jetzt sagt sie, daß das Fotografieren ihr Hobby ist. Für später plant sie, wenn sie Urlaub hat, irgendwo hinzufahren, wo sie Fotos für eine Zeitung machen kann. Ines' Reiselust ist groß, und sie erzählt stolz davon:

,,Ich war schon in Frankreich, England, in Belgien, Holland. Ich bin schon überall gewesen und will gerne so weiter machen. Ich war auch schon mit den Pfadfindern weg... Ich reise gerne. Ich war mit Many eine Woche in Berlin; das Geld haben wir uns zusammengespart. Da sind wir mal in der DDR gewesen. Es interessiert mich einfach, wie andere Menschen leben.“

In den Freizeit- und Berufsvorstellungen von Ines spiegelt sich ihre leichte und unbekümmerte Seite wider. Anders klingen ihre Überlegungen, wenn sie über eine zukünftige Partnerschaft nachdenkt. Dann sieht sie viele Probleme und denkt hin und her, wie sie am besten das Schicksal ihrer Mutter vermeiden könnte. Aber im Grunde ihres Herzens glaubt sie nicht an einen guten Ausgang von Partnerschaften.

„Wenn es geht... nach Möglichkeit möchte ich nicht heiraten; verlassen wird man so oder so, ob man heiratet oder nicht. Wenn ich nicht verheiratet bin, dann bin ich von vorneherein darauf eingestellt, meine Wege selber zu gehen, zu sparen, was ich haben will und so. Wenn ich aber verheiratet bin, dann macht man alles gemeinsam... Gut, man kann ja vielleicht heiraten, aber ich möchte trotzdem meine eigenen Sachen behalten und einen Raum, wo ich machen kann, was ich will. Ich habe gelernt, fertig zu werden mit meinen Problemen, wenn es nicht anders geht, sogar alleine fertig zu werden..., aber ich weiß ja nicht, was für mich die Zukunft und das Leben noch bringt."

Ihre Gedanken kreisen auch um die Frage, was aus den Kindern wird, wenn der Vater die Familie verläßt. Daß der Mann die Trennung einleitet, steht für sie außer Frage.

„...Kinder möchte ich schon haben, aber unehelich, wenn es geht. Ich habe immer irgendwie Angst, daß mir dasselbe passiert wie meiner Mutter, und wenn ich nicht heirate, tut das meinen Kindern nicht so weh. Ich möchte, wenn es geht, ein bißchen Abstand halten — oder ich heirate und kriege keine Kinder. Ob man nun heiratet oder nicht, wenn der Mann gehen will, dann geht er. Da ist es doch egal, ob Kinder da sind oder nicht. Das sieht man doch auch überall, da gehen Sie mal ins Gericht, eine Scheidung nach der anderen, ob es fünf oder acht Kinder sind."

Aber Ines möchte nicht so früh wie ihre Mutter Kinder bekommen. Sie hat vieles vor, wobei Kinder im Wege sind, und sie möchte Kindern einen sicheren Lebensrahmen bieten können.

„Jetzt kann ich doch noch soviel erleben und machen. Jetzt fange ich an, alles für mein späteres Leben aufzubauen, damit ich später nicht mehr so viele Sorgen habe. Wenn ich jetzt mit 21 schon ein Kind kriege, hab' meine Lehre gerade rum, dann fängt das Theater an, was machst'e jetzt, woher kriegst'e 'ne Wohnung. Da will ich lieber alles erst fertig haben und mich dann in Ruhe auf das Kind vorbereiten. Und im übrigen muß ich ja erst ein bißchen Geld für meine Rente zusammenkriegen. Mit dreißig habe ich dann sowieso nicht mehr das Gefühl, etwas zu verpassen."

Wenn die Mutter selbst noch Tochter ist ...

Frau Blau ist eine gutaussehende Frau. Sie hat eine abgeschlossene Berufsausbildung und auch einige Jahre in diesem Beruf gearbeitet. Aber es geht ihr weder beruflich noch persönlich gut. Ihre Tochter Ines empfindet viel Bewunderung aber auch Mitleid für ihre Mutter. Ines ist ein sympathisches junges Mädchen, die sich jedoch in bezug auf ihre Zukunft sehr unsicher fühlt. Die dritte

— zwar nicht sichtbare, aber allgegenwärtige — Frau ist die Mutter von Frau Blau, die Großmutter von Ines.

Frau Blau ist als Tochter mit ihrer Mutter bis heute nicht ins Reine gekommen, und dieses Tochtersein klingt in verschiedenen Bezügen immer wieder an. Sie lebt in dem Bewußtsein, daß die Mutter ihr vieles mißgönnt hat: Diese hat es ihr übel genommen, daß sie sich als junges Mädchen hübsch gemacht hat, und sie hat ihr die Karriere als Kosmetikerin verdorben. Als Frau Blau in Ines' Alter war, wollte sie ausbrechen aus dem ihr vorgeschriebenen, langweiligen Leben. Frau Blau's Mutter konnte als Witwe mit fünf Kindern nach dem Krieg wenig Verständnis für die Bedürfnisse aufbringen, die ihre Tochter da entwickelte: Spaß am Tanzen, schminken, Fingernägel lackieren etc. Großmutter und Mutter verkörpern zwei extreme Entwürfe damaligen Frauenlebens: die Mutter als Denkmal der aufopfernden Kriegerwitwe, anständig und ordentlich, die Tochter dagegen lebenslustig, leichtsinnig, mit Spaß am Sich-schön-machen und Kokettieren mit Männern.

,,Das kann ja nicht gutgehen...": Es war eine schlimme Niederlage für Frau Blau, als sie mit einer kleinen Tochter und erneut schwanger zu ihrer Mutter zurückkehren mußte. Diese schämte sich über den ,,dicken Bauch" der Tochter, die mit ihrer Scheidung ,,der Familie Schande macht". Über dieses Drama wissen wir nur von Ines. Man wird hier erinnert an eine Aussage der Frauenforscherin Carol Hagemann-White über die Schwierigkeiten in der Mutter-Tochter-Beziehung: ,,Die Mutter ist schließlich jahrelang die, die es besser wußte, die schon gewarnt hatte, daß es schiefgehen wird, wenn wir unseren Kopf durchsetzen — und hatte nicht selten recht. Das erzeugt Rachegefühle..." (*Hagemann-White* 1984, S. 89).

Man gewinnt den Eindruck, daß Frau Blau heute noch verletzt ist. Sie schwankt zwischen dem Zwang, ständig beweisen zu müssen, daß ihre Art zu leben richtig ist und dem Versuch, mit der Mutter darin zu konkurrieren, wer von ihnen beiden das schwerere Frauenschicksal zu tragen hat. Frau Blau erwähnt beiläufig, daß sie das jüngste Kind war, und es könnte sein, daß ihre Mutter besonders bei ihr versucht hat, sie mit ihrer Opferhaltung als Kriegerwitwe an sich zu binden. Nun ist Frau Blau selber Opfer, allerdings kein stilles. Sie lebt in Extremen, und sie wirkt streckenweise exaltiert. Wenn sie erzählt, hat man den Eindruck, sie inszeniert ein Bühnenstück. Das Drama trägt den Titel: ,,Die verlassene Mutter." Massive Schuldzuschreibungen und wenig Möglichkeiten der Distanzierung kennzeichnen die Situation. Unversöhnlichkeit, Rache- und Haßgefühle sind erkennbar. Sie wurde von ihrer Mutter nicht anerkannt und ermutigt, und sie wurde von ihren Männern verlassen — was ihr vorerst noch bleibt, sind ihre Kinder, vor allem Ines, ihre älteste Tochter.

Für den Außenstehenden ist deutlich zu sehen, daß es in den Partnerschaften der Mutter einen sich wiederholenden Ablauf gibt: die Männer fangen an zu trinken und laufen weg — offenbar für die Frau jedesmal völlig überraschend.

Auch der Freund von Ines wird gleich wie ein Familienmitglied in diese Familie aufgenommen, ist viel mit der Mutter und dem jüngeren Bruder zusammen. Der leere Platz, den der Vater zurückgelassen hat, wirkt wie ein Sog. Auch diesem Freund scheint es zuviel geworden zu sein, und die Freundschaft geht wieder auseinander — obwohl sie zumindest aus Ines' Sicht schon sehr eng war.

Es gibt viel Verwirrung in dieser Familie. Ines spricht immer von ihrem „Vater", obwohl es sich um ihren Stiefvater handelt, und Frau Blau spricht von ihrem „Mann" und davon, daß er „die Kinder verlassen hat". Sie „vergißt" dabei, daß es sich inzwischen um ihren geschiedenen Mann handelt, und daß nur Max, der Jüngste, das leibliche Kind dieses Mannes ist. Frau Blau verbirgt ihre eigene Betroffenheit, indem sie unentwegt von den Problemen ihrer Kinder spricht und wie diese unter der Trennung leiden. Ähnlich macht es Ines, die fast ausschließlich von ihrem Bruder erzählt und von den Konflikten, in denen dieser steht. Bei Ines ist deutlich das Muster der gekränkten Vater-Tochter zu sehen: Zunächst war da sehr viel Liebe und Gernhaben und Idealisierung. Jetzt ist es gekippt zu totalem Gekränkt- und Verletztsein, Sich-zurückziehen. Die Flucht nach vorn besteht in der Beschimpfung. Sie ist das Mittel, um Distanz zu schaffen, um nicht zu spüren, wie sehr die Verletzung auch jetzt noch wirkt. Die Interpretation der „Trennung" ist bei Mutter und Tochter bis in die Worte hinein identisch. Alle „Schuld" wird beim Vater und vor allem bei dessen neuer Frau gesehen, „die ja keine normale Frau, sondern eine Nutte ist". Die Andere hat den Mann verführt und alle in der Familie sind Opfer dieser „bösen" Frau geworden. Ines lebt in dem Gefühl des Ausgeliefertseins, der Ohnmacht. In dieser Situation rückt die Tochter ganz eng an die Seite der Mutter, die zum Zentrum ihrer Welt wird. Dies gipfelt darin, daß Ines den Selbstmordversuch der Mutter rechtzeitig entdeckt und ihr damit das Leben rettet.

Ines wirkt sehr erwachsen. Sie kümmert sich um die Mutter, nimmt Rücksicht und ist vernünftig. Sie sorgt sich in fast mütterlicher Weise um ihre Mutter — ein Beziehungsmuster, das Alice Miller in „Das Drama des begabten Kindes" beschrieben hat. Jeder Schritt weg von der Mutter, jede Abgrenzung muß bei Ines Schuldgefühle hervorrufen. Sie kann ihre Mutter doch nicht auch noch verlassen! Sie sagt selbst in einem sehr treffenden Satz: „Ich bin jetzt alt genug und kann meine eigenen Wege gehen, wo meine Mutter bei mir ist..." Da bleibt wenig Platz für eigene Interpretationen und Perspektiven. Ines' Selbstsicherheit ist nur äußerlich, sie hat wenig klare Vorstellungen von dem, was sie selbst will. Ihr Freundeskreis, ihr Leben und ihre Zukunftsvorstellungen schwanken zwischen Beliebigkeit, Idealisierung und Resignation. Ihr Bild von einer Partnerschaft ist geprägt von der mütterlichen Botschaft: „In einer Beziehung ist die Frau immer das Opfer."

Die Mutter braucht die Tochter aus narzißtischen Gründen. Ines hatte Schulschwierigkeiten in der Zeit, als sie mit der Mutter auf die Rückkehr des Stiefvaters gewartet hat und zum Teil abendelang mit ihr im Auto vor dem Haus der Rivalin saß. Aber Frau Blau sieht Ines' Leistungsabfall nicht als Ausdruck der schwierigen familiären Situation, sondern als Ausdruck der noch fehlenden „Einsicht" der Tochter. Die Leistungen der Tochter sind ihre eigenen Leistungen — wenn sie von Ines' Schulnoten spricht, fällt sie automatisch in den Wir-Ton. Durch schlechte Noten von Ines fühlt sich die Mutter persönlich beleidigt; Distanzierungsversuche der Tochter sieht sie als Angriff auf ihr Muttersein. Sie kontrolliert die Tochter auf sehr subtile Weise. Ein Beispiel ist die Art, wie sie mit den ersten Berufsschritten von Ines umgeht. Sie schickt sie zum Arbeitsamt, um ihr zu beweisen, daß sie mit schlechten Noten keine Lehrstelle findet. Als Ines dann vielleicht doch in einem Pelzgeschäft erfolgreich sein könnte, macht die Mutter einen Rückzieher — das war nicht ihre Absicht. Genauso kontrollierend verhält sie sich in bezug auf Ines' Sexualität. Sie gibt sich da ganz locker, geht mit ihr zum Arzt, läßt ihr die Pille verschreiben. Auf der anderen Seite mischt sie sich ganz direkt und auf widersprüchliche Weise ein: Wehe, du machst es, wenn du nicht willst! Sexualität ist der einzige Punkt, an dem Ines ein Geheimnis hat. Sie schläft mit Many, und das weiß ihre Mutter nicht: Sexualität als Fluchtpunkt, um sich einen eigenen intimen Raum gegenüber der Mutter zu bewahren, die ansonsten in das Leben der Tochter eindringt, dieses interpretiert, zerredet und für sich vereinnahmt.

9.2 Frau Forst und Tochter Britta — Abgrenzung und Gemeinsamkeit

Es ist sehr heiß an dem Tag, als wir Frau Forst und Britta besuchen. Die Terminabsprache mit den beiden war ganz unkompliziert, und eine von uns geht mit der Mutter in den Garten[1], die andere mit Britta auf ihr Zimmer[2]. Auch Frau Forst's Mutter, die Oma von Britta, ist im Haus und werkelt in der Küche. Während des Gespräches mit Frau Forst kommt die kleine fünfjährige Tochter Ute ab und zu auf ihren Schoß oder will irgend etwas.

Frau Forst ist eine vergleichsweise ältere Mutter, und man sieht ihr ihr Alter auch an. Sie wirkt interessiert und gelassen, bis auf ein oder zwei Themen, bei denen sie „hoch geht".

Britta wirkt auf den ersten Blick noch sehr kindlich. Das Gespräch mit ihr macht jedoch deutlich, daß sie klare Vorstellungen hat von dem, was sie will.

Frau Forst (46), Schneidermeisterin, arbeitet halbtags im Auskunftsdienst der Post. Ihre Tochter Britta (15) ist Hauptschulabgängerin und beginnt demnächst eine Lehre als Tierarzthelferin. Ihre zweite Tochter Ute ist fünf Jahre alt. Der Vater ist 42 und Monteur. Die Familie wohnt in einem eigenen Haus in einer süddeutschen Kleinstadt.

[1] Das Gespräch mit der Mutter wurde von Angelika Burger geführt.

[2] Das Gespräch mit der Tochter wurde von Christiane Hörmann geführt.

Frau Forst

Ihre Erwerbsarbeit: „...eigentlich bräucht ich's heut nicht mehr, aber ich möchte nicht daheim bleiben."

Frau Forst war früher eine gute Schülerin, und ihre Schneiderlehre machte sie mit gutem Erfolg. Ihre Mutter redete ihr zwar sehr zu, weiter auf die Schule zu gehen, aber Frau Forst wollte nicht.

„Ich hätte also nach der Volksschule immer auf die Realschule gehen sollen, ich hab nicht gewollt. Meine Mutter kann es bezeugen. Und dann hab ich ausgelernt gehabt, da ist mein Vater gestorben. Da ist meine Mutter mit vier Kindern dagestanden, keines war verheiratet, und trotzdem hat sie uns gebeten, geweint hat sie: Ich bring das Opfer, geh bitte auf eine Schule, sattle um. Ich hab's also auch wirklich gut gehabt. Meisterprüfung, Gesellenprüfung, Zwischenprüfung, hab ich alle mit glatten Einsern gemacht. Ich hätte wirklich eine Schule geschafft. An dem hätt's bestimmt nicht gelegen. Aber ich hab halt nicht gewollt. Vielleicht war ich auch zu faul. Das kann sein, ich weiß es nicht. Ich habe einfach nicht gewollt. Meine Schwestern haben alle eine Schule gemacht."

Nach ihrer Meisterprüfung leitete Frau Forst die Zweigniederlassung einer Bekleidungsfabrik mit 40 Arbeiterinnen. Sie schildert eindrücklich, wie schlecht sie die Hektik dieser Arbeit ertragen konnte. Seit elf Jahren genießt sie als Kontrastprogramm die „Ruhe" als Postangestellte.

„Es wurde soviel verlangt, es wurde einfach zu viel verlangt, finde ich. Ich war also für 40 Personen, für den ganzen Betrieb voll verantwortlich. Haut das nicht hin, bin ich dran... Ich hab' das ganze Band geleitet. Dann mußte ich die Akkordzeiten und das Zeug alles ausrechnen, das war sehr viel. Dann bin ich zur Post reingekommen und habe mehr verdient als dort. Also, irgendwie ist das viel beruhigender, ich kann mir nicht helfen."

Stolz erzählt Frau Forst, daß sie die Stelle bei der Post auch ohne Mittlere Reife bekam, weil ihre Lehre und ihre Meisterprüfung entsprechend anerkannt wurden. Zunächst arbeitete sie ganztags. Als Britta in die Schule kam, ging sie auf halb. Sie wollte zu Hause sein, wenn ihre Tochter Hausaufgaben zu machen hatte. Auf die Frage, warum sie als Mutter erwerbstätig geblieben ist, antwortet sie:

„Das Abzahlen vom Haus in erster Linie. Und dann an zweiter Stelle — heute bräucht' ich's nicht mehr — aber ich möchte nicht daheim bleiben. Ich komm' sehr wenig fort, wir gehen vielleicht zweimal im Monat zum Kegeln, das ist alles. Aber wenn man jeden Tag ins Geschäft geht: Man ist unter Kolleginnen, unter jungen Kolleginnen, unter älteren Kolleginnen, und ich find' das herrlich."

Heute fragt sie sich, ob sich die ganze Schufterei für das Haus gelohnt hat. Ihr Mann hat es z.T. selbst gebaut,und dadurch hatte sie natürlich auch sehr viel Arbeit. Andererseits konnten sie und ihr Mann sich nicht vorstellen, ihr Leben lang zur Miete zu wohnen.

,,Wir sind beide aus einem Einfamilienhaus raus. Und dann sind wir zur Miete gegangen, zwei Jahre, und das war von Anfang an klar, daß wir was eigenes haben wollen. Aber, wenn ich zurück könnte, täte ich es, glaub ich, anders machen. Ich täte dann lieber zu Hause bleiben. Wenn man weiß, was alles an Arbeit anfällt mit den vielen Zimmern, dem Garten und alles — ich glaube, lieber in Miete...“

Im Zusammenhang mit ihrer Berufstätigkeit gibt es ein Thema, über das sie sich richtig in Aufregung reden kann und das an ihrem Selbstbewußtsein nagt: Sie lastet es ihrer Erwerbsarbeit an, daß ihre Tochter Britta nicht auf eine höhere Schule geht.

,,...irgendwie kommen die Kinder, die ins Gymnasium gehen, alle von Müttern, die Hausfrauen sind: Bei meiner einen Schwester ist das Mädchen Kindergärtnerin, die ist gerade fertig geworden. Der eine Bub ist auf der Realschule und der andere Bub ist ins Gymnasium. Bei der anderen Schwester ist das Mädchen in der Realschule... von allen meinen Geschwistern, bloß meine Britta ist Hauptschülerin. Irgendwie ist mir das nicht recht. Von meines Mannes Seite aus die Kinder, die sind alle jünger. Der erste, der könnte heuer aufs Gymnasium. Aber der sagt, er wartet noch ein Jahr ab. Dann schau ich rüber zu meiner Nachbarin, die Kinder gehen alle aufs Gymnasium; dort drüben die Kinder gehen in die Realschule. Überall, wo ich hinschau: Gymnasium, Gymnasium. Das allein macht mir irgendwie zu schaffen.“

Für Frau Forst sieht der Zusammenhang so aus: Durch ihre Halbtagsarbeit konnte sie nicht den erforderlichen Kontakt zu den Lehrern halten und sich auch nicht genügend um Brittas Schulaufgaben kümmern. Allerdings sieht das ganz anders aus, wenn Frau Forst wiedergibt, was ihre Tochter Britta dazu sagt. Diese scheint sich eher gegen zu viel Einmischung der Mutter zu wehren:

,,Im ersten Jahr ist Britta ja schon gekommen mit ihren Hausaufgaben, aber dann auf einmal: ‚Andere Mütter machen das auch nicht, daß sie dauernd nachschauen, bloß du mußt immer alles wissen und hören.‘“

Frau Forst jedoch ist generell überzeugt, daß ihre Kinder zu kurz kommen, weil sie berufstätig ist. Bei dem Gedanken, daß sie Britta öfter einspannen muß, um auf die kleine Schwester Ute aufzupassen, fühlt sie sich nicht ganz wohl, obgleich sie einschränkend hinzufügt, daß sie notfalls immer auch noch ihre Mutter hat, die helfend einspringt.

,,Denen geht auf jeden Fall was ab. Wenn ich daheim bin, hab ich den Haushalt. Und nähen tu ich ja auch alles. Nur die Hosen von der Britta nicht. Aber wenn es mal eine Bluse oder ein Rock ist, und dann mein ganzes G'wand. Und da muß ich ehrlich sagen, hol' ich die Britta ran, daß sie auf die Ute aufpaßt. Naja, aber meine Mutter ist auch immer dagewesen. Ich hab bloß den Hörer nehmen müssen und Hilfe schreien, dann war sie schon da.“

Frau Forst kann diese Hilfe auch gut gebrauchen, denn in ihrem Mann hat sie keine Unterstützung.

,,Mein Mann ist auf Montagefahrt, und der ist 14 Tage oder drei Wochen weg, dann kommt er ein paar Tage heim, und dann geht er wieder.“

Die Berufswahl der Tochter: „...was sie sich in den Kopf gesetzt hat, das will sie auch wie eine Wilde ausführen."

Britta hat eine Lehrstelle als Tierarzthelferin angenommen, obwohl ihre Mutter so gerne wollte, daß sie die Mittlere Reife machen und danach zur Post gehen sollte. Brittas Haltung gegen eine weiterführende Schule gleicht auffallend und bis in die Formulierungen hinein der ihrer Mutter, als diese jung war. So wiederholen sich die Auseinandersetzungen zwischen Frau Forst und ihrer Mutter in der nächsten Generation zwischen Britta und Frau Forst:

„Erstens mal, weil sie absolut nicht dumm ist, bloß stinkfaul, und zweitens, ich bin im Öffentlichen Dienst beschäftigt und hätte sie halt verdammt gerne zu mir in die Post reingenommen. Das wär' also eine sichere Stelle, das wär' mein Wunsch gewesen. Sie hat ja den Test für die Realschule gemacht. Aber... sie will net, und sie will net, und sie will net. Ich hab' ihr immer gesagt: ‚Mei, Mädle, ich kann dir doch meine Zeugnisse alle vorlegen. Geh halt auf eine Schule.' ‚Nein, du bist auch nicht gegangen.' Das stimmt, das hat sie immer mitgekriegt."

Frau Forst geht von sich und ihren eigenen Erfahrungen aus und möchte für die Tochter nur das Beste. Sie möchte nicht, daß Britta sich in ihrer Arbeit aufreiben muß, wie sie selbst dies eine Zeitlang getan hat, und sie befürchtet auch, daß Britta mit ihrer jetzigen Lehrstelle noch längst keinen sicheren Arbeitsplatz hat:

„Und wie gesagt, in der freien Wirtschaft sind ja wahnsinnige Anforderungen. Ich weiß, was verlangt wird. Ich hab' heute noch meinen nervlichen Knacks ab, wenn was auf mich zukommt. Und da ist es halt in der Post schon schön. Dann hätte man doch ausgesorgt, vom ersten bis zum letzten Tag. Und wir verdienen auch gut. Bei uns ist es gut. In der Auskunft, da ist Schichtdienst, da hab' ich mal am Vormittag und mal am Nachmittag Freizeit. In dieser Lehrstelle, da kann's sein, daß der (der Lehrherr von Britta — Anm.) in der Früh zu ihr sagt: ‚Heut' Mittag darfst' drei Stund' Mittag machen, dafür bleibst du am Abend bis um neun Uhr, es sind so viele Patienten da. Und da wo sie jetzt anfängt, kann's schon sein, daß sie nach der Lehre gehen muß."

Frau Forst muß — genauso wie ihre eigene Mutter damals — damit leben, daß die Tochter nicht dem mütterlichen Wunsch und Rat folgt, sondern das tut, was sie selbst will und für richtig hält. Frau Forst sieht das nicht ganz ohne Stolz als einen generellen Charakterzug ihrer Tochter.

„Aber wie gesagt, irgendwie hat sie mir schon immer zu verstehen gegeben: ‚Das laß jetzt meine Sache sein'. Also, was sie sich in den Kopf setzt, das will sie auch wie eine Wilde ausführen."

Daß Britta gegen den Willen der Mutter handelt, heißt nicht, daß Frau Forst beleidigt ist und die Tochter z.B. dadurch straft, daß sie sie nicht dabei unterstützt, ihr Ziel zu erreichen. Im Gegenteil, Frau Forst hat ihr aktiv bei der Lehrstellensuche geholfen, und sie kann sogar die Begeisterung ihrer Tochter über den gefundenen Ausbildungsplatz teilen. Die Parallele zum Verhalten ihrer eigenen Mutter wird auch hier wieder deutlich: Auch diese hat sich nicht von Frau Forst zurückgezogen, sondern hilft ihr heute noch, wo sie kann. Frau Forst kann sich letzten Endes mit ihrer Tochter mitfreuen, auch wenn diese nicht das tut, was die Mutter sagt.

,,Die erste Arbeit in der Früh, wenn sie beginnt, sind die Pferde, die er in der Klinik hat, da muß sie die Pferde füttern oder verbinden, je nachdem, was ist. Dann im Büro, sie muß die Apotheke führen, nachschauen, ob alles da ist, und nachbestellen, dann muß sie Kartei führen, Buchführung, dann muß sie Röntgenaufnahmen machen, dann das Labor, also sehr vielseitig, sehr vielseitig. Wir waren gestern Abend wieder bei ihm, und da hat er ihr alles nochmal erklärt. Es ist wirklich, es ist bestimmt schön. Bei jeder Operation muß sie dabei sein, am Nachmittag, da sind sie dann mit dem Auto unterwegs zum Hausbesuche machen. Ich muß wirklich sagen, sie freut sich wahnsinnig. Ja, sie hat ihr Ziel erreicht. Es war zwar nicht meines, aber, ach Gott, es ist eben ihr Leben."

Was sich die Mutter für die Tochter wünscht: ,,... sie soll sich gut verheiraten."

Aus der Sicht von Frau Forst ist das Verhältnis zwischen Britta und ihrem Vater sehr angespannt. Darunter leidet auch sie als Mutter, denn es ist meistens so, daß sie die Partei von Britta ergreifen möchte. Als ihr das Thema zu persönlich wird, sagt sie, daß sie nicht weiter darüber sprechen möchte.

,,Mit dem Vater hat sie oft Streit. Sie widerspricht ihm dann, im selben Ton wie er (lacht). Mir geht's dann nicht gut, weil ich meistens auf der Seite von der Britta steh... Also, es ist gut, daß mein Mann immer auf Montage ist. Da ist es ruhig hier."

Frau Forst berichtet, daß die Beziehung zwischen Ute und ihrem Vater noch unbelastet ist, und daß dies zwischen Britta und ihrem Vater früher auch so war. Schwierig wurde es seit ihrem elften oder zwölften Lebensjahr. Frau Forst beschreibt ihre eigene Beziehung zu Britta als unproblematisch. Britta hilft im Haushalt mit, backt samstags einen Kuchen und hält ihr Zimmer in Ordnung. Wenn Britta sich sperrt, hat Frau Forst allerdings schon ihre Methoden, Britta dazu zu bringen, ihr zu helfen. Sie streitet zwar nicht mit ihr, wie der Vater das tut, aber sie droht ihr durchaus Konsequenzen an.

,,Ja, die Britta, die muß schon im Haushalt mithelfen, ja, doch. Ich sag halt dann: Gut, du kannst schon fahren, aber erst wird gespült (lacht). Sie muß machen, was so anfällt. Ihr Zimmer saubermachen. Ihr Zimmer, das mach' ich also bei Gott nicht. Ich tu' ihr die Fenster putzen, aber mehr nicht. Und aufräumen, das muß sie selber machen. Sie macht mir jeden Samstag den Kuchen. Außer sie hat überhaupt keine Lust, oder im Urlaub, da mach' ich es selber. Ja, jetzt die Woche hab' ich frei, da laß' ich sie laufen. Nächste Woche, da muß sie dann wegen Ute daheim bleiben. Wenn sie es nicht ordentlich macht? Oder wenn sie es nicht will? Streit gibt's da eigentlich nicht zwischen uns. Ich kann dann höchstens sagen: ‚Gut, du hast jetzt mir nicht geholfen, du kommst mir auch wieder einmal um was, dann sag' ich auch nein.' Streit eigentlich nicht, also wir zwei eigentlich nicht. Aber mit dem Vater, da schon eher."

Frau Forst ist nicht ganz zufrieden mit den Freundinnen ihrer Tochter, aber auch da läßt sich Britta von ihrer Mutter anscheinend nicht hineinreden. Darüber hinaus fühlt sich Frau Forst sorgenfrei, weil Britta noch keine Jungenfreundschaften habe — ein Trugschluß, wie sich in dem Interview mit Britta herausstellen sollte.

„Ja, sie sucht immer jüngere Freundinnen komischerweise. Eine hat sie, die ist gleich alt. Vorhin haben sie wieder miteinander telefoniert. Aber so ganz eng ist das nicht. Die andere, die jüngere, die hat halt ein Pony, und da reiten sie jeden Tag miteinander aus, und das ist halt das A und O. Aber mir wär's lieber, sie würde sich mehr mit Gleichaltrigen zusammen tun. Sag' ich ihr das, dann sagt sie, ‚das ist meine Sache, das geht dich gar nichts an' (lacht). Ja, mei, wenn sie sich gut verstehen... Jungenfreundschaften hat sie gar nicht. Eben, die eine Freundin, die hat also ihre Freunde gehabt, und das stört sie. ‚Und das fällt mir gar nicht ein, daß ich da mitgeh' und denen zuschau'!' Jetzt die Jüngere, die hat keinen Freund. Britta ist für ihr Alter noch so kindlich. Ich weiß nicht — aber es ist sorgenfreier, auf alle Fälle."

Auf die Frage, ob sie sich vorstellen kann, daß Britta später als Mutter erwerbstätig sei, antwortet Frau Forst:

„Also, ich würde sagen, sie soll sich gut verheiraten, daß sie sich reinsetzen kann — also Geld spielt ja in erster Linie eine Rolle — und ich möcht' sagen, wenn sie Kinder hat, dann soll sie daheim bleiben. Später, wenn die Kinder größer sind, kann sie ja dann wieder halbtags arbeiten."

Britta — „Ich habe meinen Eltern auch gesagt, daß ich lieber alleine (in Urlaub) fahren will."

Britta hat in so kompakter Form und — wie uns schien — auch so treffend ihre Eindrücke und Einschätzungen in Worte gekleidet, daß wir uns bei ihr dazu entschlossen haben, das Interview im Original — mit kleinen Kürzungen — wiederzugeben.

Die Lehrstelle

Frage:
Wie bist Du auf die Idee gekommen, Tierarzthelferin zu werden?
Britta:
Ach, ich wollte schon immer was mit Tieren machen, und Pferde mag ich besonders gerne, ich reite schon ein paar Jahre, und in den letzten beiden Ferien war ich auf einem Reiterhof in Österreich.
Frage:
Hat Dein zukünftiger Chef Dich gleich genommen?
Britta:
Ja, er hat gesagt, Noten seien ihm nicht wichtig, ich müsse halt ein gutes Verhältnis zu Tieren haben. Er macht eine Pferdeklinik auf und ich muß mich vor allem um die Pferde kümmern.

Frage:
Wenn Du an Deinen künftigen Beruf denkst, gibt es auch was, was Dir nicht so gut gefällt?
Britta:
Ja, daß ich da soviel alleine bin, daß ich kaum Kolleginnen oder so habe, eigentlich ist da nur mein Chef da.
Frage:
Und wie findest Du Deinen Chef?
Britta:
Ah, der ist ganz nett, der ist jung und vielleicht manchmal ein bißchen laut, wenn ihm was nicht gefällt, aber das kenne ich ja schon...!
Frage:
Hast Du eigentlich auch mit Deinem Chef darüber gesprochen, was nach der Ausbildung ist, ob Du evtl. bleiben kannst?
Britta:
Ja, da hat er schon gesagt, daß, wenn ich mich gescheit anstelle, dann kann ich bleiben.

Die Familie

Frage:
Hast Du die Ausbildungssuche allein in die Hand genommen?
Britta:
Nein, meine Mutter hat mir dabei geholfen, die Bewerbung schreiben und so, ich hab's gemacht und meine Mutter hat's nochmal durchgeschaut und so.
Frage:
Und Dein Vater?
Britta:
Ah, der hat sich überhaupt nicht drum gekümmert, der ist sowieso fast nie daheim, der arbeitet auf Montage und kommt nur am Wochenende, und das ist gut so.
Frage:
Was ist gut daran?
Britta:
Daß ich ihn nicht so oft sehe, weil ich verstehe mich nicht so gut mit ihm.
Frage:
Und was würdest Du sagen, wie würdest Du Eure Familie beschreiben?
Britta:
Ach, eine normale Familie. Meine Eltern streiten manchmal, und meine kleine Schwester wird von allen verwöhnt. Und wenn sie mal was angestellt hat, dann war es meist ich, oder ich war schuld. Die nervt mich oft, die kommt dann einfach in mein Zimmer gerannt und so, und wenn ich sie dann anschreie, dann krieg' ich Schimpfe.
Frage:
Du hast vorhin gesagt, daß Dein Vater hauptsächlich am Wochenende da ist, würdest Du sagen, daß für die Erziehung mehr Deine Mutter zuständig ist?
Britta:
Ja, die macht alles, auch mit meiner Schwester.

Frage:
Und wenn wichtige Entscheidungen anstehen, wer trifft die, z.B. wenn Du mal am Wochenende verreisen willst oder Deine Berufswahl?
Britta:
Alles meine Mutter. Mein Vater, dem ist das egal, der verbietet mir oft was, und wenn ich ihn frage warum, dann weiß er es selber nicht. Manchmal denke ich, daß er nur was sucht, um an mir 'rummeckern zu können. Und er fängt immer Streit an, wenn meine Mutter gerade nicht da ist, denn wenn sie da ist, hilft sie oft zu mir.
Frage:
Wie ist das denn bei Euch mit der Hausarbeit?
Britta:
Ja, ich helfe da meiner Mutter, ich mache das meistens auch gerne, und wenn ich keine Lust habe, dann mache ich auch nix. Und wenn meine Mutter dann will, daß ich helfe, dann sagt sie es.
Frage:
Hilft Dein Vater am Wochenende auch im Haushalt?
Britta:
Ja, der trocknet auch ab und hilft schon mal, aber nur, wenn er Lust hat.
Frage:
Und wie würdest Du sagen, stehen Deine Eltern zueinander?
Britta:
Ach, die vertragen sich schon, ich glaube, daß es meiner Mutter nicht paßt, daß mein Vater so gerne trinkt. Er trinkt ziemlich gerne, darum mag sie auch heute nicht mehr mit ihm fortgehen. Früher sind meine Eltern öfter mal miteinander fortgegangen.
Frage:
Möchtest Du es mal genauso machen wie Deine Eltern?
Britta: Nein, das soll schon anders sein, da ist mir zuviel Streit hier.
Frage:
Habt Ihr hier in der Familie zusammen Urlaub gemacht?
Britta:
Ja, erst jetzt Pfingsten, darum darf ich auch jetzt in den Ferien nicht mehr weg. Also, ich fahre lieber alleine in die Ferien. Wenn wir zusammen fahren, muß ich mit meiner Schwester in einem Zimmer schlafen, und außerdem ist es nicht so schön mit meinem Vater. Alleine, da fahre ich auf den Reiterhof, und das gefällt mir einfach besser. Ich habe meinen Eltern auch gesagt, daß ich lieber alleine fahren will.
Frage:
Sind Deine Eltern von hier und ist das Euer Haus?
Britta:
Ja, das Haus haben wir vor 10 Jahren gebaut, und da wurde dann später immer noch ausgebaut; jetzt hat mein Vater, seitdem das fertig ist, auch nix mehr zu tun. Darum hat er vor einem dreiviertel Jahr auch die andere Arbeit angenommen, wo er mehr zu tun hat und auf Montage ist.
Frage:
Was würdest Du sagen, ist Dein größter Wunsch?
Britta:
Ich hätte gern ein Pferd.

Frage:
Und was würdest Du sagen, ist z.Zt. am schwierigsten für Dich?
Britta:
Daß ich soviel Streit mit meinem Vater habe.

Erste Schritte nach draußen

Frage:
Denkst Du, daß sich Dein Leben ändern wird jetzt, wo Du bald mit Deinem Beruf anfängst?
Britta:
Ja, daß ich länger fortgehen kann, das hat meine Mutter gesagt und das will ich auch.
Frage:
Gehst Du auch in 'ne Disco oder sonst zum Tanzen?
Britta:
Leider ist hier in B. keine Disco. Der Bürgermeister will es nicht. Aber einmal im Monat ist Disco in der Schule, und da gehe ich gerne hin. Meine Mutter, die versteht, daß ich gerne zum Tanzen gehe, und die läßt mich da auch hingehen, aber mein Vater, der verbietet es manchmal, und wenn ich ihn dann frage warum, dann lacht er nur und stellt sich doof. Und dann streite ich mit ihm.
Frage:
Zu wem würdest Du gehen, wenn Du mal Probleme hast? Liebeskummer oder Probleme in der Schule oder so.
Britta:
Das kommt auf das Problem an, Liebeskummer würde ich einer Freundin erzählen, mit der Schule und so meiner Mutter, also hier zu Hause würde ich zu meiner Mutter gehen.
Frage:
Und wie ist es von Deinen Eltern aus mit Deiner Freizeit?
Britta:
Ich habe eigentlich viel Freizeit, nachmittags, manchmal abends und am Wochenende. Abends muß ich zwischen acht und zehn Uhr zu Hause sein, und da gibt es auch manchmal Reibereien, wenn ich nicht pünktlich bin.
Frage:
Hast Du einen Freund?
Britta:
Zur Zeit nicht.
Frage:
Aber Du hattest einen?
Britta:
Ja, aber das darf meine Mutter nicht wissen. Einmal letzten Sommer, ich habe Mathe mit ihm zusammen gehabt, und dann sind wir miteinander gegangen.
Frage:
Warum hast Du es Deiner Mutter nicht erzählt?

Britta:
Dann hätte sie mich nicht mehr lange 'rausgelassen, sie hätte immer geguckt, was ich mache. Ich bin froh, daß meine Mutter nachmittags arbeiten geht, da habe ich meine Ruhe. Damals, als ich noch einen Freund hatte, da waren wir dann ungestört hier. Ja, und dann war es nach vier Monaten aus, weil ich mich so eingeengt gesehen habe. Der wollte immer alles wissen. Ich habe mich nicht mehr wohl gefühlt. Und zum Schluß hat er auch so viel getrunken und geraucht, das wollte ich nicht mehr.
Frage:
Und wie würdest Du sagen, war Eure Beziehung, habt Ihr geschmust, miteinander geschlafen oder war es mehr kameradschaftlich?
Britta:
Ja, geschmust schon, aber geschlafen, das wollte ich nicht, da wollte ich ihn erst noch besser kennenlernen, dazu habe ich ihn nicht so sehr gemocht, ich meine, da gab es viel, was mir nicht gefallen hat. Ich habe ihm auch gesagt, daß ich noch nicht mit ihm schlafen will, ich fühle mich noch zu jung dazu, vielleicht erst mit 18 oder so.
Frage:
Hat Deine Mutter Dich aufgeklärt?
Britta:
Nein, das weiß ich aus der Schule, und das meiste von Freunden. Also, meine Mutter hat mir das mit der Periode erklärt; ich habe gewußt, wie ich Kinder kriege und so, aber das andere nicht. Also, mit meinen Kindern — ich will später mal zwei oder drei haben — möchte ich offener darüber sprechen. Auch, wie das ist mit dem zusammen Schlafen und so. Und auch mit wann die Pille nehmen.
Frage:
Wie ist es sonst mit Deinem Freundeskreis, hast Du eine feste Clique oder Freundinnen?
Britta:
Also, ich habe zwei Freundinnen, eine ist genauso alt wie ich, die andere ist ein bißchen jünger. Bei der jüngeren bin ich öfter, weil die hat zu Hause einen Bauernhof, und da gibt es Ponys zum Reiten und so. Mit der Älteren verstehe ich mich aber eigentlich besser. Und dann gehe ich einmal in der Woche in eine Gruppe von der Jungen Gemeinde hier, da gehe ich gerne hin, da gibt es auch interessante Themen, über die wir dort reden können.
Frage:
Und wie stellst Du Dir Deine Zukunft in den Jahren nach Deiner Lehre vor?
Britta:
Also, wenn ich schon einen Mann kennengelernt habe oder verheiratet bin, dann kommt es darauf an, was er verdient und ob mir die Arbeit Spaß macht, und dann höre ich auf oder auch nicht. Meine Mutter, die möchte immer, daß ich mal einen Mann kriege, der viel Geld hat, damit ich nicht arbeiten muß, aber mir ist wichtiger, daß der Mann nett ist, daß ich mich mit ihm verstehe. Ich möchte nicht so eine Ehe haben wie meine Eltern. Ich möchte mehr Verständnis und so. Wenn ich 18 bin, möchte ich vielleicht mal ins Ausland reisen; aber wohnen möchte ich schon hier bleiben; ich höre viel von anderen, daß das alleine so schwierig ist.
Frage:
Möchtest Du mal heiraten?

Britta:
Ja.
Frage:
Wie stellst Du Dir vor, soll Dein Mann mal sein?
Britta:
Er soll tierlieb sein und verträglich, ich mag mit ihm reden können, und sportlich und nett ausschauen soll er.

Erste Schritte in die Selbständigkeit

Frau Forst lebt mit dem Mann und den beiden Kindern im eigenen Haus, sie arbeitet halbtags in einem Beruf, von dem sie stolz sagt, daß er ihr Sicherheit und einen geregelten Alltag bietet. Der Mann ist auf Montage und sehr viel weg. Die älteste Tochter hat die Lehrstelle als Tierarzthelferin gefunden, die sie sich immer gewünscht hat — weil sie Tiere und insbesondere Pferde über alles liebt. Vater und Tochter streiten sehr viel, und die Mutter ergreift die Partei der Tochter. Auch Vater und Mutter streiten zu viel — zumindest nach dem Geschmack der Tocher. Da ist es ein wahrer Segen, daß der Vater auf Montage ist und selten nach Hause kommt — in dieser Einschätzung sind sich Mutter und Tochter völlig einig. Die Tochter genießt es auch, daß sie durch die Halbtagsarbeit ihrer Mutter öfter für sich alleine sein kann. Sie hatte eine Zeitlang einen Freund, von dem die Mutter aber nichts weiß. Sie hat sich nach einigen Monaten auf eigene Initiative von diesem Freund wieder getrennt, weil ihr vieles an ihm nicht paßte. Schlafen wollte sie auch nicht mit ihm, dafür fühlte sie sich noch zu jung.

Die Mutter hat ihre Ganztagsberufstätigkeit aufgegeben zu dem Zeitpunkt, als die Tochter in die Schule kam: Sie wollte gewährleistet sehen, daß sie die Hausaufgaben immer kontrollieren und überwachen konnte. Dies hatte aber nicht den gewünschten Erfolg; die Tochter weigert sich heute mit Nachdruck, auf die Realschule zu gehen. Sie hat klare Berufswünsche, will Tierarzthelferin werden und setzt dies auch gegen die Vorstellungen der Mutter durch. Für den Außenstehenden ist es fast grotesk, daß die Mutter mit nahezu identischen Worten wie die Tochter von ihrer eigenen Weigerung erzählt, weiter auf eine Schule zu gehen. Ihr eigenes Verhalten wiederholt sich bis auf's I-Tüpferl bei der Tochter. Daß Britta nur Hauptschulabschluß hat, macht Frau Forst schwer zu schaffen.

Frau Forst ist einerseits innerlich so mit dieser Kränkung beschäftigt, daß sie gar nicht bemerkt, mit welchen Problemen Britta sich herumschlägt: z.B. wenn die Eltern sich streiten oder daß sie verantwortlich gemacht wird, wenn die kleine Schwester sich beschwert. Frau Forst hat noch als erwachsene Frau von ihrer Mutter Unterstützung erfahren — ,,ich brauchte nur den Hörer abnehmen, da war sie schon da". Das gibt ihr andererseits heute den Spielraum, der Tochter ihre Vorstellungen zu lassen, ja, ihr sogar ganz praktisch bei der Suche nach einer Lehrstelle als Tierarzthelferin zur Seite zu stehen. Ein Stück weit teilt sie die Begeisterung ihrer Tochter, auch wenn ein Stachel zurückbleibt: Um sie herum sind viele Nachbarn und Verwandte, deren Kinder auf's Gymnasium gehen oder zumindest doch die Mittlere Reife machen — nur ihre Britta, die verweigert sich.

Britta will alles mal anders machen als ihre Mutter. Sie freut sich auf ihre Berufsausbildung, möchte viel mit Tieren zu tun haben, wünscht sich — in klarer Abgrenzung zur Mutter — nicht etwa einen Mann, der genug Geld hat, um sie zu versorgen, sondern einen sympathischen Mann, mit dem sie über alles reden kann, mit dem sie wenig Streit hat und der die Liebe zu Tieren mit ihr teilt. Sie will nicht Sicherheit, sondern Spaß, Ausprobieren und Glücklichsein. Die Mutter gibt der Tochter teilweise Hilfestellung — sie kontrolliert sie aber auch und möchte gerne alles im Griff behalten. Britta läßt sie in diesem Glauben, aber die Mutter hat etwas ganz Entscheidendes nicht mitbekommen: daß die Tochter zum ersten Mal einen Freund hatte und sich wieder von ihm trennte.

Britta hat mehr Spielraum als Ines, die Tochter von Frau Blau. Sie kann ihre eigenen Vorstellungen entwickeln und eigene Wünsche äußern — trotz der Kontrolle der Mutter. Britta kann sich besser abgrenzen, sie muß keine Angst haben, ihre Mutter damit tief zu verletzen. Abgrenzung und Unterstützung zwischen Frauen schließen sich in ihrer Familie nicht aus. Ein entscheidender Unterschied liegt auch in der familiären Situation: Brittas Mutter ist keine verlassene Frau, und der Platz des Vaters ist besetzt. Auch wenn Mutter und Tochter ein Stück weit im Bündnis gegen ihn stehen, so ist doch eine Auseinandersetzung oder zumindest die Abgrenzung von ihm möglich. Ines hat es da schwerer, weil diese Auseinandersetzung nicht geführt werden kann.

Frau Forst ist nicht so in der Opferrolle wie Frau Blau, auch wenn Frau Forst einiges im Leben einstecken mußte. Für Britta ist die Ablösung von der Mutter leichter als für Ines, denn Britta hat die Erlaubnis, ihren eigenen Weg zu suchen. Sie weiß, was sie will und was sie nicht will. Sie macht keine faulen Kompromisse, weder gegenüber der Mutter noch gegenüber einem Freund. Auch wenn sie sich distanziert und abgrenzt, kann sie damit rechnen, daß sie von ihrer Mutter unterstützt wird.

10. Ablösung — Konflikt und Chance

Die Töchter in unseren Untersuchungen[1] sind zwischen 15 und 19 Jahren, also in einem Alter, in dem die äußere Trennung von der Mutter greifbar wird. Die innere Ablösung, die in dieser Zeit beginnt, erfordert nicht nur bei der Tochter, sondern auch bei der Mutter Schritte der Verselbständigung. Gelungene Ablösung zwischen beiden ist nicht Verlust, sondern die Entdeckung neuer Möglichkeiten des Umgangs miteinander jenseits der eingeschränkten Mutter-Kind-Beziehung.

In der Jugendphase hat sich die Tochter ein Bild von der Mutter gemacht und umgekehrt die Mutter ein Bild von der Tochter. Diese oft sehr fixierten Bilder sind dann zwar nicht bewußt, aber dennoch handlungsleitend für beide. Eine Aufgabe des Erwachsenwerdens für die Tochter ist es, sich von diesem mehr oder weniger bewußten Bild zu lösen und die Mutter in ihrer gesamten Person, mit all ihren guten und schlechten Seiten, mit all ihren Brüchen und Ungereimtheiten wahrzunehmen. Dieser Gedanke hat in unserer Arbeit darin seinen Niederschlag gefunden, daß wir versucht haben, verschiedene Seiten des Mutterbildes dieser Töchter zu erfassen, und daß dabei auch die ,,Mutter als weibliche Persönlichkeit" Konturen gewann.

In der Altersstufe zwischen 15 und 19 Jahren, wenn die innere Ablösung beginnt, wird diese Seite der Mutter allmählich gesehen. Dies hängt auch eng damit zusammen, an welchem Punkt ihrer sexuellen Entwicklung die Tochter steht.

Für die Mutter besteht die Aufgabe darin, das Erwachsenwerden ihrer Tochter dadurch zu unterstützen, daß sie die Veränderungs- und Entwicklungsprozesse wahrnimmt und nicht hängenbleibt am lieb gewordenen Bild des vielleicht achtjährigen, niedlichen kleinen Mädchens, das nur Bewunderung für die Mutter hat oder am ungeliebten Bild des aufsässigen, vielleicht vierzehn-, fünfzehnjährigen Teenagers, der an allem und jedem herummeckert. Wenn die Mutter die Tochter nicht loslassen kann, weil sie sie braucht, ist jeder Schritt in die Eigenständigkeit begleitet von tiefen Schuldgefühlen der Tochter. Dann kehrt sich die Beziehung um: Die Tochter wird zur ,,sorgenden" Person für die eigene Mutter.

[1] Qualitative Interviews mit Müttern und Töchtern sowie ,,Mädchen '82"

Der Schlüssel für den Beginn der Ablösung ist die Sexualität der Tochter; diesen Zusammenhang legen sowohl die kulturellen Bilder als auch die Ergebnisse der Repräsentativerhebung nahe. In unserer christlichen Kultur wird sexuelle Lust mit Sünde gleichgesetzt. Auch wenn wir die sog. Befreiung der Sexualität erlebten, wirken die christlichen Normen unterschwellig weiter. Dies macht die Mutter-Tochter-Beziehung in der Pubertät besonders kompliziert. Wir bemerkten z.B. oft in unseren Interviews, daß auch verständnisvolle und bemühte Mütter verleugnen, daß ihre Töchter an Sexualität interessiert sind. Neben den sexuellen Tabus wollen Mütter auch deswegen die Sexualität ihrer Töchter nicht sehen, weil sie insgeheim wissen, daß damit ihre Nähe und Einheit verloren gehen wird. Sie sind wie Demeter, die ihre Kore nicht hergeben will. Andererseits können sich Töchter oft nicht vorstellen, daß ihre Mütter ein Sexualleben haben.

Aber nicht nur der sexuelle Bereich macht die Beziehung schwierig, sondern — wie vor allem die Mythologie aufzeigt — auch familiäre Loyalitätsstrukturen und -erwartungen. Wenn ein offener oder geheimer Streit zwischen den Eltern im Gange ist, muß die Tochter sich entscheiden. Sie kann und darf oft nicht zu beiden halten, sie muß entweder zur Vater-Tochter oder zur Mutter-Tochter werden. Dann wird Ablösung für die Tochter besonders schwierig. Die steigende Scheidungsrate läßt darauf schließen, daß Loyalitätskonflikte von Kindern zunehmen werden, während einiges darauf hindeutet, daß Gewissenskonflikte im Zusammenhang mit Sexualität abnehmen.

Die Ergebnisse aus der Repräsentativerhebung bestärken uns in der Annahme, daß es vor der Ablösung eine Phase der Identität und Nähe zwischen Mutter und Tochter gibt, die noch einmal auf einer anderen Ebene als in der Kleinkindzeit die gleichgeschlechtliche Identifikation vertieft und bestärkt. Es findet zwar keine Initiation mehr statt, aber in dieser Zeit vermittelt die Mutter der Tochter weibliche Fähigkeiten, die die Tochter schätzt wie Goldmarie, die bei Frau Holle lernt (vgl. Kapitel 4.1 Die „Mutter als Hausfrau").

Wenn die Tochter beginnt, sich auf ein männliches Gegenüber auch sexuell einzulassen, endet diese Zeit der Nähe; die Abgrenzung beginnt. Beide Phasen sind wichtig für die Tochter, um die eigene Persönlichkeit zu entdecken und erwachsen zu werden. Ablösung heißt dann sowohl für die Mutter als auch für die Tochter, eigene und von der anderen getrennte Lebens- und Wertvorstellungen zu entwickeln. Die Mutter kann loslassen, wenn sie ihr Leben ohne die Tochter einrichtet. Loslassen heißt auch auszuhalten, wenn die Tochter andere Wege geht als die Mutter erwartet oder erhofft hat.

Quer zu diesem Prozeß liegt die familiäre Dynamik und die Rolle des Vaters. Vater-Töchter, oft in einer schwierigen Beziehung zur Mutter, haben eine andere Form der Ablösung zu bewältigen als Mutter-Töchter. Kulturelle Bilder zeigen, daß für Vater-Töchter der Weg dahin geht, sich mit der Mutter zu versöhnen. Für Mutter-Töchter ist die Abgrenzung und Trennung von der

Mutter notwendig, um die eigene Autonomie entwickeln zu können. Diese Prozesse sind jedoch nicht schon in der Jugendphase zu bewältigen, sondern dauern meist bis lange in die Zeit nach der äußeren Ablösung hinein.

Eltern-Töchter haben sowohl für eine Identifikation mit der Mutter als auch für eine Abgrenzung den größten Spielraum. Die Ablösung ist für sie unkomplizierter und leichter, weil sie frei von Loyalitätskonflikten ist.

Eine merkwürdige Getrenntheit der Lebenswelten von Müttern und Töchtern wird erkennbar bei gleichzeitig starkem Einfluß der mütterlichen Lebensentwürfe auf die Töchter. Letzteres zeigt sich auch auf globaler Ebene in dem Bestreben, das Drei-Phasen-Modell zu leben, das eigentlich der Wunschtraum der Mütter ist. Die nicht verwirklichten Lebensvorstellungen der Mütter werden an die Töchter weitergegeben. Dadurch entsteht eine Art „time lag" zwischen den Generationen: Die Mütter orientieren sich an dem, was für sie selbst wünschenswert gewesen wäre, ohne immer zu erkennen, daß diese Ziele sich teilweise selbst überholt haben und für die Töchter nicht mehr angemessen sind, da sich die gesellschaftliche Realität bereits wieder verändert hat.

Die Getrennheit der Lebenswelten erklärt sich auch aus den strukturell veränderten weiblichen Lebensbedingungen. Biographie und gesellschaftliche Erfahrungen, in denen sich die Normen und Werte der Mütter entwickelt haben, unterscheiden sich von denen der Töchtergeneration erheblich. Besonders in den Bereichen von Sexualität und weiblicher Erwerbsarbeit hat sich ein gravierender gesellschaftlicher Wandel vollzogen, gefolgt von Veränderungen im weiblichen Rollenverhalten und gesellschaftspolitischen Engagement (vgl. Kapitel 3).

Der weibliche Generationenkonflikt entzündet sich genau an den Nahtstellen gesellschaftlicher Veränderungen. Während der Konflikt um Sexualität eher untergründig schwelt, ist der Konflikt um die Vereinbarkeit von Muttersein und Beruf offenkundig. Generell ist festzustellen, daß die Mütter, die in sehr viel restriktiveren Bedingungen aufgewachsen sind als die Töchter, diesen teils neidisch, teils bewundernd die besseren Möglichkeiten und Freiheiten vorhalten und dabei übersehen, daß die Lebensrealität ihrer Töchter zwar andere, aber genauso viele Probleme beinhaltet wie ihre eigene Jugendzeit.

Neben den „getrennten Welten" gibt es jedoch auch den Wunsch nach gegenseitigem Verstehen und nach einer guten Mischung aus Nähe und Distanz, in der beide Seiten sich respektiert fühlen.

Die Töchter wünschen sich oft weniger Einmischung von ihren Müttern. Sie möchten Probleme haben können, ohne daß es dann der Mutter auch gleich mit schlecht geht oder daß die Mutter besserwisserisch reagiert: „Das habe ich dir ja gleich gesagt!" Töchter wünschen sich, daß die Mutter einfach zuhört und versteht. Töchter möchten gerne eigene Erfahrungen machen können, ohne daß die Mütter diese gleich einschätzen und bewerten. Töchtern geht es gut, wenn die Mütter in der Lage sind, sich mit ihnen zu freuen, wenn dazu Anlaß ist, z.B. über eine Lehrstelle, über eine gute Note, über ein gelungenes Fest...

Aber auch Mütter haben Wünsche und Vorstellungen an ihre Töchter. Die Mütter wünschen sich von den Töchtern, daß auch diese ein Stück Distanz wahren, mit ihren Stimmungen und ihrer Kritik die Mütter nicht zudecken und vereinnahmen. Den Müttern kann leicht schwindlig werden, wenn sie auf das Gefühlskarussell der Töchter miteinsteigen, weil sie sie gerne ernst nehmen möchten: Heute ist alles gräßlich — morgen alles wunderbar. Heute will die Tochter als eine erwachsene Frau angesehen sein, die sich jeden Rat energisch verbittet, morgen ist sie das ratlose kleine Mädchen, das der Mutter zu verstehen gibt, wie sehr sie sie braucht. Das Stilleben im Zimmer der Tochter von Platten, Socken, Haarklammern, Kassetten, Wäschestücken und Büchern ist nicht einfach „unordentlich", sondern auch äußeres Zeichen dafür, daß in ihnen selbst gerade sehr viel durcheinandergeht. Mütter wollen nicht permanent mit diesem inneren und äußeren Chaos der Töchter konfrontiert werden und schon gar nicht dafür verantwortlich sein. Mütter wünschen sich auch, daß die Töchter nicht jede Kritik gleichsetzen mit Ablehnung. Müssen sie jede verrückte Fummel-, Frisur- und Schminkorgie gutheißen, jeden Jungen toll finden, für den die Tochter gerade schwärmt, nur damit die Töchter sich akzeptiert und ernstgenommen fühlen? Mütter möchten auch nicht ständig auf dem Prüfstand stehen und an den hohen Erwartungen der Töchter gemessen werden. Insbesondere wenn Mütter in einer schwierigen Phase mit ihrem Partner leben, können sie in einen nervenaufreibenden Zweifrontenkrieg geraten: Die fast erwachsenen Töchter werfen ihnen die Partnerschwierigkeiten auch noch vor, rechnen Fehler auf und finden, daß die Mütter selbst schuld seien.

Die Phase des Erwachsenwerdens der Töchter ist für beide eine schwierige Zeit. Was die Mutter-Tochter-Beziehung so anstrengend macht, sind die hohen Erwartungen, die beide aneinander haben und die allzuleicht enttäuscht werden. Die Töchter möchten in Ruhe gelassen werden, aber trotzdem wissen, daß sie Unterstützung bekommen, wenn sie sie brauchen. Die Mütter sehen ihre Chancen schwinden, auf die Töchter Einfluß zu nehmen, sie vor dem zu schützen, was sie selbst an Negativem erlebt haben. Das eigene Jungsein, die Beziehung zur eigenen Mutter in der Pubertät wird für sie wieder lebendig. Sie selbst haben oft nicht die wohlwollende Unterstützung bekommen, die sie nun ihren Töchtern geben sollen und auch wollen. Manche Mutter stellt sich da die Frage, warum sich die Tochter so unzufrieden fühlt, wo diese doch sowieso viel besser daran ist als sie es selbst seinerzeit war. Die Mütter müssen darüber hinaus mit einer widersprüchlichen Mischung von Gefühlen fertig werden, der Mischung aus dem Wunsch, die Tochter loszulassen und wieder Freiraum für sich selbst zu haben und der Angst um die eigene Zukunft, weil ihnen nicht klar ist, welchen Sinn ihr Leben noch hat, wenn sie von der Familie nicht mehr gebraucht werden. Diese eigene Unsicherheit kann sich verschieben auf die Angst um die Tochter, was aus ihr werden soll und ob bei ihr auch alles gut gehen wird... Die Erfahrung zeigt, daß Mütter nicht so leicht über ihren eigenen Schatten springen können, d.h. sie können ihrer Tochter nur so viel an Freiraum, Mut und Unterstützung geben wie sie selbst erfahren haben. Nur wenn sie sich bewußt mit ihren eigenen Verletzungen und unerfüllten Wünschen auseinandersetzen, die sie in der Beziehung mit der eigenen Mutter erlebt haben, können sie über diesen Rahmen hinausgehen.

Wir sehen die Mutter-Tochter-Beziehung nicht als gleichbleibend statisch, sondern phasenhaft dynamisch an; sie verändert sich im Laufe des Lebenszyklus von Mutter und Tochter. Wenn es auch Beispiele von lebenslanger Harmonie oder auch lebenslanger Feindschaft zwischen Mutter und Tochter gibt, so ist es im allgemeinen doch eher so, daß Phasen von Nähe und Vertrautheit abgelöst werden von Phasen der Fremdheit und Distanz, Kritik oder gar Ablehnung, auf die dann wiederum Annehmen oder Versöhnung folgen können. Für alle Phasen gilt, daß, je offener Mutter und Tochter miteinander sprechen können, die Chance umso größer ist, daß die Beziehung lebendig und persönlich bleibt.

Mütter können die Wünsche der Töchter nach Losgelassenwerden und Eigenständigkeit umso eher erfüllen, je mehr sie selbst eine eigene Lebensperspektive für sich entwickeln. Dann können die Mütter den Töchtern signalisieren, daß sie sich durch das Erwachsenwerden der Töchter auch entlastet fühlen. Eine andere Form der Beziehung zwischen beiden wird möglich, in der sich Mutter und Tochter als Frauen begegnen, ohne daß sich die eine für die andere verantwortlich fühlen muß.

Anhang: Methodische Anmerkungen

Die vorliegende Arbeit verwendet Material aus zwei unterschiedlichen Quellen; einmal sind es Ergebnisse zum Mutterbild von Mädchen und jungen Frauen, die aus der repräsentativen Mädchen-Untersuchung stammen, zum anderen verwerten wir Intensivinterviews, die wir mit Müttern und deren Töchtern gemacht haben. Während wir die Sicht der Mütter rein qualitativ erfaßt haben, ist die Sicht der Töchter sowohl qualitativ als auch quantitativ erhoben worden. In der Darstellung überwiegt auf der Töchterseite die quantitative Analyse.

Es erwies sich als schwierig, das heterogene und zudem sehr umfangreiche Material zu ordnen und zu strukturieren. Die lebendigen Gespräche und die dürren Zahlen zueinander in Beziehung zu bringen, erschien uns als reizvolle Aufgabe, doch verschiedene Anläufe endeten zunächst in Sackgassen — beispielsweise, als wir versucht haben, bestimmte Mädchentypen, die es nach dem Zahlenmaterial geben müßte, in unserem qualitativen Material wiederzufinden. Angemessener erschien uns dann doch ein weitgehend getrenntes Auswerten und Darstellen der Gespräche einerseits und des Datenmaterials andererseits, die dann allerdings zu oftmals verblüffend ähnlichen Ergebnissen führten (vgl. Kapitel 7.2). Im folgenden sollen sowohl für das qualitative wie auch für das quantitative Material die Erhebungs- und Analysemethoden kurz dargestellt werden.

Die Intensivinterviews

Uns liegen ca. 40 Gespräche mit Müttern und ca. 40 mit Töchtern schriftlich vor. Die 1982 befragten Mädchen waren Hauptschülerinnen, Jungarbeiterinnen, Berufsschülerinnen und Arbeitslose. Wir bekamen Kontakt zu ihnen über berufsvorbereitende Seminare oder Gruppendiskussionen in Schulen.

In den Intensivinterviews mit den Töchtern sprachen wir vier große Themenbereiche an:

- Berufswahl, Stellensuche, ggf. auch Erfahrungen mit Ausbildung und Arbeit,
- Familiensituation,

— Freizeit, Freund, Partnerschaft,
— Berufs- und Zukunftsperspektive.

Für die Intensivinterviews mit den Müttern verwendeten wir einen Leitfaden, der sich auf folgende Themen bezog:

— die eigene Jugendzeit,
— Entwicklung im Hinblick auf Familie und Beruf,
— die heutige Situation,
— weitere Lebensperspektiven,
— Vorstellungen und Wünsche für die Zukunft der Töchter.

Die Interviews dauerten im Durchschnitt eineinhalb bis zwei Stunden. Mit den Befragten trafen wir uns für die Gespräche nur einmal. Dies strukturierte für uns und die Teilnehmerinnen die Situation: Wir mußten einen guten Kontakt herstellen und wollten ein möglichst umfassendes Bild bekommen. Die Teilnehmerinnen wußten, daß sie über ihre Situation mit jemanden sprechen, dem sie wahrscheinlich später nie mehr begegnen werden: Das kann ermuntern oder hemmen; hemmen, weil klar war, daß wir an ihrer Person kein privates Beziehungsinteresse hatten; ermuntern konnte es, weil die Teilnehmerinnen offen über sich sprechen konnten, ohne daß dies für sie negative Konsequenzen hatte. Sie konnten mal über Tabus reden, die in ihrem feststehenden Beziehungskontext nicht so ohne weiteres ansprechbar sind.

Die Interviews wurden nach dem nicht-direktiven Verfahren geführt, d.h. wir bewerteten nicht, gaben keine Antworten vor, überließen es den Teilnehmerinnen, wie und ob sie sich zu bestimmten Themen äußerten. Sicherlich machten wir im Gespräch manchmal deutlich, daß wir Partei ergreifen und Verständnis haben für die Probleme der Gesprächspartnerin. Grundsätzlich aber hielten wir das Prinzip durch, die geäußerte Darstellung, Meinung, Sichtweise als das zu nehmen, was sie ist: als wichtige Information über subjektive Erfahrungen, Erlebnisse und Einschätzungen. Wir betrachteten die Teilnehmerinnen als Expertinnen, und zwar sowohl was ihre eigene Situation, als auch was die Situation anderer anbelangt.

Trotz des klaren Interviewerleitfadens ist das Material heterogen, auch was die Intensität anbelangt. Manchmal blieben die Interviews an der Oberfläche, manchmal packten die Teilnehmerinnen aus. Immer aber erzählten die Teilnehmerinnen viel von sich: die Mädchen meist auf Anhieb, die Mütter oft erst nach einer „Anwärmphase“.

Die Interviews mit den Mädchen haben wir lediglich zur Veranschaulichung des quantitativen Materials herangezogen und als eine Art Selbstdarstellung wiedergegeben (vgl. Kap. 7.2). Unsere Fragen und redundante Passagen wurden weggelassen, die Interviews insgesamt gestrafft.

Bei der strukturierten Darstellung der Biographien von Müttern waren uns neben dem oben genannten Thema folgende Auswertungs-Aspekte wichtig:

— Art der Selbstdarstellung,
— Verarbeitung von Problemen,
— Art der Interpretation von Handlungen,
— Interpretation von ,,Familie" und ,,Beruf",
— Umgang mit Krisen,
— Vorstellungen von Glück,
— Vorstellungen von Eigenständigkeit,
— Ablösungsprozesse.

Die Darstellung erfolgt so, daß die soziale Realität der Befragten anhand von Fakten, Informationen und Zitaten greifbar wird. Darüber hinaus haben wir generalisierbare Tendenzen, Prozesse, Entwicklungs- und Erscheinungsformen herausgearbeitet, die im Rahmen der Frauen- und Familienforschung von Bedeutung sind.

Die Mädchenuntersuchung

War bei den Müttern zunächst die Einzelne mit ihrer besonderen Situation Ausgangspunkt für die Suche nach allgemeinen und für diese Müttergeneration typischen Lebenssituationen und Lebenshaltungen, so ist der Weg der Analyse bei den Töchtern von vornherein unpersönlich: Im quantitativen Material sind typische Aussagen und ihre Bestimmungsfaktoren, nicht jedoch einzelnen Personen Gegenstand der Untersuchung. Nicht das lebendige, gesprochene Wort, sondern nüchterne Prozentzahlen sind die empirische Grundlage für die Kapitel über die Töchter. Die Aussagekraft dieses Materials liegt darin, daß Tendenzen innerhalb der jungen Frauengeneration deutlich werden können und — weg vom Einzelfall — allgemeinere Aussagen möglich sind, die an einigen Stellen durch Selbstdarstellungen von Töchtern anschaulich gemacht werden.

Die Mädchen wurden per Fragebogen (vgl. *Seidenspinner/Burger* 1982) und mit vorgegebenen Antwortrastern befragt. Die Antworten, die die Mädchen gegeben haben, können immer nur eine Momentaufnahme sein, d.h. die jeweilige Stimmungslage, Situation und Befindlichkeit der Mädchen ist ausschlaggebend und schließt nicht aus, daß das gleiche Mädchen vier Wochen später zur gleichen Frage eine andere Antwort ankreuzen könnte. Man kann jedoch davon ausgehen — und lange Erfahrungen bestätigen dies auch —, daß die große Zahl der Befragten diesen Mangel wieder ausgleicht.

Die Mädchen-Untersuchung

Die Untersuchung (Brigitte/DJI) ,,Mädchen '82" ist eine Repräsentativerhebung bei Mädchen zwischen 15 und 19 Jahren in deutschsprachigen Privathaushalten der BRD einschließlich West-Berlin.

Die Stichprobengröße betrug N = 1.100 repräsentativ ausgewählte Personen der 2,25 Millionen Mädchen und jungen Frauen zwischen 15 und 19 Jahren; es handelte sich um die Geburtenjahrgänge 1962-1966; der Befragungszeitraum war November 1981 bis Januar 1982. Die Untersuchung gibt auf repräsentativer Basis Auskunft über Einstellungen und Verhaltensweisen von Mädchen und jungen Frauen in den Bereichen Familie, Beruf, Partnersituation und gesellschaftliche Orientierung.

Die Befragungspersonen wurden im Quotenverfahren ausgewählt. Die Quotenmerkmale waren dabei neben dem Alter (15-19 Jahre)[1]:

Berufstätigkeit/Schule
— berufstätig
— Lehre
— allgemeinbildende Schulen
— arbeitslos
— berufsqualifizierende Maßnahmen

Familiensituation
— bei beiden Eltern lebend, Mutter nicht berufstätig
— bei den Eltern lebend, Mutter berufstätig
— nur bei der Mutter lebend
— nicht im Elternhaus lebend (d.h. allein oder beim Freund oder verheiratet)

Die Verteilung der Quotenmerkmale wurde der Media Analyse '81 entnommen. Die Befragungen wurden in ausgewählten Sample Points des ADM--Stichprobensystems durchgeführt.

Um von der Fallzahl her zu gesicherten Aussagen über die arbeitslosen Mädchen und solchen in berufsqualifizierenden Maßnahmen zu kommen, wurden diese beiden Merkmale disproportional aufgestockt.

Im Sinne einer leichteren Gesprächsführung wurden nur weibliche Interviewerinnen eingesetzt. Insgesamt kamen 269 Interviewerinnen zum Einsatz. Zusätzlich sollte vermieden werden, daß Dritte während der Befragung anwesend waren. Diese Bedingung konnte nach Aussagen der Interviewer weitestgehend eingehalten werden.

Die Befragungen wurden mündlich an Hand eines vorstrukturierten Fragebogens durchgeführt.

Durchführendes Institut war Contest-Census, Frankfurt a.M.

[1] Nicht befragt wurden ausländische Mädchen und junge Frauen sowie Mädchen in Heimen.

Die Auswertung des quantitativen Materials erfolgte nach unterschiedlichen Methoden. In der Forschungspraxis zeigt sich gewöhnlich, daß es Gruppen von Befragten gibt, die ein ganz bestimmtes Antwortmuster haben, das sich von dem Antwortmuster einer anderen Gruppe deutlich unterscheidet. In dieser Untersuchung gibt es eine Reihe von Themen- und Problembereichen, in der weder eine Einheitsantwort zu erwarten war, noch eine allzu verwirrende Antwortvielfalt. Vielmehr war damit zu rechnen, daß sich bestimmte Antwort-Typen herauskristallisieren würden.

Die Frage lautete hier z.B.: Gibt es in dem Themenbereich „Mutterbild“ Personengruppen, die in ihrem Antwortverhalten sehr ähnlich sind und sich von anderen Personengruppen mit wiederum ähnlichem Antwortverhalten deutlich unterscheiden?

Das Verfahren zu einer derartigen Gruppenbildung ist die sogenannte Typologie (Clusteranalyse), die Gruppen werden entsprechend als Typen (Cluster) bezeichnet. Dieses Verfahren liegt dem Kapitel 5 zugrunde. In den Kapiteln 4, 7 und 8 arbeiteten wir mit Kreuztabellierungen.

Der Fragebogen ist abgedruckt in der Mädchenuntersuchung (*Seidenspinner/Burger* 1982).

Literaturverzeichnis

Bäcker, G.: Teilzeitarbeit und individuelle Arbeitszeitflexibilisierung — Festschreibung der Benachteiligung von Frauen in Beruf und Familie, in: WSI-Mitteilungen, 4/1981, S. 194-203

Beck-Gernsheim, E.: Das halbierte Leben. Männerwelt/Beruf — Frauenwelt/Familie, Frankfurt/M. 1980

Becker-Schmidt, R.: Entfremdete Aneignung — gestörte Anerkennung. Enteignungs- und Lernprozesse im Lebenszusammenhang erwerbstätiger Frauen, Vortrag zum 21. Deutschen Soziologentag, Bamberg 1982

Birkhäuser-Oeri, S.: Die Mutter im Märchen, Stuttgart 1976

Cohler, B.J., *Grunebaum,* H.U.: Mothers, Grandmothers and Daughters. Personality and Childcare in Three-Generation Families, New York 1981

Cramon-Daiber, B.: Ablösungskonflikte zwischen Töchtern und Müttern, in: Gravenhorst/ Schablow/Cramon-Daiber: Lebensort Familie, in: Sachverständigenkommission Sechster Jugendbericht (Hrsg.): Alltag und Biographie von Mädchen, Bd. 2, Opladen 1984, S.115 - 150

Däubler-Gmelin, H.: Frauenarbeitslosigkeit oder Reserve zurück an den Herd! Hamburg 1977

Eckart, Ch., *Jaerisch,* U., *Kramer,* H.: Frauenarbeit in Familie und Fabrik, Frankfurt/M. 1979

Frank, B.: Ich schau in den Spiegel und sehe meine Mutter, Hamburg 1980

Franz, M.-L. v.: Das Weibliche im Märchen, Stuttgart 1977

Freud, S.: Einige psychische Folgen des anatomischen Geschlechtsunterschieds (1925), in: Sigmund Freud Studienausgabe Bd. VIII, Frankfurt/M. 1969

Freud, S.: Über die weibliche Sexualität (1931), in: Sigmund Freud Studienausgabe Bd. VIII, Frankfurt/M. 1969

Friday, N.: Wie meine Mutter, Frankfurt/M. 1979

Göttner-Abendroth, H.: Die Göttin und ihr Heros, München 1980

Gottleben,, V.: Nicht — formal — Qualifizierte am Arbeitsmarkt, in: Mitt.AB, 2/1981, S. 99 - 114

Hagemannn-White, C.: Sozialisation: Weiblich — männlich? in: Sachverständigenkommission Sechster Jugendbericht (Hrsg.): Alltag und Biographie von Mädchen, Bd. 1, Opladen 1984

Hammer, S.: Töchter und Mütter — über die Schwierigkeiten einer Beziehung, Frankfurt/M. 1979

Hofbauer, H.: Zum Erwerbsverhalten verheirateter Frauen, in: Mitt.AB, 2/1979, S. 217 - 240

Imhof, A.E.: Die gewonnenen Jahre, München 1981

Kohleiss, A.: Sie heiratet ja doch. Ehe und soziale Sicherheit der Frau, gestern — heute und morgen, Freiburg 1983

Livi-Bacci, M.: Die demographische Veränderung und die Lebenszyklen der Frauen, in: Sullerot, E. (Hrsg.): Die Wirklichkeit der Frau, München 1979, S. 577-590

Mahler, M.S., *Pine,* F., *Bergmann,* A.: Die psychische Geburt des Menschen, Frankfurt/M. 1980

Mead, M.: Der Konflikt der Generationen — Jugend ohne Vorbild, Freiburg 1971

Metz-Göckel, S.: Macht und Selbstlosigkeit von Frauen, in: Zeitschrift für Pädagogik 1983, Beiheft 18, S. 353 - 363

Metz-Göckel, S., *Müller,* U.: Der Mann, Hamburg 1985 (Brigitte/Gruner + Jahr)

Miller, A.: Das Drama des begabten Kindes und die Suche nach dem wahren Selbst, Frankfurt/M. 1979

Möller-Gambaroff, M.: Stichwort ‚Mütter und Töchter', in: Frauenhandlexikon, München 1983, S. 194 - 196

Myrdal, A.:, *Klein,* V.: Die Doppelrolle der Frau in Familie und Beruf, Köln/Berlin 1956

Nave-Herz, R.: Familiale Veränderungen in der Bundesrepublik Deutschland seit 1955, in: Zeitschrift für Sozialforschung und Erziehungssoziologie 1/1984, S. 45 - 63

Neumann, E.: Zur Psychologie des Weiblichen, Frankfurt/M. 1980

Prokop, U.: Weiblicher Lebenszusammenhang — Von der Beschränktheit der Strategien und der Unangemessenheit der Wünsche, Frankfurt/M. 1976

Pross, H.: Über die Bildungschancen von Mädchen in der Bundesrepublik, Frankfurt/M. 1969

Pross, H.: Die Wirklichkeit der Hausfrau, Reinbek bei Hamburg 1975

Ranke-Graves, R.v.: Griechische Mythologie, Reinbek bei Hamburg 1960

Saterdag, H., *Stegmann,* H.: Jugendliche beim Übergang vom Bildungs- in das Beschäftigungssystem, Institut für Arbeitsmarkt- und Berufsforschung der Bundesanstalt für Arbeit, Nürnberg 1980

Schablow, M.: Väter und Töchter, in: Gravenhorst/Schablow/Cramon-Daiber: Lebensort Familie, in: Sachverständigenkommission Sechster Jugendbericht (Hrsg.): Alltag und Biographie von Mädchen, Bd. 2, Opladen 1984, S. 49 - 113

Schelsky, H.: Arbeitslosigkeit und Berufsnot der Jugend, Bd. 1 - 2, Köln 1952

Schmidt-Thannwald, I.: Sexualität und Kontrazeption aus der Sicht der Jugendlichen und ihren Eltern, Schriftenreihe des Bundesministers für Jugend, Familie und Gesundheit, Bd. 132, Stuttgart 1983

Seidenspinner, G., *Burger,* A.: Mädchen 82, Redaktion Brigitte im Verlag Gruner + Jahr/ Deutsches Jugendinstitut, Hamburg 1982

Seidenspinner, G., *Burger,* A.: Gute Noten sind kein Schlüssel zum Arbeitsmarkt, in: Seidenspinner u.a.: Vom Nutzen weiblicher Lohnarbeit, in: Sachverständigenkommission Sechster Jugendbericht (Hrsg.): Alltag und Biographie von Mädchen, Bd. 3, Opladen 1984, S. 11 - 44

Wahl, K., *Tüllmann,* G., *Honig,* M.-S., *Gravenhorst,* L.: Familien sind anders! Reinbek bei Hamburg 1980